4

20
24

Wagner José Penereiro **Armani**

DIREITO EMPRESARIAL

TÍTULOS DE CRÉDITO

Dados Internacionais de Catalogação na Publicação (CIP) de acordo com ISBD

A727d   Armani, Wagner
         Direito empresarial: títulos de crédito / Wagner Armani. - Indaiatuba, SP :
     Editora Foco, 2024.
         248 p. : 16cm x 23cm. – (v. 4)
         Inclui bibliografia e índice.
         ISBN: 978-65-6120-047-9
         1. Direito. 2. Direito empresarial. I. Título.
2024-374   CDD 346.07   CDU 347.7

Elaborado por Vagner Rodolfo da Silva - CRB-8/9410
Índices para Catálogo Sistemático:
         1. Direito empresarial 346.07
         2. Direito empresarial 346.07

4

Wagner José Penereiro **Armani**

DIREITO EMPRESARIAL

TÍTULOS DE **CRÉDITO**

2024 © Editora Foco

Autor: Wagner José Penereiro Armani
Diretor Acadêmico: Leonardo Pereira
Editor: Roberta Densa
Assistente Editorial: Paula Morishita
Revisora Sênior: Georgia Renata Dias
Capa Criação: Leonardo Hermano
imagens: Márcio Abreu e Catherine de Paula Sellan
Diagramação: Ladislau Lima e Aparecida Lima
Impressão miolo e capa: DOCUPRINT

DIREITOS AUTORAIS: É proibida a reprodução parcial ou total desta publicação, por qualquer forma ou meio, sem a prévia autorização da Editora FOCO, com exceção do teor das questões de concursos públicos que, por serem atos oficiais, não são protegidas como Direitos Autorais, na forma do Artigo 8º, IV, da Lei 9.610/1998. Referida vedação se estende às características gráficas da obra e sua editoração. A punição para a violação dos Direitos Autorais é crime previsto no Artigo 184 do Código Penal e as sanções civis às violações dos Direitos Autorais estão previstas nos Artigos 101 a 110 da Lei 9.610/1998. Os comentários das questões são de responsabilidade dos autores.

NOTAS DA EDITORA:

Atualizações e erratas: A presente obra é vendida como está, atualizada até a data do seu fechamento, informação que consta na página II do livro. Havendo a publicação de legislação de suma relevância, a editora, de forma discricionária, se empenhará em disponibilizar atualização futura.

Erratas: A Editora se compromete a disponibilizar no site www.editorafoco.com.br, na seção Atualizações, eventuais erratas por razões de erros técnicos ou de conteúdo. Solicitamos, outrossim, que o leitor faça a gentileza de colaborar com a perfeição da obra, comunicando eventual erro encontrado por meio de mensagem para contato@editorafoco.com.br. O acesso será disponibilizado durante a vigência da edição da obra.

Impresso no Brasil (3.2024) – Data de Fechamento (3.2024)

2024
Todos os direitos reservados à
Editora Foco Jurídico Ltda.
Rua Antonio Brunetti, 593 – Jd. Morada do Sol
CEP 13348-533 – Indaiatuba – SP
E-mail: contato@editorafoco.com.br
www.editorafoco.com.br

SOBRE O AUTOR

Wagner José Penereiro Armani – Doutor em Direito Comercial pela Pontifícia Universidade Católica de São Paulo. Mestre em Direito Civil pela Universidade Metodista de Piracicaba. Professor de Direito Comercial, Processual Civil e Prática Jurídica pela Pontifícia Universidade Católica de Campinas. Escolhido como um dos advogados mais admirados pela Revista Análise: Advocacia 500 – ano 2017 e 2019, 2020, 2021, 2022 e 2023. Advogado.

PREFÁCIO

Se você quer ler uma história de mistério, direito com pitadas de cultura geek, esse livro é para você. O livro explica os títulos de crédito, com a didática e a profundidade necessárias para estudantes de graduação, pós-graduação e os mais diversos profissionais que atuam na área no mercado.

Nele, o autor explica, com maestria, o mistério da circulação de riquezas, por meio dos títulos de crédito, usando uma metodologia inovadora e extremamente agradável de escrita, cumprindo a missão de tornar esse assunto mais interessante e leve aos leitores.

Pensar em títulos de crédito é necessariamente pensar no desenvolvimento de atividades econômicas.

As atividades econômicas são desenvolvidas no mundo todo, desde a antiguidade, contudo foi apenas na Idade Média, que elas ganharam um grande impulso com um desenvolvimento impressionante do comércio. Esse desenvolvimento possuía exigência diferentes daquelas dadas pela legislação então vigente. Era necessário ter agilidade, segurança e tutelar o crédito. Sem isso, a economia não se desenvolveria.

Sem o crédito, o número de mercadorias produzidas seria bem menor e a produção ocorreria de modo mais lento, na medida em que o produtor só teria acesso às matérias-primas se já possuísse, em mãos, o dinheiro necessário para sua aquisição. Do mesmo modo, os consumidores não conseguiriam adquirir tantos bens sem que houvesse a concessão de certo crédito por parte dos vendedores. A mesma ideia se aplica na prestação de serviços e nas demais atividades econômicas. Dentro dessa ideia, Oscar Barreto Filho afirmou, com razão, que "o crédito, hoje em dia, é um pressuposto necessário da atividade econômica".

Ora, o crédito precisava ser tutelado pelo Direito. A propósito, a professora Paula Forgioni ensina que o direito "não protege o crédito por uma questão de afirmação de valores liberais, para legitimar a supremacia do mais forte sobre o mais fraco, mas sim ser esse mesmo crédito um pilar de sustentação do mercado, indispensável à sua preservação".

Para proteger o crédito, era necessário que surgisse instrumentos que garantissem a rapidez e a segurança nas operações, bem como tutelassem o crédito simplificando a movimentação de valores. Para atender essa necessidade, surgiram os títulos de créditos, que representam uma das criações jurídicas mais importantes da história para o desenvolvimento econômico.

Leo Huberman dá o seguinte exemplo "Quando o mercador de um país, a Inglaterra, por exemplo, compra mercadorias de um mercador de um país distante, digamos a Itália, como pagá-las? Enviará o inglês ouro ou prata ao italiano? É perigoso e caro. Algum sistema de crédito devia ser concedido para tornar desnecessários tais embarques de ouro. Assim, concordava-se em que o inglês, em pagamento de sua dívida ao italiano, lhe entregasse um pedaço de papel estipulando a quantia devida pelas mercadorias compradas".

Contudo, não foi qualquer pedaço de papel que foi capaz de atender às necessidades do mercado, mas um pedaço de papel com regras próprias que permitiam uma circulação ágil e segura das riquezas. Com explica o autor: "a legislação cambiária caracteriza-se principalmente pela permanente e crescente preocupação com a proteção do terceiro adquirente de boa-fé, para facilitar a circulação do título, que constitui a sua função precípua".

Apenas os títulos de crédito conseguem cumprir esse papel de agilidade e segurança na circulação do crédito, protegendo adquirentes de boa-fé do crédito, que terão interesse nessa circulação. Pode-se transmitir os títulos de crédito a diversos adquirentes sucessivos com o mínimo de insegurança para eles.

É normal nas operações do mercado, que haja uma operação de crédito, com a venda de uma mercadoria para pagamento em 90 dias. O credor que tem dinheiro a receber quer ter a possibilidade de uma realização fácil e pronta do crédito concedido. Os credores que concedem o crédito querem ter a possibilidade de receber, ao menos, uma parte desse crédito, o que se dará, essencialmente, pela circulação dos títulos de crédito.

Viabilizar essa circulação de riquezas é o papel dos títulos de crédito. Eles representam um instrumento fundamental do capitalismo moderno (RIPERT), pois viabilizaram a expansão das atividades num volume que seria impossível, sem esses instrumentos.

Leo Huberman, no livro História da Riqueza da Humanidade, afirma que os títulos de crédito viabilizaram o "milagre de fazer negócios sem ser preciso a transferência de dinheiro". Os milagres, em geral, são mistérios que atraem a atenção e o fascínio de muitos estudiosos, mas, também assustam algumas pessoas.

Assim, ocorre com os títulos de crédito. Muitos doutrinadores ficaram fascinados com o assunto. Francesco Carnelutti, no seu livro Teoria Giuridica della Circolazione, falou sobre o mistério dos títulos de crédito e reconheceu o seu papel com uma maravilha moderna.

De outro lado, muitos estudantes ficaram assustados, com medo daquela figura pouco conhecida nas suas vidas. É natural temer algo que não se conhece de perto. H. P. Lovecraft afirmou que "a emoção mais antiga e mais forte da humanidade é o medo, e o mais antigo e mais forte de todos os medos é o medo do desconhecido".

Chegou a hora de superar esse medo.

"Não temam!!" esse livro vai resolver o mistério e fazer com os títulos de créditos se tornem institutos bem conhecidos da vida dos leitores.

Este livro tem vários méritos. Em primeiro lugar, é inegável que o professor Wagner Armani conhece muito bem a matéria e realizou uma vasta pesquisa bibliográfica. Além disso, o autor conseguiu explicar os títulos de crédito, como uma clareza, didática e qualidade impressionantes. A utilização de imagens ao longo de todo o texto torna a matéria muito mais compreensível.

O estudo da teoria geral dos títulos de crédito trouxe os conceitos fundamentais dessa matéria, permitindo entender o que essa figura é e realmente para que ela serve. São mostrados com detalhes os princípios e as características dos títulos de crédito, que servem para diferenciá-los de outros instrumentos e torná-los tão úteis na vida econômica.

Após essa teoria geral, fica muito mais fácil entender os títulos de crédito em espécie, como as letras de câmbio, notas promissórias, cheques e duplicatas. Esses instrumentos são mostrados em situações do dia a dia, facilitando extremamente a compreensão da sua utilidade.

Há também, neste livro, uma preocupação muito importante com os processos que envolvem os títulos de crédito. A partir de exemplos e de modelos de petição, é muito mais fácil compreender como um título funciona na prática forense.

Com essa combinação de clareza, profundidade e didática, os autores conseguiram cumprir, com tranquilidade, a "Missão quase impossível" de tornar os títulos de crédito mais interessantes para os leitores.

Com essa qualidade, esse livro com certeza terá uma "vida longa e próspera"!!!

Marlon Tomazette

Professor de Direito Empresarial e Advogado. Autor de diversos livros e artigos jurídicos.

APRESENTAÇÃO DO AUTOR

Eu recebi, honrado e com muita alegra o convite e apresentar a obra "Direito Empresarial: Títulos de Crédito" de autoria do professor Wagner José Penereiro Armani.

E neste mundo do estudo das instituições do Direito Empresarial (Empresarial), primordialmente frio e objetivo por ânimo do próprio entendimento e raciocínio necessário para exercício de qualquer atividade jurídica, várias vezes nos encontramos manifestações e declarações que sensibilizam de forma tocante. Uma destas situações ocorre quando o autor, solicita que você faça a apresentação do livro que ora está sendo lançado. Quem já escreveu um livro sabe que o autor o vê quase como um filho, como o amor paternal que se dedica àquilo que é o resultado de um trabalho de comprometimento, de dedicação e de foco. E pedir que você faça a apresentação, quase corresponde a pedir que você seja o primeiro a ver o filho e mais, que você seja o primeiro a ter um contato mais direto com ele, para apresentá-lo ao mundo externo, ou seja, informando a todos o que está por vir. É assim, que fico sempre que me pedem para apresentar uma obra.

Essa será, sem dúvida, uma obra obrigatória na biblioteca dos profissionais do direito, em especial aqueles dedicados ao labor e ao estudo dos títulos de crédito, tanto no âmbito do direito material como também do direito formal (processual). Isto porque o livro apresenta uma qualidade inegável: a conjugação da experiência profissional de docente e a de advogado.

Os títulos de crédito são elementos importantes na nossa economia e por isso as normas jurídicas aplicáveis a eles, em especial a letra de câmbio, a nota promissória, o cheque e a duplicata, constituem um seguimento especial dentro do direito comercial (empresarial), seja em relação às questões diárias das empresas, seja às questões relacionadas aos consumidores e particulares, ou ainda, nas provas de concursos públicos e da Ordem dos Advogados do Brasil.

O que se percebe da obra é que os autores se preocuparam, precisamente, em integrar a teoria e a prática dos títulos de crédito, no quadro bem amplo e abrangente, isto sem dúvida é sadio. Essa ambição saudável dos comercialistas, ora autores, nos mostra a sua familiaridade com os diversos ângulos das questões que envolvem os títulos de crédito e sua cultura jurídica invulgar que habitam essa investigação e construção.

O livro se preocupa em seu primeiro capítulo em apresentar a dificuldade que os estudantes e os aplicadores do direito têm de compreender a importância, a evolução histórica, as características, a classificação e princípios norteadores dos títulos de crédito, dentro da nossa sociedade de consumo e em especial das relações jurídicas consumeristas, civilista e empresariais.

No âmbito do segundo capítulo a questão de ordem apresentada pelo autor é o estudo do título de crédito "Letra de Câmbio" onde o autor se preocupou em descortinar as questões referentes a história, a legislação aplicável, o saque (a emissão), a estrutura, o aceite, o endosso, o aval, o vencimento, o pagamento, a prescrição e o protesto.

O autor inicia o terceiro capítulo com o estudo do título de crédito "Nota Promissória" que é uma promessa de pagamento de pagar a outra pessoa uma determinada importância em pecúnia e se preocupando em demonstrar a forma, a estrutura, os sujeitos, os atos cambiários e a prescrição cabível no respectivo título.

No quarto capítulo o estudo é direcionado ao título de crédito denominado "Cheque" e sempre escutamos a seguinte indagação em sala de aula, "*porque estudar o cheque se ninguém mais usa*"? A resposta é dada pelos autores de forma simples e salutar. Segundo as informações do BACEN no ano de 2021 ao todo, foram compensados 218,9 milhões de cheques, estando aí a importância prática do estudo do cheque. Por isso, os autores se preocuparam em apresentar um estudo abrangente do tema, explicando a emissão, a circulação, a garantia, as modalidades de cheques que podem ser emitidos e as formas de pagamento.

A "Duplicata" física, estrutural e virtual foi o título de crédito estudado no quinto capítulo, sendo que o autor demonstra a importância dos documentos para as relações negociais, trazendo modelos práticos, assim, como fez nos títulos estudados anteriores. Também se preocuparam em discutir situações apresentadas pela doutrina e pela jurisprudência, sem se esquecer de apresentar a estrutura, os requisitos de validade, os atos cambiários, as formas de vencimento e de protesto.

No capítulo sexto, o autor traz uma concepção nova para os livros que abordam os títulos de crédito que é o estudo aprofundado e sistêmico das ações cambiais envolvendo os títulos de crédito estudados, inclusive apresentando a teoria geral do processo e os modelos práticos. E dentro deste espectro o autor apresenta e explica, com base no conhecimento prático, doutrinário e jurisprudencial os caminhos que os credores possuem para buscar o recebimento do crédito em caso de inadimplemento. Assim, foram estudadas as ações de execuções, ações contra os coobrigados, a ação regressiva, a ação cambial de locupletamento, a ação de cobrança e a ação monitória.

Constatada, corretamente na obra, ser tarefa árdua esta do estudo dos títulos de crédito na teoria e na prática, lembra-se que é trabalho que só pode ser bem concluído com minuciosa análise dos documentos apresentados tendo em vista os princípios norteadores dos títulos de crédito.

Querido amigo Wagner Armani, muito obrigado pelo honroso convite para apresentação e parabéns pela obra, bússola a permitir o correto encaminhamento do pensamento teórico e prático para a instigante questão dos títulos de crédito.

Cabe recomendá-lo, seguro de seu sucesso! Então vamos à leitura e ao aprendizado!

Leonardo Gomes de Aquino

Professor de Direito Empresarial, Administrador Judicial e Advogado. Autor de diversos livros e artigos jurídicos.

AGRADECIMENTOS

Aos meus pais, Wagner Sotello Armani e Marinilce Penereiro Armani.

Aos meus irmãos Walter José Penereiro Armani e Wictor José Penereiro Armani.

À minha esposa e parceira de vida e aventuras, Bárbara Lima dos Anjos Armani.

Aos meus filhos Joaquim dos Anjos Armani e João dos Anjos Armani.

Aos demais familiares que, embora sejam muitos para se nomear neste momento, sempre me apoiaram e estão sempre presentes.

Aos meus sócios do escritório Sartori Advogados, Dr. Flávio Sartori, Dr. Marcelo Sartori, Dr. Gustavo Sartori, Dr. Bruno Yohan Souza Gomes, Dr. Rodrigo Eduardo Ferreira e Dr. Lucas Rossi, pela companhia e apoio na advocacia diária.

A minha equipe do escritório Sartori por todo apoio e dedicação.

Agradeço, especialmente, aos professores Dr. Leonardo Aquino e Marlon Tomazette pelas apresentações desta obra e, também, pelas sugestões e acréscimos ao texto do livro.

Também, agradeço e saúdo meu amigo e mestre Dr. Daniel José de Barros, que me ajudou no estágio e me ensinou a advogar no início de carreira, bem como aos colegas que trabalharam comigo nesta fase estrutural de minha carreira.

Agradeço à PUC-Campinas, assim como aos professores e aos funcionários desta instituição que tenho orgulho de ser aluno e, agora, professor há mais de 15 anos em Direito Empresarial, na qual tenho muitos amigos(as) a agradecer.

Aos meus coautores dos livros anteriores, Diogo Jovetta, Rodrigo Eduardo e Stephanie Penereiro, que me incentivaram a continuar em carreira solo.

Aos demais amigos que, de alguma forma, contribuíram para que este trabalho se tornasse realidade.

Agradeço a Editora Foco por acreditar neste projeto e por lavá-lo a todo Brasil de forma extraordinária.

E, por fim, aos meus amados alunos, com quem aprendemos e nos divertimos muito, vocês são a razão de existir dessa obra.

A todos, meu sincero e honroso muito obrigado!

AVANTE!

Wagner Armani

SUMÁRIO

SOBRE O AUTOR V

PREFÁCIO VII

APRESENTAÇÃO DO AUTOR XI

AGRADECIMENTOS XV

CAPÍTULO I – TÍTULOS DE CRÉDITO 1

A. Introdução 1

   1. A importância do tema 1

   2. A origem histórica dos títulos de crédito 5

      2.1 Período italiano 8

      2.2 Período francês 9

      2.3 Período alemão 9

      2.4 Período uniforme 10

      2.5 Síntese da evolução histórica 10

   3. De onde nascem os títulos de crédito? 11

B. Conceito de Títulos de Crédito 15

   1. Conceito de Títulos de Crédito 15

   2. Títulos de créditos próprios 15

C. Características dos Títulos de Crédito 16

   1. Características dos títulos de crédito 16

D. Princípios dos Títulos de Crédito 20

   1. Princípios dos títulos de crédito 20

   2. Princípio da Cartularidade 20

2.1 Títulos de crédito eletrônicos	22
3. Princípio da Literalidade	26
4. Princípio da Autonomia	28
4.1 Abstração	29
4.2 Inoponibilidade das exceções pessoais	30
5. Princípio da taxatividade	32
E. Classificação dos Títulos de Crédito	34
1. Classificação dos Títulos de Crédito	34
2. Quanto ao modelo	34
3. Quanto à estrutura	35
4. Quanto às hipóteses de emissão	36
5. Quanto à circulação	37

CAPÍTULO II – LETRA DE CÂMBIO	41
A. Introdução	41
1. Questão de ordem	41
2. A história de Letra de Câmbio	41
3. Legislação Aplicável	42
4. Letra de Câmbio	44
B. Saque	45
1. Saque	45
2. Estrutura da Letra de Câmbio	45
3. Forma da Letra de Câmbio	47
4. Requisitos de Validade	47
4.1 Expressão "Letra de Câmbio" ou "Letra" (item 1 do artigo 1º da Lei Uniforme de Genebra)	48
4.2 Mandato Puro e Simples (item 2 do artigo 1º da Lei Uniforme de Genebra)	48
4.3 Nome e identificação do sacado (item 3 do artigo 1º da Lei Uniforme de Genebra)	49
4.4 Época do pagamento (item 4 do artigo 1º da Lei Uniforme de Genebra)	49

4.5	Lugar do pagamento (item 5 do artigo 1º da Lei o Uniforme de Genebra)	49
4.6	Nome do tomador (item 6 do artigo 1º da Lei o Uniforme de Genebra)	50
4.7	Data e lugar do saque (item 7 do artigo 1º da Lei o Uniforme de Genebra)	50
4.8	Assinatura do sacador (item 8 do artigo 1º da Lei o Uniforme de Genebra)	50
4.9	Quantia determinada	50
5.	Título em branco ou incompleto	51

C. Aceite 52

1. Aceite da Letra de Câmbio 52

2. Devedor principal 54

3. Faculdade de aceitar 54

   3.1 Recusa do aceite 54

   3.2 Recusa parcial do aceite 55

4. Cláusula não aceitável 55

5. Prazo para apresentação da Letra de Câmbio para aceite 56

6. Perda do prazo para aceite 56

7. Prazo para respiro 57

D. Endosso 57

1. Endosso 57

   1.1 Cláusula à ordem 58

2. Estrutura do endosso 59

3. Efeitos do endosso 59

4. Endosso impróprio 60

5. Local do endosso 64

6. Espécies de endosso 64

7. Endosso condicional 65

8. Endosso parcial 66

9. Endosso e Cessão de Crédito 66

10. Endosso com efeito de cessão de crédito 68

E. Aval		69
1.	Conceito	69
2.	Estrutura do aval	70
3.	Efeitos do aval	71
4.	Local do aval	72
5.	Espécies de aval	73
6.	Aval parcial	74
7.	Aval sucessivo	74
8.	Aval simultâneo	75
9.	Aval por pessoa casada	76
10.	Avalista pessoa jurídica	78
11.	Aval e fiança	79
12.	Aval posterior ao vencimento	81
F. Vencimento		81
1.	Conceito	81
2.	Vencimento ordinário	82
3.	Vencimento extraordinário ou antecipado	83
G. Pagamento		84
1.	Conceito	84
2.	Apresentação para pagamento	86
	2.1 Avisos de cobrança	87
	2.2 Falta de apresentação no prazo	87
	2.3 Cláusula "sem despesas"	88
3.	Vencimento em dia não útil	88
4.	Objeto do pagamento	89
5.	Pagamento e quitação	90
6.	Pagamento parcial	90
7.	Pagamento antecipado	90
8.	Recusa em receber	90
9.	Outras formas de extinção das obrigações	91
10.	Cadeia de anterioridade	91

H. Protesto		92
1.	Conceito	92
2.	Tabelião de Protesto de Títulos	93
3.	Espécie de protesto	93
4.	Efeitos do protesto	96
5.	Desistência do protesto	99
6.	Sustação de protesto	99
7.	Cancelamento do protesto	99
8.	Protesto indevido	100
I. Ação Cambial		101
1.	Conceito	101
2.	Títulos Executivos	103
3.	Letra de Câmbio	103
4.	Prazo prescricional	104
5.	Perda do prazo prescricional	104
6.	Ação cambial de locupletamento	104
7.	Outras formas de cobrança	106

CAPÍTULO III – NOTA PROMISSÓRIA 107

A. Introdução		107
1.	Legislação Aplicável	107
2.	Nota Promissória	107
B. Estrutura da Nota Promissória		108
1.	Estrutura da Nota Promissória	108
C. Forma e Requisitos da Nota Promissória		110
1.	Forma da Nota Promissória	110
2.	Requisitos de Validade	110
	2.1 Expressão "Nota Promissória" (item 1 do artigo 75 da Lei Uniforme de Genebra)	111
	2.2 Promessa Puro e Simples (item 2 do artigo 75 da Lei Uniforme de Genebra)	111

2.3 Época do pagamento (item 3 do artigo 75º da Lei Uniforme de Genebra) 112

2.4 Lugar do pagamento (item 4 do artigo 75 da Lei o Uniforme de Genebra) 112

2.5 Nome do tomador (item 5 do artigo 75 da Lei o Uniforme de Genebra) 112

2.6 Data e lugar do saque (item 6 do artigo 75 da Lei o Uniforme de Genebra) 112

2.7 Assinatura do emitente (item 7 do artigo 75 da Lei o Uniforme de Genebra) 113

2.8 Quantia determinada 113

D. Institutos Aplicáveis à Nota Promissória 113

1. Regime jurídico 113

2. Devedor da Nota Promissória 114

3. Aval em branco 115

4. Vencimento a certo termo da vista 115

5. Ação cambial 115

6. Nota promissória vinculada a contrato 115

CAPÍTULO IV – CHEQUE 117

A. Introdução 117

1. Legislação Aplicável 117

2. Cheque 117

B. Estrutura do Cheque 118

1. Estrutura do Cheque 118

C. Forma e Requisitos do Cheque 119

1. Forma do Cheque 119

2. Requisitos de Validade 120

2.1 Expressão "Cheque" (art. 1º, I, LCh) 120

2.2 Ordem incondicional de pagamento (art. 1º, II, LCh) 121

2.3 Nome e identificação do banco sacado (art. 1º, III, LCh) 121

2.4 Lugar do pagamento (art. 1º, IV, LCh) 121

2.5 Data e lugar da emissão (art. 1º, V, LCh) 121

2.6 Quantia determinada (art. 1º, II, LCh) 122

2.7 Assinatura do sacador (art. 1º, VI, LCh) 122

D. Institutos Aplicáveis ao Cheque 123

1. Regime jurídico 123

2. Banco 123

3. Título nominativo 124

4. Devedor principal 124

5. Endosso 125

6. Aval 127

7. Modalidades de cheque 128

8. Prazo de apresentação 134

9. Perda do prazo de apresentação 135

10. Pagamento fora do prazo 135

11. Pagamento 135

12. Revogação do Cheque 138

13. Sustação do Cheque 138

14. Motivos de devolução de Cheque 139

15. Protesto 139

16. Ação cambial e prescrição 140

17. Ação cambial de locupletamento 141

18. Outras formas de cobrança 141

CAPÍTULO V – DUPLICATA 143

A. Introdução 143

1. Legislação Aplicável 143

2. Origem da Duplicata 143

B. Duplicata 146

1. Duplicata 146

2. Fatura e Nota Fiscal 148

3. Hipóteses de emissão 149

C. Estrutura da Duplicata 150

   1. Estrutura da Duplicata 150

D. Forma e Requisitos da Duplicata 151

   1. Forma da Duplicata 151

   2. Requisitos de Validade 153

      2.1 Expressão "Duplicata" (art. 2º, § 1º, I, LD) 154

      2.2 Data de sua emissão (art. 2º, § 1º, I, LD) 154

      2.3 Número de ordem (art. 2º, § 1º, I, LD) 154

      2.4 Número da fatura (art. 2º, § 1º, II, LD) 155

      2.5 Vencimento (art. 2º, § 1º, III, LD) 155

      2.6 Nome e domicílio do vendedor e do comprador (art. 2º, § 1º, IV, LD) 155

      2.7 Quantia determinada (art. 2º, § 1º, V, LD) 155

      2.8 Praça de pagamento (art. 2º, § 1º, VI, LD) 156

      2.9 Cláusula à ordem (art. 2º, § 1º, VII, LD) 156

      2.10 Declaração para aceite (art. 2º, § 1º, VIII, LD) 156

      2.11 Assinatura do sacador (art. 2º, § 1º, IX, LD) 156

      2.12 Outros elementos (art. 24, LD) 156

   3. Fatura e emissão de mais de uma Duplicata 157

   4. Uma Duplicata e várias faturas 158

E. Institutos Aplicáveis a Duplicata 159

   1. Regime jurídico 159

   2. Livro de Registro de Duplicatas 159

   3. Aceite 159

   4. Recusa do aceite 165

   5. Endosso 166

   6. Aval 166

   7. Vencimento 168

   8. Pagamento 168

   9. Protesto 169

   10. Ação cambial 172

11. Prescrição	174
12. Duplicata de Prestação de Serviços	175
13. Duplicata virtual	176
14. Duplicata escritural	177

CAPÍTULO VI – AÇÕES CAMBIAIS ... 181

A. Introdução	181
1. Teoria geral do processo	181
2. Trindade do processo	182
B. Ações Cambiais	185
1. Ação Cambial	185
2. Prazos prescricionais	186
3. Procedimento da ação cambial	187
4. Espécies de processo	189
5. Competência	189
6. Legitimidade	190
7. Causa de pedir	191
8. Pedido	191
9. Valor da causa	192
C. Ação de Execução	192
1. Ação de execução	192
2. Títulos Executivos	194
3. Requisitos de toda execução	194
4. Peça processual	195
5. Modelo de peça	196
D. Ação Monitória	197
1. Ação Monitória	197
2. Requisitos da ação monitória	198
3. Natureza *sui generis* da ação monitória	200
4. Prazo para propositura	201

5. Procedimento	202
6. Modelo de peça	205
E. Ação de Cobrança e Locupletamento	206
1. Ações de Cobrança e Locupletamento	206
2. Petição inicial	207
3. Modelo de peça	208
REFERÊNCIAS	209

Capítulo I
TÍTULOS DE CRÉDITO

A. INTRODUÇÃO

1. A IMPORTÂNCIA DO TEMA

Minha primeira experiência na docência foi ministrando aula sobre títulos de crédito em meados de 2008 na faculdade de Direito da PUC-Campinas. Naquele mesmo ano, na sala dos professores, os colegas me questionaram sobre o tema das minhas aulas daquele semestre e, quando respondi "títulos de crédito", eles se entreolharam e caíram na gargalhada. Tomando fôlego, um colega lança: "Esquece isso *Waguinho*, ninguém mais usa cheque. Você precisa falar de cartão de crédito!"

Depois esse episódio, passei a pensar muito sobre isso, e a primeira questão que levantei foi: "Como explicar aos alunos a importância dos títulos de crédito?"

Levantado esse ponto, a segunda pergunta que me fiz ao iniciar os estudos e a elaboração das aulas foi: "Como tornar o tema interessante e acessível aos alunos?

Missão (quase) impossível!"

Creio que as pessoas só sentem vontade de estudar algo se, e somente se, isso fizer sentido em sua vida, seja pessoal, profissional, espiritual, seja em qualquer outro aspecto relevante da personalidade do leitor. Parece-me que "títulos de crédito" não está inserido nesse universo. *Só acho...*

Pois bem.

Seguindo essas provocações, é preciso tratar a importância do tema antes de abordar as questões teóricas e práticas para o operador do Direito e de outros ramos.

A dificuldade inicial de compreensão do tema se relaciona à própria *sociedade de consumo* em que estamos inseridos.

É fato que as relações de consumo constantemente evoluem com as novas tecnologias, inclusive os *meios de pagamento*, como o uso de cartão de crédito, TED, DOC, deposito bancário, pix, criptomoedas etc.

Estamos todos inseridos nesta sociedade de consumo e, por isso, nossa compreensão é mais apurada neste universo. Por isso, meu colega provocou o estudo do cartão de crédito, tão usual a nós, consumidores.

Contudo, nesse aspecto, devemos nos ater a tratar o crédito dentro de um regime jurídico próprio do Direito Empresarial, no qual sua relevância se constrói e evolui nos demais regimes jurídicos e, consequentemente, fático-social.

São três os regimes jurídicos do crédito, no direito privado: (i) regime de Direito Civil, em que o credor e devedor não são empresários; (ii) regime jurídico de Direito Empresarial, em que credor e devedor são empresários; e (iii) regime jurídico do Direito do Consumidor, em que o credor é empresário e o devedor, um consumidor.[1]

Temos de compreender que cada regime jurídico tem sua própria dinâmica e, portanto, regras orientadoras em cada situação.

Os títulos de crédito podem documentar crédito dos três regimes jurídicos e, em todos os casos, se submeterão ao estudo pelo Direito Empresarial, pois é o ramo do Direito que se preocupa com a atividade econômica e, consequentemente, seus aspectos fático-legais.

Quando tratamos da Teoria da Empresa e dos Contratos Empresariais, destacamos que o empresário desenvolve sua atividade por meio de contratos. Não há como compreender o fenômeno da empresa sem a relação dos empresários com os demais agentes econômicos e o mercado.

Os contratos, como vimos, são essenciais ao conceito de empresa, tanto que o agente econômico, seja pessoa física ou jurídica, atua no mercado por meio de contrato e, portanto, a produção e circulação de bens e de serviços ocorrem por meio de contratos.

Em nossas vidas cotidianas, também nos relacionamos por meio de contratos. Este livro, por exemplo, foi adquirido por meio de um contrato de compra e venda ou doação.

---

1. COLEHO, Fabio Ulhoa. *Títulos de crédito*: uma nova abordagem. São Paulo: Thomson Reuters Brasil, 2021, p. 22.

O plano de telefonia para utilizar no celular, a compra do aparelho, a inscrição na academia, a compra de um ingresso de cinema e a pipoca com refrigerante, enfim, são negócios jurídicos contratuais.

A maioria desses contratos são firmados de forma onerosa, ou seja, há necessidade de o consumidor efetuar um pagamento pelos produtos ou serviços adquiridos, sendo a contraprestação paga por meio de pagamentos cotidianos nas relações de consumo, como o cartão de crédito, cartão de débito, pix, transferência bancária, boleto etc.

Acreditamos que esses exemplos demonstram que, em regra, os contratos são firmados para obtenção de produtos ou serviços para uso próprio. Mas de onde vêm esses produtos e serviços?

Dos agentes econômicos!

Diferentemente das relações de consumo, os agentes econômicos não adquirem, na maioria das vezes, produtos ou serviços para si próprios, mas para sua cadeia produtiva, que tem, como finalidade, prover o mercado de consumo.

Os agentes econômicos são essenciais para a economia, tanto que foi dado a eles a responsabilidade de explorar a atividade econômica (art. 170, CF).

Para poder exercer sua atividade econômica, o agente econômico firma inúmeros contratos com a finalidade de produzir ou circular os bens ou serviços para o mercado.

Tomamos como exemplo uma montadora de veículos. Nessa atividade econômica, essencial em um país rodoviário como o Brasil, a montadora firma diversos contratos para sua atividade principal, como, por exemplo, aquisição de peças para montagem do automóvel (motor, escapamento, suspensão, embreagem, roda, pneu, fiação, banco, direção, *airbags*, filtros etc.), maquinário, ferramental, equipamentos, concessão comercial, compra ou locação da fábrica, estoque. Além disso, há os contratos que são firmados para manter a atividade, como, por exemplo, contratação de serviços de segurança, limpeza e portaria, fornecimento de alimentos, café, computadores etc. Trata-se de uma atividade complexa, com uma rede de contratos interempresariais, cada qual essencial para finalidade da montadora.

Agora reflita sobre a enorme diferença entre a aquisição de um pneu em um supermercado por um consumidor e a aquisição de milhares de pneus por uma montadora para utilizar na sua linha de produção. Em ambos os casos, temos contrato de compra e venda, porém com lógicas completamente distintas.

Para auxiliar na sua reflexão, busque compreender essa cadeia de contratos no esquema abaixo:

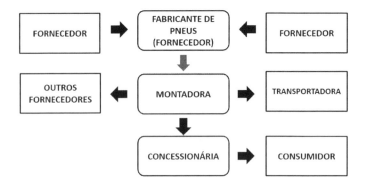

Há, nessa cadeia, diversas relações jurídicas entre os agentes econômicos para que o produto chegue ao consumidor, há contratos empresariais e de consumo, cada qual com sua lógica no sistema jurídico.

São relações bem diferentes, mas há uma bifurcação neste ponto, você consegue ver?[2]

Se sim, continue. Se não, volte uma casa para trás e jogue os dados novamente.

Diferentemente do que ocorre nas relações civis e nas de consumo, as relações empresariais possuem uma lógica distinta, em um ambiente mais dinâmico e pautado no lucro.

Dentre essas diferenças, está o meio da representação do crédito, no qual se insere a forma pagamento.

É nessa distinção que surge a essencialidade de compreender os títulos de crédito, como bem tratado por Tulio Ascarelli:

---

2. *A Matrix está em todo lugar. À nossa volta. Mesmo agora, nesta sala. Você pode vê-la quando olha pela janela ou quando liga sua televisão. É o mundo colocado diante dos seus olhos para que não veja a verdade.* (WACHOWSKI, Lilly e Lana. *Matrix*. Warner. 1999).

"O título de crédito é um dos institutos mais importantes do direito comercial por ser aquele que influi mais tipicamente na formação da economia moderna como instrumento mais adequado da mobilização da riqueza e da circulação do crédito".[3].

2. A ORIGEM HISTÓRICA DOS TÍTULOS DE CRÉDITO

Para compreensão de como chegamos ao atual estágio dos títulos de crédito, é essencial entendermos brevemente a história.[4]

A instrumentalidade da troca que derivou o dinheiro esteve presente desde os primórdios de nossa civilização. Iniciou-se com a troca de produtos de uso comum, como animais e insumos, a exemplo do sal. Passou-se então para a fase metálica, quando o ouro, prata e bronze eram utilizados para servir como troca para terceiros. Chegamos então na utilização do papel-moeda, denominada fase financeira, era baseada na confiança do Estado para a emissão de papel-moeda ou do estabelecimento para o qual o Poder Público incumbiu a emissão. Nesse sentido, o dinheiro desempenha a forma mais ampla para a aquisição de mercadorias e serviços. Evoluindo os instrumentos de troca, as sociedades antigas perceberam a necessidade e oportunidade de trocar o dinheiro presente por dinheiro futuro, surgindo então a figura do crédito. Há relatos de sua existência desde a antiga Suméria, e desde então, é utilizado na economia.

Desde os primeiros relatos até a era moderna, o crédito foi a forma encontrada pela sociedade para representar um tipo imaginário de dinheiro futuro, baseando-se na ideia de que os recursos futuros serão mais abundantes do que os recursos presentes. A idealização de melhores recursos no futuro seria em razão do aprimoramento da produção pelo investimento, que só é possível realizar através do crédito. No início, os créditos eram oferecidos em pequena quantidade, com juros altos e curto prazo para devolução, fazendo com que a economia permanecesse estagnada, sem projeção de melhora para um futuro.

A humanidade esteve presa nessa encruzilhada por milhares de anos. Em consequência, as economias permaneceram congeladas. A maneira de sair da armadilha só foi descoberta na era moderna, com o surgimento de um novo sistema baseado na confiança no futuro. Nele, as pessoas concordaram em representar bens imaginários – bens que não existem no presente – com um tipo especial de dinheiro chamado *"crédito"*. O crédito nos permite construir o presente à custa do futuro. Baseia-se no pressuposto de que nossos recursos futuros serão muito mais abundantes do que nossos recursos presentes. Se pudermos construir coisas

---

3. ASCARELLI. Tulio. *Teoria Geral dos Títulos de Crédito*. São Paulo: Saraiva, 1943, p. 3.
4. *"Por que meus olhos doem?"* (Neo). *"Porque você nunca os usou."* (Morfeus). (WACHOWSKI, Lilly e Lana. *Matrix*. Warner. 1999).

no presente usando receitas futuras, abre-se diante de nós uma série de novas oportunidades maravilhosas.[5]

Foi somente com a Revolução Científica que a ideia de progresso tomou forma e investimentos e recursos em pesquisa foram empenhados, visando o progresso e a expansão. Com isso, o crédito passou a ser ampliado, com valores maiores e melhores formas de pagamento.

Ao longo dos últimos 500 anos, a ideia de progresso convenceu as pessoas a confiarem cada vez mais no futuro. Essa confiança alavancou o crédito: o crédito, por sua vez, trouxe crescimento econômico real; e esse crescimento fortaleceu a confiança no futuro e abriu caminho para ainda mais crédito. Não aconteceu da noite para o dia: a economia se comportou mais como uma montanha-russa do que como um balão. Mas, no longo prazo, com os obstáculos nivelados, a direção geral era inequívoca. Hoje, há tanto crédito no mundo que governos, corporações e indivíduos facilmente obtêm *empréstimos grandes, de longo prazo e a juros baixos* que exercem muitíssimo a receita atual.[6]

Assim, o crédito se associa a uma conduta humana que ocorrerá no futuro, ou seja, uma conduta que se assenta na confiança de que alguém irá adimplir uma dada prestação no futuro. Nesse sentido, pode-se afirmar que por meio do crédito, antecipa-se um fenômeno futuro para que ele possa ocorrer no presente. E é nesse contexto que o crédito ganhou juridicidade e passou a se destacar para o Direito Empresarial.

A história econômica mundial em poucas palavras

A economia pré-moderna

Pouca confiança no futuro → Pouco crédito → Crescimento lento

A economia moderna

Muita confiança no futuro → Muito crédito → Crescimento rápido

Em decorrência da compreensão do crédito, na Idade Média, essa ideia desdobrou-se na criação dos *títulos de crédito* como um documento de representação da obrigação de pagar determinada quantia ao portador da cartula.

---

5. HARARI, Yuval Noah. Sapiens: *Uma breve história da humanidade*. L&PM Pocket. p. 318.
6. HARARI, Yuval Noah. Sapiens: *Uma breve história da humanidade*. L&PM Pocket. p. 320-321.

Desse modo, a criação dos títulos de crédito é um desdobramento, um avanço, uma decorrência da criação do crédito.

Para compreender o avanço dos títulos de crédito, é preciso reconhecer que foi a Letra de Câmbio, em seu aperfeiçoamento desde o seu surgimento, que pavimentou o caminho para seu reconhecimento, especialmente a partir do período alemão, como título de crédito.

Graças aos títulos de crédito, pôde o mundo moderno mobilizar as próprias riquezas, e graças a eles, o direito consegue vencer tempo e espaço, transportando com a maior facilidade, representados nestes títulos, bem distantes e materializando, no presente, as possíveis riquezas futuras.[7]

Tomando como referência o surgimento da Letra de Câmbio, ela corresponde aos desdobramentos históricos dos títulos de crédito e sua origem. Para o estudo, a doutrina costuma fixar três períodos históricos, quais sejam: "período italiano, o período francês e o período alemão".[8] Incluímos também o período uniforme, que encerra o ciclo evolutivo da Letra de Câmbio.

O intenso progresso econômico dos povos, ampliando o crédito, valoriza os títulos. "Os títulos de crédito desempenham, destarte, uma extraordinária função econômica. Proporcionando uma aplicação fácil ao capital particular, vencendo a relutância dos pequenos capitalistas, forçam as mais tímidas economias a cooperar nas mais arrojadas empresas; e, assim, captando energias perdidas, circulando riquezas ocultas, substituindo a moeda, multiplicando as forças do capital, têm, realmente", na expressão entusiástica de Macleod, repetida mais tarde por Giorgi: "contribuído mais que todas as minas do mundo para enriquecer as nações", afirma com inegável propriedade o eminente Whitaker.[9]

Em conclusão, podemos afirmar que constituem os títulos crédito uma fonte primordial para existência cada vez maior de crédito no mercado, pois o crédito só poderá desenvolver seu papel na construção de economia de mercado se existir confiança, particularmente em relação à certeza de pagamento. Sem essa certeza, não haveria concessão de tanto crédito. É necessário segurança para o recebimento e, além disso, facilidade de circulação, pois o crédito normalmente tem períodos distintos para emissão e pagamento, gerando maior agilidade nas negociações e permitindo a fruição mais pronta e célere dos recursos.[10]

---

7. ASCARELLI, Tulio. *Teoria geral dos títulos de crédito*. São Paulo: Mizuno, 2003, p. 5.
8. BULGARELLI, Waldírio. *Títulos de crédito*. 9. ed. São Paulo: Atlas, 1992, p. 129.
9. ALMEIDA. Amador Paes de. 1930. *Teoria e prática dos títulos de crédito*. 28. ed. São Paulo: Saraiva. 2009, p. 03.
10. AQUINO. Leonardo Gomes de. *Descortinando o Direito Empresarial*: O Crédito no Direito Empresarial. Disponível em: https://www.academia.edu/20803858/O_Cr%C3%A9dito_no_Direito_Empresarial. Acesso em: 03 set. 2023.

2.1 Período italiano

Vamos utilizar o quadrinho abaixo para explicar este período.[11]

---

11. REQUIÃO, Rubens. *Curso de direito comercial*. 23. ed. São Paulo: Saraiva, 2003, v. 2, p. 379.

2.2 Período francês

A segunda fase da evolução histórica da Letra de Cambio corresponde ao período francês (1650-1848). Durante esse tempo, houve o surgimento da cláusula "*à ordem*", que veio facilitar a circulação dos títulos de crédito ao possibilitar a transferência dos direitos neles incorporados, já que não mais dependia da autorização do sacador. Nesse período, a Letra de Câmbio era o meio de pagamento de mercadorias compradas a crédito, porque a praxe deixou de exigir o requisito da *distantia loci*[12] para sua emissão. Isso ocorreu devido à possibilidade de o documento ser criado em decorrência de negócios diversos, como, por exemplo, empréstimo ou compra e venda de bens a prazo. Portanto, a emissão não dependia mais de uma causa única (operação de câmbio).[13]-[14]

Neste período, o título de crédito ganhou autonomia e seus institutos foram desenvolvidos de forma que pudesse ser manejado com mais eficiência, circulando de maneira mais célere, atendendo justamente às exigências da atividade empresarial; mas, considerando se tratar de um valioso instituto, passou a ser utilizado também por todos os indivíduos, independentemente da condição de ser ou não comerciante.

2.3 Período alemão

Esta terceira fase da Letra de Câmbio, segundo Luiz Emygdio Franco da Rosa Júnior, perdurou de 1848 e 1930. No ano de 1848, surgiu na Alemanha a Ordenação Geral do Direito Cambiário, que codificou as normas disciplinadoras da cambial, separando-as das normas de direito comum, as quais regiam as relações jurídicas que permitiam o saque da Letra de Câmbio.

No período alemão, consolidou-se a função da Letra de Câmbio e, portanto, do próprio título de crédito. A legislação cambiária caracteriza-se, principalmente, pela permanente e crescente preocupação, com a proteção do terceiro adquirente de boa-fé para facilitar a circulação do título, que constitui a sua função precípua. Isso ocorre porque quanto mais protegido estiver o terceiro adquirente, mais facilmente o título circulará, e se não houvesse essa proteção legal, ficaria mais difícil a

---

12. *Distantia loci* significa que o documento só podia ser criado se o lugar da emissão fosse distinto do lugar de pagamento (ROSA JR., Luiz Emygdio Franco da. *Títulos de Crédito*. Rio de Janeiro: Renovar, 2000, p. 38).

13. ROSA JR., Luiz Emygdio Franco da. *Títulos de Crédito*. Rio de Janeiro: Renovar, 2000, p. 39.

14. (...) já não era o depósito em mãos do banqueiro que dava origem à letra; qualquer importância que o sacado (pessoa a quem era dada a ordem) devia ou poderia dever, futuramente, ao sacador (credor, pessoa que dava a ordem), proveniente de qualquer transação fornecimento de mercadorias etc. – possibilitava a emissão da letra. (MARTINS, Frans. *Títulos de Crédito*. 2. ed. Rio de Janeiro: Forense, 1977, p. 49).

negociação do título, porque o terceiro não teria condições de saber a exceção que poderia ser arguida pelo devedor para justificar o não pagamento. Essa é a razão pela qual o devedor não pode arguir, perante o terceiro adquirente de boa-fé, a relação causal entre ele e o beneficiário do título (LUG, art. 17, e LC, art. 25).[15]

Nesse sentido, durante o período alemão, a letra de câmbio passou a ser considerada um verdadeiro título de crédito. Sua existência deixou de estar atrelada a um contrato[16] ou dependente dele que justificasse jurídica e economicamente o seu surgimento.

2.4 Período uniforme

O quarto período corresponde ao período de uniformização da legislação cambiária por meio das Lei Uniformes de Genebra em 1930 (LUG), que trata da Letra de Câmbio e da Nota Promissória.

Na convenção de 1930, o Brasil foi representado, como plenipotenciário, pelo Dr. Deoclécio de Campos, que era adido comercial na cidade de Roma e antigo professor da faculdade de Direito do Pará.

A adesão do nosso país a essa convenção somente se efetivou em 26 de agosto de 1942, mas a ratificação legislativa foi feita somente em 8 de setembro de 1964 através do Decreto Legislativo 54.[17]

Finalmente, a promulgação da convenção se deu por meio do Decreto Executivo 57.663, de 24 de janeiro de 1966, que "promulgou, igualmente, as duas outras Convenções realizadas em Genebra, um destinada a regular conflitos de leis em matéria de letras de câmbio e notas promissórias, e a outra concernente ao imposto do selo em matéria de câmbio e notas promissórias." Ao promulgar a adesão à Convenção de Genebra, Decreto Executivo 57.663 de 1966, o governo brasileiro formulou reservas a vários dispositivos da lei. Isso quer dizer que mesmo o texto de Genebra em vigor, as questões que foram objeto de reservas serão, contudo, reguladas por lei nacional. Sendo assim, não se aplica ao Brasil a Convenção de Genebra na sua totalidade.[18]

2.5 Síntese da evolução histórica

Como visto, a Letra de Câmbio surge como uma necessidade do comércio para solução de problemas de ordem prática: (a) efetuar o câmbio das moedas;

---

15. ROSA JR., Luiz Emygdio Franco da. *Títulos de Crédito*. Rio de Janeiro: Renovar, 2000, p. 42.
16. MARTINS, Fran. *Títulos de crédito*: letra de câmbio e nota promissória. Rio de Janeiro: Forense, p. 30.
17. MARTINS, Frans. *Títulos de Crédito*. 2. ed. Rio de Janeiro: Forense, 1977, p. 66.
18. As reservas foram feitas aos artigos 2, 3, 5, 6, 7, 9, 10, 13, 15, 16, 17, 19 e 20 do anexo II.

e (b) permitir o transporte mais seguro do crédito por meio de um documento (letra/carta). Destacam-se as distâncias entre as cidades, a precariedade das estradas e os riscos desta longa jornada inesperada.

Posteriormente, a Letra de Câmbio passou a ser caracterizada como título de crédito, por representar uma obrigação de pagar e se desvincular da causa de emissão (o contrato que deu origem a emissão do título) pela cláusula à ordem, criando a possibilidade de circulação segura do título para terceiros.

No próximo período, foi majorada a preocupação com o terceiro adquirente, fortalecendo as características circulação e negociação da Letra de Câmbio e normatizando as regras jurídicas cambiárias.

Por fim, diante da necessidade de uniformizar o uso dos títulos de crédito, foram criadas leis internacionais que passaram a nortear o uso da Letra de Câmbio e da Nota Promissória, que são utilizadas até hoje.

3. DE ONDE NASCEM OS TÍTULOS DE CRÉDITO?

Os títulos de crédito pertencem ao sub-ramo do Direito Empresarial, denominado Direito Cambiário, pois sua origem decorre do câmbio das moedas no período italiano.

O título de crédito é a materialização de uma garantia de pagamento, que substitui a circulação do dinheiro em espécie e facilita a do título de crédito entre os titulares por conta de suas regas próprias, dando maior proteção à terceiro. É uma obrigação pecuniária que não se confunde com a própria obrigação, pois desta pode derivar diferentes instrumentos jurídicos, além do próprio título de crédito. A distinção recai, inclusive, na possibilidade de execução imediata do valor devido, por se tratar de título executivo extrajudicial (art. 784, I, CPC[19]).

O título de crédito pode ser resumido, em curta expressão, como um documento de garantia de pagamento caracterizado pela segurança da transação, estabelecida por um elo de confiança entre os titulares.

A propósito, a própria palavra crédito tem origem no latim *creditum*, que é derivada de *credere*, expressão que significa confiar, ter fé. É possível notar a forte conotação moral no uso da palavra crédito, pois seu significado etimológico dispõe da confiança das partes envolvidas.

---

19. Art. 784. São títulos executivos extrajudiciais: I – a letra de câmbio, a nota promissória, a duplicata, a debênture e o cheque.

Quando alguém diz que outra pessoa tem crédito com ela (no sentido moral e não jurídico), significa dizer que ela acredita naquela pessoa, que há confiança entre elas.

Muitos doutrinadores conceituaram o crédito no aspecto econômico, como Charles Guide, que definiu o crédito como "a troca no tempo e não no espaço"; ou Stuart Mill, que definiu o crédito como "a permissão de usar capital alheio"; ou ainda como Werner Sombart, ao estabelecer que "crédito confere poder de compra a quem não possui recursos para realizá-lo", dentre inúmeros outros conceitos elaborados pela doutrina ao longo dos anos.[20]

Fabio Ulhoa Coelho, em recente obra sobre a modernização dos títulos de crédito, leciona: "O conceito de crédito está associado, de um lado, ao tempo e, de outro, à confiança. Aliás, etimologicamente, "crédito" liga-se aos verbos "crer", "acreditar" e "confiar". E, na literatura jurídica, a associação normalmente se faz pela ideia de que o credor tem a confiança no devedor, acredita que ele vai entregar a prestação futura prometida e, por isso, entrega a ele hoje a coisa em troca".[21]

---

20. No plano econômico a doutrina elaborou os seguintes conceitos: (a) crédito é a troca no tempo e não no espaço (Charles Guide); (b) crédito é a permissão de usar capital alheio (Stuart Mill); (c) crédito é o saque contra o futuro; (d) crédito confere poder de compra a quem não dispõe de recursos para realizá-lo (Werner Sombart); (e) crédito é a troca de prestação atual por prestação futura (ROSA JR. 2007: 2). O crédito implica uma troca de bens atuais por bens futuros, ensejando uma circulação de mercadorias ou valores. Na realidade a doutrina distinguiu perfeitamente a troca (permuta) do crédito, pois nesta última hipótese, as coisas trocadas são de gêneros diferentes, as operações de crédito constituiriam a permuta da mesma coisa em momentos diferentes, tratando-se de uma troca diferida no tempo ou uma inserção do tempo na troca. O creditante ao realizar a operação de crédito, priva-se, por algum tempo, do usa da riqueza transferida, sacrificando, pois, a liquidez do seu patrimônio, o que legitima, de sua parte, a exigência de uma prestação suplementar à restituição da riqueza transferida (AQUINO. Leonardo Gomes de. *Descortinando o Direito Empresarial*: O Crédito no Direito Empresarial. Disponível em: https://www.academia.edu/20803850/O_Cr%C3%A9dito_no_Direito_Empresarial. Acesso em: 03 set. 2023).
21. COLEHO, Fabio Ulhoa. *Títulos de crédito*: uma nova abordagem. São Paulo. Thomson Reuters Brasil, 2021, p. 15.

Em outro ponto de sua obra, Ulhoa afirma que a ligação tradicional entre crédito e confiança não explicita que a base dela é objetiva. O credor confia, a rigor, nas instituições (leis, Judiciário, política etc.), acreditando que o funcionamento delas lhe assegurará o oportuno pagamento da prestação prometida pelo devedor.[22]

Entendemos e respeitamos essa posição, porém a confiança relacionada ao crédito não se limita aos aspectos objetivos (além das partes), mas também estão presentes os aspectos subjetivos (entre as partes), e cada qual se sobressaindo em determinadas situações. Por exemplo, o empréstimo de um sócio para a sociedade empresária está amparado em maior grau subjetivo do que objetivo, diferentemente de um empréstimo de um banco para mesma sociedade empresária.[23]

O título de crédito é emitido para representar uma obrigação pecuniária de pagar determinada quantia, ou seja, trata-se de um documento que formaliza uma obrigação do devedor de pagar, em dinheiro, determinada quantia ao credor.[24] Evidentemente que, além dos títulos de crédito, outros documentos podem formalizar uma obrigação de pagamento, como, por exemplo, um instrumento particular (p.ex. instrumentos contratuais) ou público (p. ex. escritura pública), mas somente os títulos de crédito possuem características próprias de garantia ao credor, especialmente quando da circulação do título de crédito por endosso.

Desse modo, a criação do título de crédito traz maior segurança jurídica ao credor do que a formalização de uma obrigação pecuniária por meio de outros instrumentos jurídicos.

---

22. COLEHO, Fabio Ulhoa. *Títulos de crédito*: uma nova abordagem. São Paulo. Thomson Reuters Brasil, 2021, p. 15.

23. Em termos jurídicos, crédito é a obrigação no aspecto ativo, ou seja, o direito do sujeito ativo numa relação obrigacional que lhe assegura a possibilidade de exigir a prestação do devedor. O crédito é um direito de fruição. O credor é aquele em proveito de quem a prestação deve ser executada. Partindo da distinção civilista entre os direitos absolutos, cujo sujeito passivo é indeterminado, recaindo o dever jurídico sobre todos os membros da coletividade (erga omnes) e direitos relativos, com sujeito passivo determinado, a obrigação pode ser definida como relação jurídica, em virtude da qual o sujeito passivo (devedor) tem o dever jurídico de caráter patrimonial em favo do sujeito ativo (credor). Assim sendo, as obrigações (direitos obrigacionais) são também denominadas direitos de crédito ou direitos pessoais. Por esse motivo, no direito romano, os credores eram aqueles que deram dinheiro emprestado; mas ainda, todos aos quais se deve alguma coisa, por uma causa qualquer (MENDONÇA, 2003: 59). (AQUINO. Leonardo Gomes de. *Descortinando o Direito Empresarial*: O Crédito no Direito Empresarial. Disponível em: https://www.academia.edu/20803858/O_Cr%C3%A9dito_no_Direito_Empresarial. Acesso em: 03 set. 2023).

24. Os títulos de crédito são documentos representativos de obrigações pecuniárias. Não se confundem com a própria obrigação, mas se distinguem dela na exata medida em que a representam (COELHO, Fabio Ulhoa. *Manual de Direito Comercial*: direito de empresa. São Paulo: Thomson Reuters Brasil, 2021, v. 32, p. 233).

As obrigações representadas em um título de crédito podem ter origem: (i) extracambial, como, por exemplo, o título de crédito ser usado para representar a obrigação de ressarcir danos causados em um acidente de trânsito, a fim de representar a obrigação de pagar em contrato de compra e venda ou de mútuo etc.; ou, ainda, (ii) exclusivamente cambial, como na obrigação de garantia prestada por avalista de título de crédito.[25]

Fato é que um título de crédito é sempre emitido por conta de uma causa subjacente (obrigação originária). Toda e qualquer obrigação de pagar pode ser representada por um título de crédito,[26] porém ele se origina de outra obrigação. Para melhor compreensão, imagine a compra e venda de uma camiseta (obrigação originária), com o vendedor aceitando receber do comprador um cheque para representar a obrigação de pagar (título de crédito). Ou seja, o título de crédito é emitido diante de uma obrigação originária, como, por exemplo, uma compra e venda, locação, prestação de serviços etc. Não necessariamente o título de crédito é emitido a título oneroso, pois ele pode se originar de uma doação.

O que importa nesse ponto é saber que *o título de crédito se origina de uma obrigação*:

---

25. COELHO, Fabio Ulhoa. *Manual de Direito Comercial*: direito de empresa. São Paulo: Thomson Reuters Brasil, 2021, v. 32, p. 234.
26. Veremos, a seguir, alguns limites de emissão da Letra de Câmbio e da Duplicata Mercantil.

B. CONCEITO DE TÍTULOS DE CRÉDITO

1. CONCEITO DE TÍTULOS DE CRÉDITO

A doutrina conceitua título de crédito como "O documento necessário para o exercício do direito, literal e autônomo, nele mencionado". Esse conceito foi proposto por Cesare Vivante, comercialista italiano da segunda metade do século XIX e foi utilizado pelo legislador brasileiro no artigo 887 do Código Civil: "O título de crédito, documento necessário ao exercício do direito literal e autônomo nele contido, somente produz efeito quando preencha os requisitos da lei".

Certo é que a caracterização de um documento como título de crédito decorre de lei e, portanto, somente produzirá efeito de título de crédito se preenchidos os requisitos legais, como, por exemplo, o Cheque que deve estar de acordo com a Lei 7.357/1985 (Lei do Cheque).

Fabio Ulhoa Coelho, em obra atual, buscou atualizar o conceito de títulos de crédito como o "(...) registro das informações que, em conformidade com a lei, individualizam um crédito passível de cobrança por execução forçada, na qual as exceções pessoais não podem ser opostas a terceiro de boa-fé".[27]

O argumento utilizado para esse novo conceito é a revolução da informática, que superou o uso do suporte de papel,[28] ou seja, o conteúdo do título de crédito diz respeito a informações sobre um crédito, concedido por um sujeito (credor) a outro (devedor). Elas podem ser lançadas em dois suportes diferentes: cartular ou eletrônico.

Entendemos ser válido, especialmente para fins didáticos, utilizarmos o conceito clássico nesta obra, reconhecendo a necessidade de explorarmos a visão atual trazida pelo juscomercialista.

2. TÍTULOS DE CRÉDITOS PRÓPRIOS

Para fins didáticos, trataremos dos títulos de créditos, que possuem características e princípios próprios do regime jurídico-cambial, que são: (i) Letra de Câmbio, (ii) Nota Promissória; (iii) Cheque; e (iv) Duplicata.[29]

---

27. COLEHO, Fabio Ulhoa. *Títulos de crédito*: uma nova abordagem. São Paulo. Thomson Reuters Brasil, 2021, p. 28.

28. COLEHO, Fabio Ulhoa. *Títulos de crédito*: uma nova abordagem. São Paulo. Thomson Reuters Brasil, 2021, p. 15.

29. (...) condição de título de crédito corresponderia ao atendimento a um conjunto de características mínimas, quais sejam: (1) a anotação de uma obrigação unilateral, atribuível a devedor ali indicado; (2)

Não nos furtamos da existência de outros instrumentos jurídicos que aproveitam, em parte, os elementos do regime jurídico-cambial. Contudo, não entendemos tais instrumentos como títulos de crédito, embora se encontrem disciplinados por um regime próximo ao das cambiais, justamente porque não se aplicam totalmente os elementos caracterizadores do regime jurídico-cambial em sua disciplina. Costumam-se denominar tais instrumentos pela expressão "títulos de crédito impróprios".[30]

C. CARACTERÍSTICAS DOS TÍTULOS DE CRÉDITO

1. CARACTERÍSTICAS DOS TÍTULOS DE CRÉDITO

Em decorrência da necessidade de trazer maior segurança jurídica aos agentes econômicos, os títulos de crédito apresentam atributos que, em conjunto, diminuem os riscos de seu uso para a atividade econômica, o que traz um atrativo para o empresário.

---

a representação obrigatória no instrumento; (3) o caráter de declaração unilateral de uma obrigação que, portanto, guarda autonomia do ato ou negócio no qual se gerou; (4) a limitação do universo de suas obrigações àquelas que estão definidas na lei e àquelas que estão inscritas no instrumento, em sua literalidade; e (5) atenção a um conjunto de requisitos mínimos, a saber: (a) forma prescrita em lei, (b) data e local de emissão, (c) precisão dos direitos conferidos, (d) assinatura.

Digo em bom Direito, pois a atecnicidade e o afobamento do legislador pátrio criou figuras impróprias, como as cédulas de crédito, verdadeiros contratos cujo valor de título de crédito foi afirmado em lei. Essas descaracterizações pontuais exigem que se reconheça haver títulos de créditos próprios, que são aqueles que se amoldam com justeza na teoria do Direito Cambiário, e títulos de crédito impróprios, cuja submissão aos princípios cambiais é falha, limitada, como se estudará neste livro. Os títulos de crédito próprios são a letra de câmbio, a nota promissória, o cheque e a duplicata, tipos de cártulas que se ajustam adequadamente aos princípios cambiários, como se estudará no Capítulo 2. Para além desses, há um conjunto vasto de títulos de crédito impróprios, cada qual apresentando particularidades que rompem, em pontos específicos, com aqueles princípios, a exemplo da cédula de crédito bancário, do conhecimento de depósito, da letra de crédito imobiliária, entre outros. Essas variações pontuais, todavia, não têm o condão de descaracterizá-los, por completo, como títulos cambiários. Não são meros documentos comprobatórios ou apenas títulos legitimatórios, ao contrário dos bilhetes de passagem, ingressos para espetáculos e outros tíquetes, que são meras representações documentais de contratos estabelecidos. Tais bilhetes dão direito ao gozo da faculdade contratada, mas não constituem, no sentido técnico, declarações unilaterais; ademais, não trazem em si a literalidade absoluta da obrigação, que se comprova com recurso a outros meios de prova (cartazes, anúncios, testemunhas etc.). Nem estão obrigados a atender a requisitos de forma prescrita em lei, anotação de data e local de emissão, precisão dos direitos conferidos e assinatura. (MAMEDE, Gladston. *Direito empresarial brasileiro*: títulos de crédito. 10. ed. rev. e atual. São Paulo: Atlas, 2018, p. 33-34).

30. COELHO, Fabio Ulhoa. *Manual de Direito Comercial*: direito de empresa. São Paulo: Thomson Reuters Brasil, 2021, v. 32, p. 234.

É evidente que o risco faz parte de toda atividade empresarial, denominado álea normal do negócio, que é o risco previsto, bem como é consequência das prestações acordadas.[31-32]

Cada doutrina pode trazer mais ou menos atributos e/ou características dos títulos de crédito, portanto, não há como esgotar o tema, mas traremos os principais atributos que entendemos como suficientes para distanciar os títulos de créditos de outros institutos.

a) Natureza comercial

Esta característica se justifica pelo fato de, como sustentamos acima, os títulos de crédito fazerem mais sentido no ambiente de negócios firmados entre os agentes econômicos, normalmente decorrentes dos contratos empresariais.[33] Não há como negar que os títulos de crédito podem ser usados nas relações civis ou de consumo, porém são nas relações empresariais que eles são mais utilizados e, portanto, sua natureza é comercial.

b) Documento formal

O título de crédito consiste em um documento formal, pois só pode ser considerado como tal se observados os requisitos legais estabelecidos pela legislação

---

31. DE SOUZA, Adalberto Pimentel Diniz. *Risco Contratual, Onerosidade Excessiva & Contratos Aleatórios*. Curitiba: Juruá, p. 42.

32. O aumento da segurança jurídica no ambiente de negócios interessa, sobretudo, aos consumidores e trabalhadores (à "comunidade", pode-se dizer de modo genérico) e apenas secundariamente aos empresários e investidores. Estes, como afirmado, são disputados pelos diversos países interessados no incremento de suas economias. Se não se sentem suficientemente seguros em determinada jurisdição, os investidores podem simplesmente redirecionar a atenção para outras, sem maiores dificuldades. Consumidores e trabalhadores, porém, no mais das vezes, consomem e trabalham onde residem, não sendo a mudança de país uma opção sempre disponível ou fácil.

(...)

Ambientes de negócio sem consistente segurança jurídica não atraem os investidores conservadores, mas podem se mostrar muito atraentes aos arrojados. Qual o problema, então, se, de um modo ou de outro, os investimentos chegam? O problema está nas características próprias dos investimentos destinados a ambientes mais arriscados. Fórmula milenar, enraizada no comércio fenício, associa diretamente riscos e retornos esperados. Quem assume riscos maiores, não se contenta com retornos módicos. O investidor arrojado atraído por ambientes de negócio sem segurança jurídica praticará preços mais elevados, nos produtos ou serviços que oferece ao mercado. Mesmo os conservadores veem-se forçados a seguir esta lógica, para embutirem em seus preços uma taxa de risco associado à insegurança jurídica. Quer dizer, são os consumidores que, pagando mais caro por produtos e serviços, arcam com as consequências da insegurança jurídica. (COELHO, Fábio Ulhoa. A alocação de riscos e a segurança jurídica na proteção do investimento privado. *Revista de Direito Brasileira*. São Paulo, v. 16, n. 7, p. 291-304, jan.-abr. 2017).

33. ROSA JR., Luiz Emygdio Franco da. *Títulos de crédito* [Colaboração: Vivien Cabral Sarmento Leite]. 8. ed. Rio de Janeiro: Renovar, 2014, p. 49.

cambiária, que, no entanto, variam segundo a espécie de título de crédito.[34] Este atributo, inclusive, é fortalecido pelo princípio cambiário da taxatividade, como será esclarecido no próximo tópico.

c) Representação de obrigação pecuniária

O título de crédito é um documento representativo de uma obrigação de pagar quantia certa, em dinheiro, não contendo nenhuma outra obrigação além do pagamento em espécie.

d) Executividade

A legislação processual destaca os títulos de crédito como títulos executivos extrajudiciais (art. 784, I, CPC[35]). Por esta característica, não há necessidade de o credor cobrar o devedor pelo procedimento comum (no qual se busca uma prestação jurisdicional para só depois de confirmado o direito, iniciar a fase executiva – cumprimento de sentença), podendo iniciar desde logo o processo de execução, no qual o credor busca o Poder Judiciário para o cumprimento da obrigação por meio de expropriação de bens do devedor.

Da circunstância de ser representada determinada obrigação por um ou outro instrumento, decorrem consequências jurídicas bem distintas. O credor de uma obrigação representada por um título de crédito tem direitos, de conteúdo operacional, diversos do que teria se a mesma obrigação não se encontrasse representada por um título de crédito. Basicamente, há duas especificidades que beneficiam o credor por um título de crédito. De um lado, o título de crédito possibilita uma negociação mais fácil do crédito decorrente da obrigação representada; de outro lado, a cobrança judicial de um crédito documentado por esse tipo de instrumento é mais eficiente e célere. A essas circunstâncias especiais costuma a doutrina se referir como atributos dos títulos de crédito, chamados, respectivamente, de negociabilidade (facilidade de circulação do crédito) e executividade (maior eficiência na cobrança).[36]

e) Negociabilidade

A negociabilidade se traduz na preocupação do legislador em garantir a circulação do título de crédito sem que o novo credor tenha que se preocupar

---

34. ROSA JR., Luiz Emygdio Franco da. *Títulos de crédito* [Colaboração: Vivien Cabral Sarmento Leite]. 8. ed. Rio de Janeiro: Renovar, 2014, p., 49.
35. Art. 784. São títulos executivos extrajudiciais:
    I – a letra de câmbio, a nota promissória, a duplicata, a debênture e o cheque.
36. COELHO, Fabio Ulhoa. *Manual de Direito Comercial: direito de empresa*. São Paulo: Thomson Reuters Brasil, 2021, v. 32, p. 234.

com a obrigação originária, garantindo segurança jurídica a quem aceitar receber um título de crédito.

f) Bem móvel

O título de crédito corresponde a um bem móvel nos termos do artigo 82 do Código Civil[37] e, desse modo, a transferência de titularidade dos títulos de crédito ao portador ocorre por mera tradição; já com relação aos títulos de crédito nominativos, a transferência depende de endosso, como veremos em breve.

g) Título de apresentação

Esta característica decorre do próprio conceito de título de crédito, no qual é necessária a apresentação do documento para o exercício do direito nele mencionado, ou seja, para que o credor possa exigir a obrigação do devedor, ele precisa apresentar o documento. Não existe direito cambiário sem o título, já que o direito se incorpora na cártula.

h) Título líquido e certo

A certeza do título executivo para manejar ação executiva é verificada em abstrato, ou seja, que o título corresponda a uma obrigação, indicando-lhe a existência da obrigação.

A liquidez diz respeito à quantidade e ao valor, que é objeto da obrigação a ser cumprida pelo devedor. O título executivo extrajudicial haverá de ser líquido, e a quantidade de bens severa, ser apurável pela simples verificação de seu conteúdo.

É liquida a obrigação contida no título quando, de sua leitura, ou pela simples realização de cálculos aritméticos, possa apurar-se a quantidade de bens devidos. A obrigação liquida contém em si todos os elementos necessários para a apuração da quantia devida.

É ilíquida a obrigação se o *quantum* depender da comprovação de fatos externos. Por exemplo, não será possível executar uma confissão de dívida, em que o devedor se compromete a pagar ao credor 10% do faturamento da empresa que possui, porque a verificação do débito, nesse caso, depende de fator externo, que depende de prova.[38]

---

37. Art. 82. São móveis os bens suscetíveis de movimento próprio, ou de remoção por força alheia, sem alteração da substância ou da destinação econômico-social.
38. GONÇALVES, Marcus Vinicius Rios. *Novo Curso de Direito Processual Civil*. 6. ed. São Paulo: Saraiva, p. 65-66.

A legislação cambiária revela este atributo ao exigir, como requisito essencial para que valha como tal, que seja determinada a importância nele referida.

i) Obrigação quesível

A obrigação decorrente do título de crédito é quesível, pois cabe ao credor buscar o devedor para exigir o pagamento do título na forma ajustada na cártula.

j) Natureza pro soluto

O título de crédito não substitui a dívida que surge da obrigação originária. Isso significa dizer que a obrigação originária só se extingue com o pagamento.

D. PRINCÍPIOS DOS TÍTULOS DE CRÉDITO

1. PRINCÍPIOS DOS TÍTULOS DE CRÉDITO

O artigo 887 do Código Civil[39] destaca-se como um importante conceito, porque conseguimos extrair dele os princípios dos títulos de crédito, quais sejam: (i) a cartularidade, (ii) literalidade; (iii) a autonomia;[40] e (iv) da taxatividade legal.

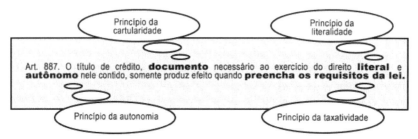

2. PRINCÍPIO DA CARTULARIDADE

A etimologia da Cartularidade advém do latim *chartula,* que se refere à ideia de papel, o que se justifica na fase inicial dos títulos de crédito. Para que os

---
39. Art. 887. O título de crédito, documento necessário ao exercício do direito literal e autônomo nele contido, somente produz efeito quando preencha os requisitos da lei.
40. BULGARELLI, Waldirio. *Títulos de crédito.* 9. ed. São Paulo: Atlas, 1992, p. 54.

títulos de crédito produzam efeitos jurídico-sociais, o credor do título precisa estar na posse do documento, também conhecido por cártula. Sem a posse da cártula, o credor não poderá exercer seu direito ao recebimento, pois se trata de documento necessário para o exercício do direito que nele contém. Isso significa que o possuidor da cártula representa o real credor perante o devedor, independentemente da relação jurídica originária.

A lógica por trás deste princípio é dar segurança ao devedor que, ao pagar o possuidor do título, evita ser surpreendido com eventual transferência do título de crédito a terceiro.[41]

Este princípio se relaciona com as características dos títulos de crédito, em especial a Negociabilidade e Executividade, por se tratar de título de apresentação. Por exemplo, em uma ação de execução de título extrajudicial, é necessária a instrução da petição inicial com a via original de documento.[42]

Uma das evoluções históricas dos títulos de crédito é a possibilidade da circulação com segurança para o credor por meio do endosso, sendo de suma importância que ele tenha a posse do documento a fim de evitar que o devedor pague quem não é mais credor e sofrer o adágio de *quem paga mal paga duas vezes*. Isso sintetiza o entendimento de que o devedor que efetua pagamento à pessoa diversa de seu credor deve pagar também ao credor real. Ao devedor que agiu de forma descuidada, compete o prejuízo e/ou direito de regresso em face do falso credor.[43]

Evidentemente que o processo eletrônico poderia tornar um obstáculo ao princípio da cartularidade, porém o artigo 425, § 2º, do Código de Processo Civil,[44] soluciona a questão de forma clara: "Tratando-se de cópia digital de título

---

41. Vale lembrar da característica da negociabilidade dos títulos de crédito.
42. Agravo interno no agravo em recurso especial. Decisão da presidência. Reconsideração. Agravo de instrumento. Embargos à execução. Decisão que determina a apresentação da via original da cédula de crédito bancário executada. Imprescindibilidade. Precedentes. Agravo interno provido para conhecer do agravo e negar provimento ao recurso especial. 1. Decisão agravada reconsiderada, na medida em que o agravo em recurso especial impugnou os fundamentos da decisão que inadmitiu o apelo nobre, exarada na instância a quo. 2. O entendimento da Corte de origem encontra-se de acordo com a jurisprudência desta Corte Superior, segundo a qual cabe ao Juízo, *quando a parte instrui a inicial com cópia autenticada do título executivo, abrir prazo para que emende a inicial juntando o título original*. 3. Agravo interno provido para reconsiderar a decisão agravada e, em nova análise, conhecer do agravo para negar provimento ao recurso especial. (STJ – AgInt no AREsp 1743487 SC 2020/0205178-4, Relator: Ministro Raul Araújo, Data de Julgamento: 22.03.2021, T4 – Quarta Turma, Data de Publicação: DJe 13.04.2021).
43. STJ – AREsp 1328124 MS 2018/0177166-0, Relator: Ministra Assusete Magalhães, Data de Publicação: DJ 04.12.2018.
44. Art. 425. Fazem a mesma prova que os originais:
§ 2º Tratando-se de cópia digital de título executivo extrajudicial ou de documento relevante à instrução do processo, o juiz poderá determinar seu depósito em cartório ou secretaria.

executivo extrajudicial ou de documento relevante à instrução do processo, o juiz poderá determinar seu depósito em cartório ou secretaria".

2.1 Títulos de crédito eletrônicos

Dada a evolução tecnológica dos meios de pagamento, abriu-se a discussão sobre a relativização do princípio da cartularidade, especialmente pelo surgimento dos títulos eletrônicos que possuem suporte virtual (imaterial) e não em papel (material).

É certo que a maioria dos agentes econômicos utilizam um sistema de gestão integrado (ERP), que automatiza os processos burocráticos de planejamento e controle necessários à sua atividade.

As empresas planejam suas necessidades de compras e produção, lastreadas por seus pedidos ou previsões de vendas, enviando ordens de fabricação ou compras em formato digital, através de sistemas de comunicação altamente integrados.[45]

Houve um tempo em que documentos fiscais, como a nota fiscal, fatura e duplicatas, eram emitidas manual e fisicamente, registradas em talonários.

Esses sistemas de emissão, também usados para os cheques e outros títulos de crédito, traziam um gargalo administrativo nas empresas, pois após o processo de venda concluído, com as mercadorias ou serviços prontos, surgia a necessidade de uma rotina burocrática que retardava os ganhos e emperrava a cadeia negocial.[46]

O avanço da tecnologia nos ambientes de negócio foi essencial para o acelerar os processos produtivos dos agentes econômicos. Dessa forma, tornou-se

---

45. As empresas estão sempre tentando melhorar a eficiência de suas operações a fim de conseguir mais lucratividade. Das ferramentas de que os administradores dispõem, as tecnologias e os sistemas de informação estão entre as mais importantes para atingir altos níveis de eficiência e produtividade nas operações, especialmente quando combinadas com mudanças no comportamento da administração e nas práticas de negócio (LAUDON, Kenneth. *Sistemas de informação gerenciais*. 9. ed. São Paulo: Pearson Prentice Hall, 2010. p. 10).

46. É inquestionável admitir-se o surgimento de uma nova era para a humanidade, caracterizada pelo advento das novas tecnologias da informação. Os avanços tecnológicos dos meios eletrônicos acarretaram profundas modificações nas atividades diárias, tanto na sociedade como nas práticas comerciais realizadas. O aumento do volume de operações comerciais e o consequente acúmulo de títulos e papéis exigiram que se procurasse um sucedâneo menos oneroso do que aquele representado pela prática tradicional. Pensou-se, então, originalmente, em mecanismos que pudessem substituir o papel pela fita magnética dos computadores. Com efeito, foi o que ocorreu na França, com a Lettre de Change-Relevé ou, numa tradução que parece mais apropriada ao jargão bancário, a Cambial-Extrato, e a Lastschchriftverkehr, na Alemanha, entre outros países (DE LUCCA, Newton. Do título papel ao título eletrônico. *Revista de Direito Bancário e do Mercado de Capitais*. v. 60, p. 169, abr. 2013, DTR\2013\5804).

indispensável que os títulos de crédito acompanhassem essa evolução tecnológica, dando origem aos títulos eletrônicos.[47]

A negociação (e, muitas vezes, a própria emissão) de títulos de crédito eletrônicos é feita mediante registros no sistema de informática mantido por uma Entidade de Registro de Títulos Eletrônicos (ERTE), autorizada a prestar esses serviços pelo Banco Central ou pela CVM. Alguns exemplos de ERTE são a B3 (Brasil, Bolsa, Balcão), a CRDC (Central de Registro de direitos Creditórios), a CIP (Câmara Interbancária de Pagamentos) e a BBM (Bolsa Brasileira de Mercadorias).[48]

Há hoje, então, dois suportes para os títulos de crédito: o suporte papel (cártula) e o suporte eletrônico (sistema informatizado mantido por uma ERTE). Na verdade, os títulos podem ser criados em suporte papel e passar a ser negociados no suporte eletrônico.[49]

Diante da existência dos títulos de crédito eletrônicos, Fabio Ulhoa Coelho[50] afirma não ser aplicável o princípio da cartularidade: "Os princípios do direito

---

47. O cenário econômico global desperta o uso constante e permanente da ferramenta consubstanciada na internet, daí por que o comércio eletrônico incorpora viva atenção diante do aumento do número de usuários e da necessidade de uma legislação específica. Acredita-se que pelo comércio eletrônico, também conhecido na categoria virtual, mais de 70 milhões de brasileiros possuem acesso e fazem compras, utilizam-se de serviços e outras características. O faturamento estimado ultrapassa a casa de 50 bilhões de reais por ano, número considerável, trazendo diversos aspectos vantajosos, dentre os quais a rapidez, a agilidade e fundamentalmente a possibilidade de efetuar o negócio sem o deslocamento, invariavelmente congestionado em grandes e médias cidades do País. (MARTINS, Fran. *Curso de direito comercial*. Atual. Carlos Henrique Abrão. 40. ed. rev., atual e ampl. Rio de Janeiro: Forense, p. 471).

48. COELHO, Fabio Ulhoa. *Manual de Direito Comercial*: direito de empresa. São Paulo: Thomson Reuters Brasil, 2021, v. 32, p. 293.

49. COELHO, Fabio Ulhoa. *Manual de Direito Comercial*: direito de empresa. São Paulo: Thomson Reuters Brasil, 2021, v. 32, p. 293.

50. Diante do quadro da desmaterialização dos títulos de crédito, vale a pena repassar rapidamente os princípios do direito cambiário, com vistas a conferir se eles ainda têm atualidade. Quer dizer, do que se está falando, hoje em dia, na referência à cartularidade, literalidade e autonomia das obrigações cambiais? O primeiro estabelece que o exercício dos direitos cambiais pressupõe a posse do título. Ora, se o documento nem sequer é emitido, não há sentido algum em se condicionar a cobrança do crédito à posse de um papel inexistente. Representa uma dispensável formalidade exigir-se a confecção do título em papel, se as relações entre credor e devedor documentaram-se todas independentemente dele. O princípio da literalidade, por sua vez, preceitua que apenas geram efeitos cambiais os atos expressamente lançados na cártula. Novamente, não se pode prestigiar absolutamente o postulado fundamental do direito cambiário, na medida em que não existe mais o papel, a limitar fisicamente os atos de eficácia cambial. Pode-se, contudo, falar num princípio de literalidade adaptado ao meio eletrônico: "o que não está no arquivo eletrônico, não está no mundo". O fim do papel também põe em questão algumas outras passagens da doutrina cambial, como, por exemplo, a distinção entre endosso em branco e em preto, a localização apropriada do aval (no verso ou anverso do documento), a existência de títulos ao portador etc. O único dos três princípios da matéria que não apresenta incompatibilidade intrínseca com o processo de desmaterialização dos títulos de crédito é o da autonomia das obrigações cambiais, e os seus desdobramentos no da abstração e inoponibilidade das exceções pessoais aos terceiros de

cambiário não se amoldam completamente aos títulos de crédito eletrônicos. A cartularidade, por exemplo, é inteiramente inaplicável, inconciliável com esse suporte. Não há nada, no meio eletrônico, parecido com a ideia de posse da cártula".[51]

Gladston Mamede também se manifestou sobre a incompatibilidade do princípio da cartularidade e os títulos de crédito eletrônicos: "A virtualidade do registro eletrônico não se amolda aos princípios clássicos da cambiaridade identificada com a materialidade do título; mais do que isso, não oferece, a certeza que o papel dá ao crédito, não atesta a sua liquidez e sua exigibilidade, nem oferece o conforto antigo da assinatura. As mudanças culturais (mudanças de ideologia e prática social), todavia, são potencialmente desconfortáveis, principalmente nas fases de transição, em que os cânones antigos convivem com novos paradigmas. Ainda vivemos numa sociedade do papel e, nesta, a cartularidade dos títulos de crédito é princípio ainda marcante do Direito Cambiário. Mas não mais se pode dizer que o papel, funcionando como base física necessária, é da essência dos títulos de crédito e, consequentemente, do Direito Cambiário, excetuadas as hipóteses em que a lei ainda o exige, a exemplo da letra de câmbio (Decreto 57.663/66), nota promissória (Decreto 57.663/66), cheque (Lei 7.357/85) e duplicata (Lei 5.474/68), neste último caso, apesar dos esforços de se estabelecer, sem licença legal (...)".[52]

---

boa-fé. Será a partir dele que o direito poderá reconstruir a disciplina da ágil circulação do crédito, quando não existirem mais registros de sua concessão em papel (COELHO, Fábio Ulhôa. *Curso de direito comercial*. 16. ed. São Paulo: Saraiva, 2012. v. 1: direito de empresa, p. 337).

51. COELHO, Fabio Ulhoa. *Manual de Direito Comercial*: direito de empresa. São Paulo: Thomson Reuters Brasil, 2021, v. 32, p. 293-294.

52. Nas primeiras edições deste livro, defendi que um novo direito deveria ser estruturado para expressar essa evolução, com uma lógica própria, hábil a traduzir a potencialidade conflitiva desse novo fenômeno jurídico, com bases próprias de funcionamento baseava-me no fato de o Direito Cambiário ter-se desenvolvido alicerçado na cartularidade, ou seja, na identificação do crédito com o papel que, mais do que comprová-lo, representa-o. A virtualidade do registro eletrônico não se amolda aos princípios clássicos da cambiaridade identificada com a materialidade do título; mais do que isso, não oferece, a certeza que o papel dá ao crédito, não atesta a sua liquidez e sua exigibilidade, nem oferece o conforto antigo da assinatura. As mudanças culturais (mudanças de ideologia e prática social), todavia, são potencialmente desconfortáveis, principalmente nas fases de transição, em que os cânones antigos convivem com novos paradigmas. Ainda vivemos numa sociedade do papel e, nesta, a cartularidade dos títulos de crédito é princípio ainda marcante do Direito Cambiário. Mas não mais se pode dizer que o papel, funcionando como base física necessária, é da essência dos títulos de crédito e, consequentemente, do Direito Cambiário, excetuadas as hipóteses em que a lei ainda o exige, a exemplo da letra de câmbio (Decreto 57.663/66), nota promissória (Decreto 57.663/66), cheque (Lei 7.357/85) e duplicata (Lei 5.474/68), neste último caso, apesar dos esforços de se estabelecer, sem licença legal, duplicatas escriturais, como se estudará no Capítulo 10 deste livro. No entanto, da mesma forma que não foi preciso criar uma nova disciplina, em substituição ao Direito de Família, em face das profundas alterações experimentadas ao longo dos séculos, também não será necessário um novo rótulo para o Direito Cambiário, como tal compreendida a disciplina jurídica que se ocupa da circulação do crédito, ou seja, das obrigações a receber (ou recebíveis, como prefere o mercado de capitais). Legislativa, doutrinária e jurisprudencialmente, aos poucos, estão sendo estabelecidas as novas bases do Direito

Já Marlon Tomazette[53] entende que há compatibilidade: *Os títulos eletrônicos podem ser entendidos como* "toda e qualquer manifestação de vontade, traduzida por um determinado programa de computador, representativo de um fato, necessário para o exercício do direito literal e autônomo nele mencionado".

Diante desse conceito, ainda se vê "algo" necessário para o exercício do direito.

Contudo, esse "algo" não é mais um papel, mas uma manifestação de vontade traduzida por um programa de computador. A nosso ver, esta manifestação ainda é um documento e ainda será um título de crédito obediente ao princípio da cartularidade ou incorporação.

Compreendemos, também, que o princípio da cartularidade se adequa aos títulos de crédito eletrônicos, já que o entendimento de *documento necessário*, dentro do conceito de título de crédito, não nos remete apenas ao papel, mas, sim, em um sentido mais amplo, a todo e qualquer documento que, se preenchidos os requisitos legais, possa ser considerado um título de crédito. A "posse" do documento virtual se comprova por aquele credor nominado nos registros de informação do título de crédito eletrônico nos termos da respectiva legislação que trata do título.

Cambiário, adequadas à assimilação e tratamento dos créditos de registro eletrônico. Por ora, essa evolução dá-se pela ampliação do rol dos chamados títulos de crédito impróprios, a exemplo do certificado de depósito agropecuário e do warrant agropecuário que, uma vez emitidos em papel, devem ser custodiados por uma instituição financeira, passando, então, a ter existência eletrônica, passando a ser negociados no mercado de valores, conforme estipulação da Lei 11.076/04. Não é só. A letra hipotecária é um título de existência meramente escritural, com emissão facultativa de cártula, o que também ocorre com cédula hipotecária e a letra de crédito imobiliário, por força do que se encontra estipulado na Lei 10.931/04. Nesse contexto, não se poderia deixar de destacar o artigo 889, § 3º, do Código Civil, ao permitir que o título seja emitido a partir dos caracteres criados em computador ou meio técnico equivalente e que constem da escrituração do emitente, o que já representa um reconhecimento da nova tecnologia no plano da teoria geral do Direito Cambiário. O movimento negocial de títulos com existência escritural (ou títulos escriturais), sem representação por cártula, é significativo, dando sustentação a operações vultosas no mercado de valores mobiliários. No entanto, tais relações pressupõem a normalidade, oferecendo dificuldades em face da controvérsia e do inadimplemento. Nesses instantes, coloca-se o problema da prova dos fatos jurídicos, tornando indispensável o recurso à materialidade: a impressão de uma base física a partir do registro eletrônico. Em fato, o artigo 212, II, combinado com o artigo 225, ambos do Código Civil, pontuam a juridicidade de documentos mecânicos e eletrônicos, ao referir-se a reproduções fotográficas, cinematográficas, aos registros fonográficos e, em geral, a quaisquer outras reproduções mecânicas ou eletrônicas de fatos ou de coisas, aceitando-os como meios para se fazer prova plena dos fatos, se a parte, contra quem forem exibidos, não lhes impugnar a exatidão. Tais disposições por certo servirão para acolher e resolver parte dos conflitos instaurados com a multiplicação de relações que se dão em paisagens eletrônicas. (MAMEDE, Gladston. *Direito empresarial brasileiro*: títulos de crédito. 4. ed. São Paulo: Atlas, 2008. v. 3, p. 63).

53. TOMAZETTE, Marlon. *Curso de direito empresarial*: Títulos de crédito. 8. ed. rev. e atual. São Paulo: Atlas, 2017. v. 2, p. 55.

O título de crédito digital continuará sendo representado como coisa corpórea, como documento eletrônico, ainda que imaterial. Assim, mesmo não existindo mais a cártula, em papel, o título digital é coisa corpórea, considerando que não é, apenas, o critério físico que determina se um bem é corpóreo ou incorpóreo. Os direitos de crédito, com efeito, visam uma prestação que tem por objeto coisa corpórea, o dinheiro, bem fungível, e a representação desse direito de crédito estará armazenada na máquina, no sistema informatizado, sendo perceptível em qualquer terminal de computador ou em outro dispositivo móvel.[54]

3. PRINCÍPIO DA LITERALIDADE

A literalidade pode ser definida como rigorismo e subordinação àquilo que está escrito. Por isso, os títulos de crédito podem ser definidos como a validade daquilo que se declara, ou seja, eles valem exatamente a medida do que se declaram. Aquilo que não está declarado no título de crédito não tem validade e não produz efeitos, daí o motivo de serem classificados pela literalidade de seu conteúdo.

Pelo princípio da literalidade, credores e devedores possuem assegurado o seu direito e a sua obrigação a exatamente o que consta no título, nada mais e nada menos que o literalmente expresso.

Significa afirmar o princípio da literalidade, "a medida do direito contido no título",[55] ou seja, não se pode exigir mais do que está mencionado no título. Portanto, "por esse princípio implica dizer que vale o que está escrito e que, se algo diverso tiver sido contratado, não estando escrito no título, não pode ser alegado pelas pessoas interveniente em defesa de seus direitos".[56] Nesse sentido, "o que não está no título não está no mundo".[57]

Deste princípio, advém a simplicidade do título de crédito, pois independe de cláusulas contratuais ou outros documentos que o sustentem, pois vale simplesmente o que está escrito.

Afirma o artigo 887 do Código Civil que o título de crédito contém um direito literal. A regra não mais se dirige para a exigência ou representação material do crédito (cartularidade), mas preocupa-se com o que se lê no documento representativo, as implicações jurídicas do que está escrito e a relação jurídica

---

54. FIGUEIREDO, Ivanildo. Princípios do direito cambiário. In: COELHO, Fábio Ulhoa. *Tratado de direito comercial*. São Paulo: Saraiva, 2015. v. 8: títulos de crédito, direito bancário, agronegócio e processo empresarial, p. 33.
55. BULGARELLI, Waldirio. *Títulos de crédito*. 9. ed. São Paulo: Atlas, 1992, p. 55.
56. NEGRÃO, Ricardo. *Manual de direito comercial e de empresa*: títulos de crédito e contratos empresariais. 5. ed. São Paulo: Saraiva, 2015. v. 2.
57. BULGARELLI, Waldirio. *Títulos de crédito*. 9. ed. São Paulo: Atlas, 1992, p. 55.

representada. A simplicidade do título de crédito é, por certo, um elemento fundamental para a circulação do crédito. Se o Direito permitisse a ampla cambiaridade de todos os contratos, provavelmente não se teria um movimento negocial tão representativo como se tem em relação aos títulos de crédito, pois os instrumentos contratuais, entre suas tantas cláusulas, exigem interpretação mais cuidadosa, determinando um justificável receio. Os títulos de crédito, no entanto, têm uma estrutura definida em lei, em geral caracterizada por extrema simplicidade. Diante de um título de crédito, a pessoa não precisa, em tese, preocupar-se com toda uma gama de questões que poderiam ser-lhe incidentes, pois no papel estão inscritos todos os elementos indispensáveis à sua compreensão jurídica, conforme disciplinado em lei".[58]

A doutrina recomenda cautelas para quem paga título de crédito. Em primeiro lugar, em razão do princípio da literalidade, deve-se exigir a quitação no próprio título, já que não produz efeitos jurídico-cambiais o ato lançado em instrumento à parte.[59]

Desse modo, o credor de um título de crédito somente pode exigir do devedor o direito estritamente escrito na cártula, ou seja, o limite do exercício do direito representado no título é regulado por seu teor e somente o que nele está escrito se deve levar em consideração para efeito cambiário.[60]

---

58. MAMEDE, Gladston. *Direito empresarial brasileiro*: títulos de crédito. 4 ed. São Paulo: Atlas, 2008, v. 3, p. 23.

59. COELHO, Fábio Ulhôa. *Curso de direito comercial*. 16. ed. São Paulo: Saraiva, 2012. v. 1: direito de empresa, p. 365.

60. Recurso especial. Comercial. Negativa de prestação jurisdicional. Não ocorrência. Embargos à execução. Títulos de crédito. Duplicata mercantil. Aceite em separado. Inadmissibilidade. Ato formal. Ausência de eficácia cambial. Falta de executividade. Prova da relação negocial. Instrução de ação monitória. 1. Cinge-se a controvérsia a saber se é possível o aceite em separado na duplicata mercantil. 2. O aceite promovido na duplicata mercantil corresponde ao reconhecimento, pelo sacado (comprador), da legitimidade do ato de saque feito pelo sacador (vendedor), a desvincular o título do componente causal de sua emissão (compra e venda mercantil a prazo). Após o aceite, não é permitido ao sacado reclamar de vícios do negócio causal realizado, sobretudo porque os princípios da abstração e da autonomia passam a reger as relações, doravante cambiárias (art. 15, I, da Lei 5.474/1968). 3. *O aceite é ato formal e deve se aperfeiçoar na própria cártula (assinatura do sacado no próprio título), incidindo o princípio da literalidade (art. 25 da LUG). Não pode, portanto, ser dado verbalmente ou em documento em separado. De fato, os títulos de crédito possuem algumas exigências que são indispensáveis à boa manutenção das relações comerciais. A experiência já provou que não podem ser afastadas certas características, como o formalismo, a cartularidade e a literalidade, representando o aceite em separado perigo real às práticas cambiárias, ainda mais quando os papéis são postos em circulação. 4. O aceite lançado em separado à duplicata não possui nenhuma eficácia cambiária, mas o documento que o contém poderá servir como prova da existência do vínculo contratual subjacente ao título, amparando eventual ação monitória ou ordinária (art. 16 da Lei 5.474/1968). 5. A duplicata despida de força executiva, seja por estar ausente o aceite, seja por não haver o devido protesto ou o comprovante de entrega de mercadoria, é documento hábil à instrução do procedimento monitório.* 6. Recurso especial provido (REsp 1334464/RS, Rel. Ministro Ricardo Villas Bôas Cueva, Terceira Turma, julgado em 15.03.2016, DJe 28.03.2016).

4. PRINCÍPIO DA AUTONOMIA

Pela autonomia, entende-se a independência das obrigações representadas no título, dando segurança jurídica a quem é credor de uma obrigação de pagar representada por um título de crédito.

O artigo 887 do Código Civil[61] expressamente consigna que *os direitos mencionados na cártula são autônomos.*

Como exaustivamente tratamos, o que se busca no Direito Cambiário é dar segurança jurídica a credor, devedor e terceiros, sendo o princípio da autonomia o mais importante do direito cambial, pois ele concede ao título uma independência da obrigação que o gerou. Ou seja, segundo esse princípio, quando um único título documenta mais de uma obrigação, a eventual invalidade de qualquer uma dela não prejudica as demais relações abrangidas, isto é, o título não deixará de exercer suas obrigações assumidas.[62]

O título de crédito contém diversas relações jurídicas que, pelo princípio da autonomia, são independentes entre si, o que significa dizer que eventual nulidade, irregularidades ou vícios de uma obrigação não compromete a validade das demais obrigações constantes no título.

Desse modo, a autonomia é a característica dos títulos de crédito que garante a independência obrigacional das relações jurídicas subjacentes, simultâneas ou sobrejacentes à sua criação e circulação e impede que eventual vício existente em uma relação se comunique às demais ou invalide a obrigação literal inscrita na cártula.[63]

Por exemplo, se um cheque é dado como forma de representar o pagamento de uma obrigação, e este é transferido por meio de endosso a terceiro, eventual irregularidade, nulidade ou vício da obrigação originária não compromete a validade do cheque perante o novo credor endossatário.[64]

Assim, é importante considerar que, quando se realiza a transferência do título para terceiros de boa-fé, automaticamente opera-se o desligamento entre

---

61. Art. 887. O título de crédito, documento necessário ao exercício do direito literal e autônomo nele contido, somente produz efeito quando preencha os requisitos da lei.

62. COELHO, Fábio Ulhôa. *Curso de Direito Comercial.* 16. ed. São Paulo: Saraiva, 2012. v. 1: Direito de Empresa, p. 337.

63. NEGRÃO, Ricardo. *Direito empresarial*: estudo unificado. 5. ed. rev. São Paulo: Saraiva, 2014, p. 144.

64. Esta segurança decorre do artigo 13 da Lei do Cheque: *Art. 13 As obrigações contraídas no cheque são autônomas e independentes. Parágrafo único. A assinatura de pessoa capaz cria obrigações para o signatário, mesmo que o cheque contenha assinatura de pessoas incapazes de se obrigar por cheque, ou assinaturas falsas, ou assinaturas de pessoas fictícias, ou assinaturas que, por qualquer outra razão, não poderiam obrigar as pessoas que assinaram o cheque, ou em nome das quais ele foi assinado.*

o documento e a relação originária, e através disso, o devedor fica impossibilitado de exonerar-se de suas obrigações cambiárias, por razões de irregularidade, nulidade ou vícios. Logo, a abstração complementa junto com a inoponibilidade das exceções pessoais, a proteção do credor e devedor.[65]

A doutrina subdivide o princípio da autonomia nos subprincípios da (I) abstração e (II) inoponibilidade das exceções pessoais.

4.1 Abstração

Na abstração, denota-se a autonomia e independência entre as obrigações assumidas no título, ou seja, eventual nulidade, irregularidade ou vício de uma obrigação não contamina as demais.

Por exemplo, se verificada em uma Letra de Câmbio garantida por aval a nulidade da obrigação assumida pelo devedor principal (aceitante), a obrigação do avalista se mantém, mesmo no caso de a obrigação que ele garantiu ser nula por qualquer razão que não seja um vício de forma (art. 32, LU[66]).

Alguns autores tratam da independência como um subprincípio, mas entendemos decorrer do próprio subprincípio da abstração.

Pela subprincípio da independência, se entende por uma desvinculação do título a qualquer outro documento relacionado, ou seja, tudo se esgota na própria cártula.

Divide-se em duas perspectivas distintas: (1) independência da cártula; e (2) independência das declarações cambiárias entre si. A independência da cártula traduz uma ausência de lastro ou remissão entre o título de crédito e os elementos que lhe sejam externos e estranhos. Dessa forma, a cártula afirma, em si mesma, sua validade e sua eficácia, não carecendo de qualquer outra referência externa para tanto. Não é só. Também todos os seus elementos qualificadores, como valor (principal, acessórios, pagamentos parciais etc.), titular (credor) e outros também se aferem do próprio título, não carecendo de consulta externa para que sejam determinados. Em face do princípio da independência, portanto, os atores cambiários (devedor principal, coobrigados, credor e mesmo terceiros)

---

65. COELHO, Fábio Ulhôa. *Curso de Direito Comercial*. 16. ed. São Paulo: Saraiva, 2012. v. 1: Direito de Empresa, p. 337.

66. Art. 32. O dador de aval é responsável da mesma maneira que a pessoa por ele afiançada.

   A sua obrigação mantém-se, mesmo no caso de a obrigação que ele garantiu ser nula por qualquer razão que não seja um vício de forma.

   Se o dador de aval paga a letra, fica sub-rogado nos direitos emergentes da letra contra a pessoa a favor de quem foi dado o aval e contra os obrigados para com esta em virtude da letra.

não precisam consultar a qualquer documento ou registro para compreender a extensão da obrigação cambiária, nem para poder executá-la.

O princípio da independência das declarações cambiárias tem aplicação mais ampla, ao contrário do que se passa com a independência da cártula em relação a outros documentos e registros. Em fato, mesmo nos títulos vinculados, as obrigações cambiárias são independentes entre si, bastando recordar que tanto o endosso quanto o aval não podem ser condicionados ou clausulados.[67]

4.2 Inoponibilidade das exceções pessoais

Já a inoponibilidade é o aspecto processual do princípio da autonomia, pois se invoca a inoponibilidade das exceções pessoais dos terceiros de boa-fé, vez que o título regular é garantido ao terceiro independentemente da existência de vícios anteriores.

Segundo o princípio da autonomia, o título de crédito, quando posto em circulação, desvincula-se da relação fundamental que lhe deu origem. Desse modo, a circulação do título de crédito é pressuposto para inoponibilidade das exceções pessoais, já que nas situações em que a circulação do título de crédito não acontece e sua emissão ocorre como forma de garantia de dívida, não há desvinculação do negócio de origem, mantendo-se intacta a obrigação daqueles que se responsabilizaram pela dívida garantida pelo título.[68]

Nesse ponto, Rubens Requião esclarece que "é necessário que na circulação do título, aquele que o adquiriu, mas que não conheceu ou participou da relação fundamental ou da relação anterior que ao mesmo deu nascimento ou circula-

---

67. MAMEDE, Gladston. *Direito empresarial brasileiro*: títulos de crédito. 10. ed. rev. e atual. São Paulo: Atlas, 2018, p. 49-50.
68. Recurso especial. Ação monitória. Contratos bancários. Instrumento particular de confissão de dívida. Nota promissória que garante o contrato. Responsabilidade do avalista. Princípio da abstração. Necessidade de circulação do título de crédito. Súmula 280 do STF. 1. É entendimento desta Corte Superior que o credor possuidor de título executivo extrajudicial pode utilizar-se tanto da ação monitória como da ação executiva para a cobrança do crédito respectivo. 2. A literalidade, a autonomia e a abstração são princípios norteadores dos títulos de crédito que visam conferir segurança jurídica ao tráfego comercial e tornar célere a circulação do crédito, transferindo-o a terceiros de boa-fé livre de todas as questões fundadas em direito pessoal. 3. Segundo o princípio da abstração, o título de crédito, quando posto em circulação, desvincula-se da relação fundamental que lhe deu origem. A circulação do título de crédito é pressuposto da abstração. 4. Nas situações em que a circulação do título de crédito não acontece e sua emissão ocorre como forma de garantia de dívida, não há desvinculação do negócio de origem, mantendo-se intacta a obrigação daqueles que se responsabilizaram pela dívida garantida pelo título. 5. Incabível a via recursal extraordinária para a discussão de matéria, ante a incidência da Súmula 280 do STF, quando a solução da controvérsia pelo Tribunal a quo dá-se à luz da interpretação do direito local. 6. Recurso especial a que se nega provimento. (STJ – REsp: 1175238 RS 2010/0003963-1, Relator: Ministro Luis Felipe Salomão, Data de Julgamento: 07.05.2015, T4 – Quarta Turma, Data de Publicação: DJe 23.06.2015).

ção, fique assegurado de que nenhuma surpresa venha perturbar o seu direito de crédito por quem com ele não esteve em relação direta".[69]

Os títulos de crédito são considerados, pelo Código de Processo Civil, como títulos executivos extrajudiciais, e o fato de possuírem sistemática causal ou abstrata não retira o argumento da teoria da inoponibilidade das exceções, sendo evidenciado com a transmissão dos direitos inerentes ao título por intermédio do endosso. Nesse sentido, há um direcionamento para saber, efetivamente, se o portador legitimado, além de estar revestido da necessária boa-fé, conhece ou não a causa do próprio negócio.[70]

Tal entendimento parece ser pacífico, sendo alvo da Súmula 475 do STJ: "Responde pelos danos decorrentes de protesto indevido o endossatário que recebe por endosso translativo título de crédito contendo vício formal extrínseco ou intrínseco, ficando ressalvado seu direito de regresso contra os endossantes e avalistas."

Diante do exposto, também o devedor só pode formular defesa contra o legítimo possuidor do título se ambos participam da mesma relação que deu causa ao título ou a um endosso. Em vista disso, o possuidor exerce direito que é independente dos direitos de possuidores anteriores.[71]

A regra da inoponibilidade das exceções pessoais aos terceiros de boa-fé encontra-se expressa no artigo 17 da Lei Uniforme de Genebra: "As pessoas acionadas em virtude de uma letra não podem opor ao portador exceções fundadas sobre as relações pessoais delas com o sacador ou com os portadores anteriores, a menos que o portador ao adquirir a letra tenha procedido conscientemente em detrimento ao devedor."

Por exemplo, *Arthur* adquiriu de *Bruce* uma antiga relíquia de Atlântida (obrigação originária – contrato de compra e venda). Para assumir a obrigação de pagar, *Arthur* emitiu uma Nota Promissória nominal a *Bruce* (tomador – credor). *Bruce* transferiu a Nota Promissória, por endosso sem garantia, para *Clark* (endossatário – novo credor), buscando quitar uma prestação de serviços de assessoria de imprensa. No dia do vencimento, *Clark* procurou *Arthur* para exigir o pagamento da obrigação, mas *Arthur* se negou a pagar *Clark*, afirmando que a relíquia vendida por *Bruce*, na verdade, era falsa, apresentando laudo de um especialista no assunto (exceção pessoal – *Arthur* x *Bruce*). *Clark* protestou

---

69. REQUIÃO, Rubens. *Curso de direito comercial*. 27 ed. São Paulo: Saraiva, 2010, v. 2, p. 417.
70. MARTINS, Fran. *Curso de direito comercial*. Atual. Carlos Henrique Abrão. 40. ed. rev., atual e ampl. Rio de Janeiro: Forense, 2017.
71. RAMOS, André Luiz Santa Cruz. *Direito empresarial esquematizado*. 5 ed. rev. Atual. e ampl. Rio de Janeiro: Forense, Metodo. 2015.

a Nota Promissória e buscou judicialmente a cobrança do título por meio da ação de execução contra *Arthur*. Em sua defesa, *Arthur* alegou o vício redibitório da obrigação originária (contrato de compra e venda) para justificar a falta de pagamento da Nota Promissória. O juiz, pelo princípio da autonomia, julgou improcedentes os pedidos dos embargos do devedor propostos por *Arthur* com fundamento do artigo 17 da Lei Uniforme de Genebra,[72] já que o devedor não pode opor as exceções pessoais que tem com o credor originário (*Bruce*).[73]

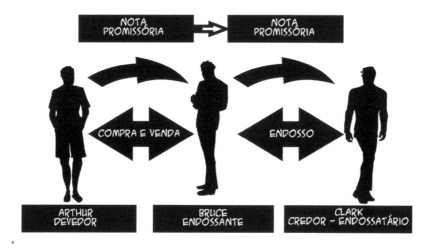

5. PRINCÍPIO DA TAXATIVIDADE

Apenas a lei pode dispor sobre quais são os títulos de crédito, ou seja, para que um documento seja considerado um título de crédito, é necessário preencher os requisitos legais, sob pena de o documento não ter efeito de título de crédito.

---

72. Art. 17. As pessoas acionadas em virtude de uma letra não podem opor ao portador as exceções fundadas sobre as relações pessoais delas com o sacador ou com os portadores anteriores, a menos que o portador ao adquirir a letra tenha procedido conscientemente em detrimento do devedor.
73. Civil e processual. Agravo interno no recurso especial. Monitória. Cheques prescritos. *Factoring*. Circulação e abstração do título de crédito. Oposição de exceções pessoais ou discussão de causa debendi. Não cabimento. Precedentes da segunda seção. 1. Sendo o cheque título de crédito regido pelos princípios cambiários da autonomia, abstração e inoponibilidade das exceções pessoais, seu emitente se obriga perante o portador da cártula colocada em circulação, mesmo que não tenha celebrado negócio jurídico com ele. 2. Ao emitente que pretenda se proteger contra possíveis efeitos da circulação do título, é cabível a aposição da cláusula "não a ordem" (arts. 8º, II, e 17, § 1º, da Lei 7.357/85), fato não registrado no acórdão recorrido. 3. Não há, ademais, registros de que a alegada invalidação do negócio jurídico subjacente tenha se dado antes da circulação do título de crédito nem tampouco de que o terceiro adquirente tenha tomado ciência prévia do alegado vício do título. 4. Agravo interno a que se nega provimento. (AgInt nos EDcl no REsp 1.575.781/DF, Relatora Ministra Maria Isabel Gallotti, Quarta Turma, julgado em 18.02.2020, DJe 26.02.2020).

As legislações que tratam de títulos de crédito expressam o princípio da taxatividade. Para que um documento seja considerado como Letra de Câmbio, é necessário o preenchimento dos requisitos do artigo 1º da Lei Uniforme de Genebra,[74] sob pena de o referido documento não produzir efeito como título de crédito (art. 2º, LUG[75]). A mesma disposição está contida nas leis que tratam de Nota Promissória (art. 75[76] e 76,[77] LUG), Cheque (art. 1º[78] e 2º,[79] LCh) e Duplicata (art. 2º, LD[80]).

---

74. Art. 1º A letra contém: 1 – A palavra "letra" inserta no próprio texto do título é expressa na língua empregada para a redação desse título; 2 – O mandato puro e simples de pagar uma quantia determinada; 3 – O nome daquele que deve pagar (sacado); 4 – A época do pagamento; 5 – A indicação do lugar em que se deve efetuar o pagamento; 6 – O nome da pessoa a quem ou a ordem de quem deve ser paga; 7 – A indicação da data em que, e do lugar onde a letra é passada; 8 – A assinatura de quem passa a letra (sacador).

75. Art. 2º O escrito em que faltar algum dos requisitos indicados no artigo anterior não produzirá efeito como letra, salvo nos casos determinados nas alíneas seguintes:
A letra em que se não indique a época do pagamento entende-se pagável à vista.
Na falta de indicação especial, a lugar designado ao lado do nome do sacado considera-se como sendo o lugar do pagamento e, ao mesmo tempo, o lugar do domicílio do sacado.
A letra sem indicação do lugar onde foi passada considera-se como tendo-o sido no lugar designado, ao lado do nome do sacador.

76. Art. 75. A nota promissória contém: 1 – Denominação "Nota Promissória" inserta no próprio texto do título e expressa na língua empregada para a redação desse título; 2 – A promessa pura e simples de pagar uma quantia determinada; 3 – A época do pagamento; 4 – A indicação do lugar em que se deve efetuar o pagamento; 5 – O nome da pessoa a quem ou a ordem de quem deve ser paga; 6 – A indicação da data em que e do lugar onde a nota promissória é passada; 7 – A assinatura de quem passa a nota promissória (subscritor).

77. Art. 76. O título em que faltar algum dos requisitos indicados no artigo anterior não produzirá efeito como nota promissória, salvo nos casos determinados das alíneas seguintes.
A nota promissória em que não se indique a época do pagamento será considerada pagável à vista.
Na falta de indicação especial, lugar onde o título foi passado considera-se como sendo o lugar do pagamento e, ao mesmo tempo, o lugar do domicílio do subscritor da nota promissória.
A nota promissória que não contenha indicação do lugar onde foi passada considera-se como tendo-o sido no lugar designado ao lado do nome do subscritor.

78. Art 1º O cheque contém: I – a denominação "cheque" inscrita no contexto do título e expressa na língua em que este é redigido; II – a ordem incondicional de pagar quantia determinada; III – o nome do banco ou da instituição financeira que deve pagar (sacado); IV – a indicação do lugar de pagamento; V – a indicação da data e do lugar de emissão; VI – a assinatura do emitente (sacador), ou de seu mandatário com poderes especiais. Parágrafo único – A assinatura do emitente ou a de seu mandatário com poderes especiais pode ser constituída, na forma de legislação específica, por chancela mecânica ou processo equivalente.

79. Art. 2º O título, a que falte qualquer dos requisitos enumerados no artigo precedente não vale como cheque, salvo nos casos determinados a seguir: I – na falta de indicação especial, é considerado lugar de pagamento o lugar designado junto ao nome do sacado; se designados vários lugares, o cheque é pagável no primeiro deles; não existindo qualquer indicação, o cheque é pagável no lugar de sua emissão; II – não indicado o lugar de emissão, considera-se emitido o cheque no lugar indicado junto ao nome do emitente.

80. Art. 2º No ato da emissão da fatura, dela poderá ser extraída uma duplicata para circulação como efeito comercial, não sendo admitida qualquer outra espécie de título de crédito para documentar o saque do vendedor pela importância faturada ao comprador. § 1º A duplicata conterá: I – a deno-

E. CLASSIFICAÇÃO DOS TÍTULOS DE CRÉDITO

1. CLASSIFICAÇÃO DOS TÍTULOS DE CRÉDITO

Classificar tem, por finalidade, facilitar o estudo de determinado tema por meio da distribuição em categorias de conjuntos de regras por meio de um método.

Quando se estuda os mais variados institutos, como, por exemplo, os contratos, eles são classificados para proporcionar uma distribuição de informações que permita ao intérprete vislumbrar peculiaridades que sejam comuns a determinados modelos contratuais. O mesmo se aplica aos títulos de crédito. Sempre justifico para os alunos que classificar títulos de crédito contribui para melhor fixar as especificidades de alguns desses títulos. O problema é que há várias classificações propostas pelos diversos doutrinadores de Direito Empresarial.[81]

A doutrina comercial tem por praxe a classificação os títulos de crédito nos seguintes segmentos: (I) quanto ao modelo; (II) quanto à estrutura; (III) quanto às hipóteses de emissão; e (IV) quanto à circulação.

2. QUANTO AO MODELO

Há dois modelos de títulos de crédito: (a) os títulos de modelo livre; e (b) os de modelo vinculado.

a) Modelo livre

Os títulos de crédito de modelo livre, como a própria nomenclatura aduz, são aqueles que não possuem a validade atrelada a uma forma padronizada. Havendo o cumprimento dos requisitos exigidos pela lei, independentemente de forma padronizada, o documento será considerado como título de crédito. São títulos de modelo livre: a Letra de Câmbio e a Nota Promissória.

---

minação "duplicata", a data de sua emissão e o número de ordem; II – o número da fatura; III – a data certa do vencimento ou a declaração de ser a duplicata à vista; IV – o nome e domicílio do vendedor e do comprador; V – a importância a pagar, em algarismos e por extenso; VI – a praça de pagamento; VII – a cláusula à ordem; VIII – a declaração do reconhecimento de sua exatidão e da obrigação de pagá-la, a ser assinada pelo comprador, como aceite, cambial; IX – a assinatura do emitente. § 2º Uma só duplicata não pode corresponder a mais de uma fatura. § 3º Nos casos de venda para pagamento em parcelas, poderá ser emitida duplicata única, em que se discriminarão todas as prestações e seus vencimentos, ou série de duplicatas, uma para cada prestação distinguindo-se a numeração a que se refere o item I do § 1º deste artigo, pelo acréscimo de letra do alfabeto, em sequência.

81. MARTINS, Fran. *Títulos de crédito*. Op. cit. p. 19; NEGRÃO, Ricardo. *Manual de direito comercial e empresarial*. 5. ed. São Paulo: Saraiva, 2015, v. 2. p. 25.

b) Modelo vinculado

Já os títulos de crédito de modelo vinculado são aqueles em que o direito estabeleceu um padrão para o formato, contendo os requisitos necessários para a sua validade. São títulos de crédito de modelo vinculado: o Cheque e a Duplicata.

3. QUANTO À ESTRUTURA

Em relação à estrutura, podemos categorizar os títulos de crédito em dois grupos: (a) títulos a ordem de pagamento; e (b) títulos de promessa de pagamento.

a) Títulos à ordem de pagamento

Os títulos à ordem de pagamento são aqueles em que há 03 (três) situações jurídicas: (I) sacador; (II) sacado; e (III) tomador.

O sacador é a situação de quem emite o título; o sacado é aquele que recebe a ordem de pagamento do título emitido; e o tomador é o beneficiário do título, o credor originário.

Por exemplo, Arthur (sacador) adquiriu de Clark (tomador) antiga relíquia de Atlântida (obrigação originária – contrato de compra e venda). Para assumir a obrigação de pagar, Arthur emitiu um Cheque nominal a Clark (tomador – credor). Clark compareceu no Banco (sacado) para receber o pagamento do título.

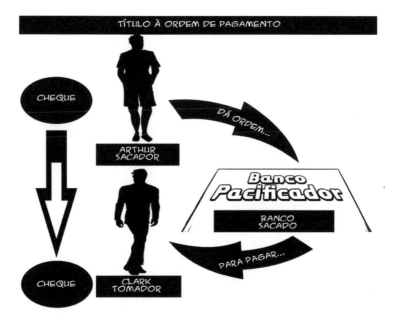

Importante destacar que o fato de existirem 03 (três) situações jurídicas não significa dizer que, necessariamente, existirão 03 (três) pessoas, pois mais de uma pessoa pode ocupar mais de uma situação jurídica. Por exemplo, *Arthur* poderia emitir um Cheque (sacador) e ser o beneficiário desse título (tomador), levando o Cheque ao *Banco* (sacado) para receber o valor da cártula.

São títulos da ordem de pagamento: Letra de Câmbio, Cheque e Duplicata.

b) Títulos promessa de pagamento

No caso de título promessa de pagamento, no qual se enquadra a Nota Promissória, há duas situações jurídicas: (a) Promitente e (b) Promissário.

O Promitente ou Subscritor é aquele que promete pagar; enquanto o Beneficiário, Tomador ou Promissário é aquele a quem se deve pagar.

Por exemplo, *Arthur* (subscritor) adquiriu de *Bruce* (beneficiário) antiga relíquia de Atlântida (obrigação originária – contrato de compra e venda). Para assumir a obrigação de pagar, *Arthur* emitiu uma Nota Promissória em benefício de *Bruce*, que poderá cobrar a promessa de pagamento da data de vencimento.

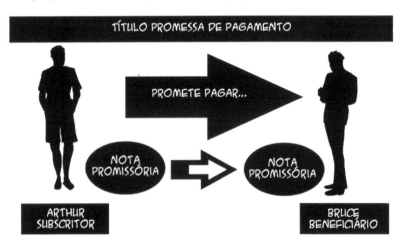

4. QUANTO ÀS HIPÓTESES DE EMISSÃO

As hipóteses de emissão dos títulos de crédito desdobram-se em duas situações: (a) títulos causais e (b) Não causais.

a) Títulos causais

São aqueles que somente podem ser emitidos diante da ocorrência de uma situação exigida pela lei como causa de emissão. Esses títulos guardam vínculo com a causa que lhe originou a emissão, e nesse sentido, só poderão ser emitidos quando ocorrido o fato. A duplicata mercantil é um título causal por excelência e que somente pode ser emitida para representar a obrigação de pagar decorrente de compra e venda mercantil ou prestação de serviços.

Por exemplo, Arthur não pode emitir Duplicata para representar a obrigação de pagar aluguel.

b) Títulos não causais ou abstratos

São aqueles títulos em que a lei não menciona as hipóteses de emissão, podendo ser emitidos em qualquer situação, mesmo para representar a obrigação de pagar decorrente de compra e venda mercantil ou prestação de serviços. Diz-se não causal, pois não há hipótese ou limitação para emissão do título na lei. É o exemplo do Cheque ou Nota Promissória, que podem ser emitidos independentemente de uma relação originária (compra e venda, prestação de serviços, locação, indenização, multa etc.).

A Letra de Câmbio, ao contrário da Duplicata, é um título não causal, mas que possui sua hipótese de emissão limitada, pois não pode ser emitida para representar a obrigação de pagar decorrente de compra e venda mercantil ou prestação de serviços (art. 2º, LD[82]).

5. QUANTO À CIRCULAÇÃO

Como destacado neste capítulo, os títulos de crédito evoluíram para, cada vez mais, trazer segurança jurídica a todos os envolvidos na relação cambial. Um dos aspectos que se destaca no Direito Cambiário é a característica da Negociabilidade já que a cártula nasce para circular.

Diante deste atributo, a transferência da titularidade do título de crédito considera saber se o título é (a) ao portador ou (b) nominativo. Se nominativo, cabe verificar se o título é (b.1.) à ordem ou (b.2.) não à ordem.

a) Título ao portador

Título ao portador é aquele que não indica os dados do credor na cártula, sendo que o campo correspondente está em branco, sem preenchimento.

---

82. Art. 2º No ato da emissão da fatura, dela poderá ser extraída uma duplicata para circulação como efeito comercial, não sendo admitida qualquer outra espécie de título de crédito para documentar o saque do vendedor pela importância faturada ao comprador.

Como não identificado o beneficiário na cártula, a transferência do título para um novo credor opera por mera tradição, ou seja, a entrega da cártula sem qualquer ato formal.

b) Título nominativo

Nominativo é o título que traz a indicação dos dados do credor (art. 921, CC[83]). Há, neste caso, o preenchimento dos dados do beneficiário no campo correspondente à cártula. Como se é nominado no título de crédito quem se deve pagar, a transferência dele depende de um ato formal, além da tradição, para ocorrer a circulação.

A espécie de ato forma de transferência de título nominativo depende se ele é (b.1.) à ordem ou (b.2.) não à ordem.

b.1.) Título nominativo à ordem

Dizer título nominativo à ordem significa que a cártula contém a *cláusula à ordem,* que é aquela que permite a transferência do título de crédito por meio de endosso (art. 923, CC[84]). O endosso, como veremos de forma aprofundada nesta obra, é o ato cambial de transferência do título de crédito que contém a cláusula à ordem, dando maior segurança à circulação do crédito.

b.2.) Título nominativo não à ordem

Neste caso, a cláusula à ordem foi suprimida no título de crédito, ou seja, transferência da cártula ocorreu em hipóteses em que o endosso possuía efeitos de cessão de crédito.

O título nominativo não à ordem é transferido por meio de cessão de crédito, com regras no Direito Civil[85] e não no Direito Empresarial.

---

83. Art. 921. É título nominativo o emitido em favor de pessoa cujo nome conste no registro do emitente.
84. Art. 923. O título nominativo também pode ser transferido por endosso que contenha o nome do endossatário. § 1º A transferência mediante endosso só tem eficácia perante o emitente, uma vez feita a competente averbação em seu registro, podendo o emitente exigir do endossatário que comprove a autenticidade da assinatura do endossante. § 2º O endossatário, legitimado por série regular e ininterrupta de endossos, tem o direito de obter a averbação no registro do emitente, comprovada a autenticidade das assinaturas de todos os endossantes. § 3º Caso o título original contenha o nome do primitivo proprietário, tem direito o adquirente a obter do emitente novo título, em seu nome, devendo a emissão do novo título constar no registro do emitente.
85. Ver artigos 286 a 298 do Código Civil.

Como veremos em momento oportuno, há distinções relevantes entre o endosso e a cessão de crédito. Cabe, neste momento, saber que a circulação de título nominativo depende da cláusula à ordem.

NOTA PROMISSÓRIA

Aos _____, pagarei por esta única via de **NOTA PROMISSÓRIA** a _____, CPF n. _____, ou a sua ordem, a quantia de _____, em moeda corrente nacional.

Pagável em: _____

EMITENTE:

Nome: _____

CPF: _____

Documento de identificação: Carteira de Identidade (RG) n. _____, expedida por _____

Endereço: _____

.................................., ... de .... de ....
(Local e data de assinatura)

Capítulo II
LETRA DE CÂMBIO

A. INTRODUÇÃO

1. QUESTÃO DE ORDEM

Antes de iniciarmos o estudo dos títulos de crédito em espécie, é preciso comunicar o leitor sobre qual a metodologia que vamos utilizar.

Decerto, a Letra de Câmbio não é um título de crédito tão usual como já foi, especialmente por conta da limitação de sua emissão com o advento da Lei de Duplicatas. Todavia, seu estudo é relevante por conta da Lei Uniforme de Genebra (LUG), que regula a Letra de Câmbio e a Nota Promissória, que contém os principais institutos que devem ser estudados para compreensão dos títulos de crédito e que são reproduzidos, na sua maioria, na Lei do Cheque (LCh) e de Duplicatas (LD).

Para tornar o estudo mais atrativo, sempre que possível, traremos exemplos relacionados ao tema abordado e a posição dos Tribunais.

É isso...bons estudos!

2. A HISTÓRIA DE LETRA DE CÂMBIO

Como já visto, a Letra de Câmbio originalmente surgiu na Idade Média como um documento que facilitava o envio de valores de uma cidade para outra. Nessa época, aqueles que viajavam com quantias em espécie estavam em iminente perigo de roubos e saques, e para evitar a perda dos valores, surgiu a necessidade de criar um mecanismo mais seguro para a transferência de valores entre cidades. A solução foi a criação de um instrumento que permitiria a troca de moeda presente pela promessa de moeda. Assim, o viajante portava um documento (título) durante a viagem, que garantiria que, ao chegar ao destino, poderia trocá-lo por dinheiro em espécie.

Nessa sistemática, a figura do cambista assumia o ônus de prestar a quantia no fim da viagem, obrigação que era representada pela emissão de um título (pelo cambista ou bancário), que atestava o recebimento do valor e encaminhava o viajante a outro cambista (ou bancário), com quem mantinha relações no local de destino do viajante.

Essa metodologia criada e adotada ficou conhecida como a primeira versão da Letra de Câmbio, denominado *período italiano,* e foi utilizada até o século XVII.

A segunda versão da Letra de Câmbio surgiu com a promulgação da *Ordonnance sur le Commerce de Terre*, por Luís XIV no ano de 1673. Nessa fase denominada *período francês,* incorporou-se à primeira versão o aceite vinculativo ao sacado, a cláusula à ordem e o endosso, introduzindo um aperfeiçoamento àquele título do *período italiano.*

Em resposta às demandas de aprimoramento exigido decorrentes das evoluções comerciais, surgiu o denominado *período alemão,* que adotou os princípios previstos na *Allgemeine deutsche Wechsel Ordnung* de 1848, abraçando um modelo mais próximo do que usamos hoje, com características mais marcantes dos títulos de crédito.

No Brasil, a Letra de Câmbio foi inicialmente prevista pelo Código Comercial (1850), seguindo as características do *período alemão* (1848). A figura passou por alterações, até que foi oferecido um conceito mais preciso e próximo do que utilizamos hoje, os quais abordaremos pontualmente nos tópicos durante este capítulo.[1]

3. LEGISLAÇÃO APLICÁVEL

A utilização da Letra de Câmbio foi de extrema importância no comércio internacional, fato que demandou a necessidade de uniformizar sua utilização, garantindo a validade entre os diversos territórios que a utilizavam, uma "regulamentação comum".

Atendendo a essa necessidade, foi instituída a Convenção de Genebra, que em 1930 editou a Lei Uniforme de Genebra (LUG), buscando a regulamentação para as Letras de Câmbio e a Nota Promissória nos países que utilizavam os títulos. A dificuldade recaiu na padronização de normas que poderiam ser adotadas por diferentes países, alcançando um consenso internacional, e a forma encontrada pelo legislador para alcançá-lo foi o agrupamento das normas previstas na Lei Uniforme de Genebra em dois grupos (ou dois tipos de normas): (I) as necessárias, cuja aceitação é obrigatória pelos signatários; e (II) as não necessárias, em que os signatários poderiam fazer reservas. Por essa razão, nem todo o texto da Lei

---

1. ROSA JR., Luiz Emygdio Franco da. *Títulos de Crédito.* Rio de Janeiro: Renovar, 2000.

Uniforme de Genebra teria de ser seguido pelos países signatários, permitindo aos signatários a adesão às normas necessárias e a reserva daquelas não obrigatórias.

Quando a Lei Uniforme de Genebra foi instituída, em 1930, o Brasil já possuía a própria legislação para tratar do assunto. As Letras de Câmbio eram inicialmente previstas no Código Comercial, cuja parte destinada a este título foi revogada pelo Decreto 2.044/1908, que passou a ser então a legislação vigente que tratava da matéria. Não obstante, o Brasil também foi signatário da Convenção de Genebra em agosto de 1942, o que desencadeou um verdadeiro imbróglio quanto à legislação que vigorava no país.

A confusão se iniciou com a assinatura da Convenção de Genebra, oportunidade em que o legislador pátrio deveria editar uma lei ordinária revogando o Decreto 2.044/1908 e incorporando o regramento da Lei Uniforme, o que não aconteceu, permanecendo ambos em vigência. Deturpando a técnica e de forma precária, em 1966, o Poder Executivo simplesmente editou o Decreto 57.663/1966, determinando a aplicação das normas previstas na Lei Uniforme de Genebra, reproduzida no Anexo I do Decreto. A falta de técnica criou uma confusão sobre a aplicação dos dois regramentos que versavam sobre a Nota Promissória e a Letra de Câmbio, que conflitavam entre si em determinados pontos.

Instado a se manifestar sobre a confusão legislativa, o Supremo Tribunal Federal adotou o entendimento de que, embora inexistente, a legislação ordinária referente à Convenção de Genebra, estaria incorporada ao direito interno por força do Decreto emitido pelo Poder Executivo (Decreto 57.663/66).[2]

Importante ressaltar que em razão dos dois grupos de normas contidas na Lei Uniforme de Genebra (necessárias e não necessárias), o Brasil aderiu parcialmente, resguardando a possibilidade de *reservas*, ou seja, permitindo a introdução parcial da Lei Uniforme de Genebra. Por essa razão, o texto da Lei Uniforme de Genebra contou com lacunas que não foram devidamente preenchidas, e diante da revogação tácita de parte do Decreto Lei 2.044, subsistiram dispositivos que permitiam o preenchimento das lacunas originadas pela Lei Uniforme de Genebra.

---

2. Vale destacar que o STF definiu que a Lei Uniforme de Genebra sobre Letras de Câmbio e Notas Promissórias é aplicável no Direito brasileiro, mas a ele não se sobrepõe, pois isto seria inconstitucional: Embora a Convenção de Genebra, que previu uma lei uniforme sobre letras de câmbio e notas promissórias, tenha aplicabilidade no direito interno brasileiro, não se sobrepõe ele às leis do País, disso decorrendo a constitucionalidade e consequente validade do Decreto-Lei 427/1969 que instituiu o registro obrigatório da nota promissória em repartição fazendária, sob pena de nulidade do título. (publicado na íntegra o Acórdão na RTJ 83/809-848, RE 80.004-SE, relator do Acórdão Min. Cunha Peixoto, de 1º.06.1977).

Por isso, embora a plena vigência da Lei Uniforme de Genebra e houvesse as reservas feitas pelo Brasil quando aderiu à Convenção, não vigoram os artigos 10, terceira alínea do artigo 41, números 2 e 3 do artigo 43, e quinta e sexta alíneas do artigo 44. Também não se aplica a taxa de juros por mora no pagamento prevista nos artigos 48 e 49, mas sim aquela devida pela mora no pagamento de impostos à Fazenda Nacional, conforme preceitua o artigo 406 do Código Civil.

É evidente que a falta de técnica jurídica prejudicou a aplicação da Lei Uniforme de Genebra no Brasil, que conta com uma verdadeira confusão legal acerca desses institutos.[3]

4. LETRA DE CÂMBIO

A Letra de Câmbio é um título à ordem de pagamento, que pode ser devido à vista ou a prazo.[4] Em outras palavras, vem a ser um documento, no qual alguém insere a obrigação de uma pessoa pagar para uma terceira quantia determinada em dinheiro em um prazo e lugar fixados.[5] Como se trata de um título de modelo livre, pode ser elaborado em qualquer formato, desde que preenchidos os requisitos legais para que o documento tenha efeito de Letra de Câmbio.

Trata-se de título de crédito de emissão limitada não causal, ou seja, que pode ser emitido em qualquer hipótese, exceto nos casos de emissão de Duplicata, ou seja, nas hipóteses de compra e venda mercantil ou de prestação de serviços, não se pode emitir Letra de Câmbio.

---

3. ROSA JR., Luiz Emygdio Franco da. *Títulos de Crédito*. Rio de Janeiro: Renovar, 2000.
4. NEGRÃO, Ricardo. *Manual de direito comercial e de empresa*: títulos de crédito e contratos empresariais. 5. ed. São Paulo: Saraiva, 2015, p. 57.
5. RIZZARDO, Arnaldo. *Títulos de crédito*. Rio de Janeiro: Gen, 2016, p. 112.

B. SAQUE

1. SAQUE

O saque é o ato formal de emissão de um título de crédito. Aquele que emite título de crédito à ordem de pagamento, como o caso da Letra de Câmbio, Cheque ou Duplicata, é denominado *sacador* ou *emitente*. Para se aperfeiçoar o saque de uma Letra de Câmbio, é necessário que o documento preencha os requisitos legais da Lei Uniforme de Genebra e que o sacador assine a cártula, momento em que efetivamente se aperfeiçoa o saque e faz nascer o título de crédito.

Um documento que preencha todos os requisitos formais da lei, mas que não possua assinatura, não pode ser considerado um título e, portanto, não pode ser exigido de ninguém.

A vinculação de uma pessoa ao título de crédito depende da exteriorização de sua vontade por meio de sua assinatura ou de seu procurador na cártula, nos exatos termos do princípio da literalidade.

A assinatura do emitente é o ato pelo qual ele formaliza o saque e, por consequência, a emissão do título de crédito.

Por exemplo, Arthur apresenta um Cheque totalmente preenchido, mas não assinado por *Clark*, ao *Banco*. O *Banco* não pagará o Cheque. Diferentemente ocorrerá se o Cheque estiver assinado por *Clark*, agora sim emitente e vinculado ao título por meio de sua assinatura.

2. ESTRUTURA DA LETRA DE CÂMBIO

Por se tratar de título à ordem de pagamento, com o saque, surgem 03 (três) situações jurídicas relacionadas ao título de crédito: (a) Sacador, (b) Sacado e (c) Tomador. Os três complexos da relação cambial possuem uma relação jurídica entre si, originada a partir da emissão da Letra de Câmbio, estabelecida da seguinte forma:

a) Sacador ou emitente

O sacador é a figura responsável por dar a ordem de pagamento ao sacado, determinando que certa quantia seja paga pelo sacado ao tomador;

b) Sacado

O sacado é aquele que recebe a ordem dada pelo sacador para o pagamento determinada quantia para o tomador. Esta figura, o sacado, só assume a obrigação de pagar se aceitar a obrigação firmando o compromisso por meio de sua assinatura na Letra de Câmbio;

c) Tomador ou beneficiário

O tomador é o credor originário do título, aquele que se beneficiará com a ordem de pagamento que será cumprida pelo sacado, e na ausência, pelo sacador.

Por exemplo, *A*rthur, dirigindo seu veículo, acidentalmente abalroou o carro de *C*lark. Por conta desse acidente, se comprometeu a pagar os prejuízos causados em 30 dias (obrigação originária – indenização). Para assumir a obrigação de pagar, *A*rthur sacou uma Letra de Câmbio, dando uma ordem para *B*ruce (sacado), que lhe devia a mesma quantia, pagar *C*lark (tomador – credor). Todos aceitaram essa forma de representar a obrigação de pagar. *B*ruce aceitou a Letra de Câmbio (sacado/aceitante – devedor). No dia do vencimento ajustado, *C*lark procurou *B*ruce, que honrou o compromissou e pagou a quantia representada pela cártula.

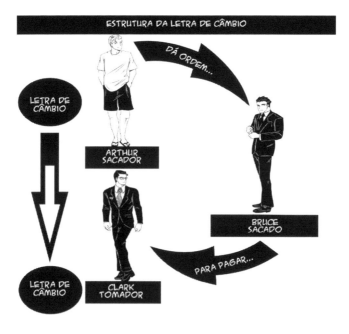

Importante reiterar que o fato de existirem 03 (três) situações jurídicas não significa dizer que, necessariamente, existirão 03 (três) pessoas, pois mais de uma pessoa possa ocupar mais de uma situação jurídica (art. 3º, LUG[6]).

---

6. Art. 3º A letra pode ser a ordem do próprio sacador.
   Pode ser sacada sobre o próprio sacador.
   Pode ser sacada por ordem e conta de terceiro.

Por exemplo, Arthur poderia sacar uma Letra de Câmbio (sacador) e ser o beneficiário (tomador) do próprio título e Bruce o devedor (sacado).

3. FORMA DA LETRA DE CÂMBIO

A Letra de Câmbio é um título de crédito de modelo livre, ou seja, não há um formato predeterminado para sua elaboração, podendo ser usado qualquer modelo, desde que o documento preencha os requisitos legais previstos na Lei Uniforme de Genebra.

4. REQUISITOS DE VALIDADE

Por tratar-se de um título de crédito cuja formalidade é essencial à sua validade, temos a existência de requisitos formais indispensáveis para que a Letra de Câmbio produza seus efeitos previstos por lei. Assim, a eventual inexistência destes requisitos poderá macular o título, impedindo a aplicação do regimento jurídico específico do Direito Cambiário.

Os requisitos de validade da Letra de Câmbio estão taxativamente previstos nos artigos 1º da Lei Uniforme de Genebra.[7]

---

7. Art. 1º A letra contém:
   1 – A palavra "letra" inserta no próprio texto do título é expressa na língua empregada para a redação desse título;
   2 – O mandato puro e simples de pagar uma quantia determinada;
   3 – O nome daquele que deve pagar (sacado);

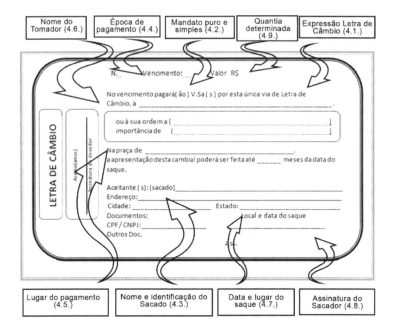

4.1 Expressão "Letra de Câmbio" ou "Letra" (item 1 do artigo 1º da Lei Uniforme de Genebra)

É imprescindível que no título exista a sua denominação, contendo a expressão "Letra de Câmbio" ou apenas "Letra". Estas expressões deverão estar de acordo com a língua empregada no título de crédito, o português, no caso das Letras emitidas no Brasil.

Como demonstrado na figura acima, esta expressão é a própria denominação posto no corpo do título:

4.2 Mandato Puro e Simples (item 2 do artigo 1º da Lei Uniforme de Genebra)

A exigência do mandato[8] puro e simples está relacionado ao fato de a ordem de pagamento contida neste título não depender da existência de condições di-

---

4 – A época do pagamento;
5 – A indicação do lugar em que se deve efetuar o pagamento;
6 – O nome da pessoa a quem ou a ordem de quem deve ser paga;
7 – A indicação da data em que, e do lugar onde a letra é passada;
8 – A assinatura de quem passa a letra (sacador).
8. Em que pese o legislador utilizar a palavra *mandato*, não devemos confundir com a ideia de procuração, mas sim de um comando de mando, de ordem de pagamento incondicional.

versas para ser cumprida. A Letra de Câmbio é um título à ordem, pura e simples, de realizar o pagamento a determinada pessoa.

4.3 Nome e identificação do sacado (item 3 do artigo 1º da Lei Uniforme de Genebra)

A Letra de Câmbio deve conter o nome daquele indicado a pagar a quantia, ou seja, do sacado. Nesse aspecto, aplica-se a determinação do artigo 3º da Lei 6.268/1975,[9] que dispõe sobre a identificação do devedor em títulos cambiais e duplicatas de fatura, tornando obrigatória a identificação do devedor pelo número de sua cédula de identidade, da inscrição no cadastro de pessoa física, do título eleitoral ou da carteira profissional.

4.4 Época do pagamento (item 4 do artigo 1º da Lei Uniforme de Genebra)

Trata-se de apontar o vencimento do título na cártula. Na ausência de previsão, entende-se que a Letra de Câmbio emitida será paga à vista, conforme disposição da segunda alínea do artigo 2º da Lei Uniforme de Genebra.[10]

4.5 Lugar do pagamento (item 5 do artigo 1º da Lei o Uniforme de Genebra)

É a indicação do lugar onde o pagamento der ser realizado, também denominado de "praça" ou "praça de pagamento".

Conforme preceitua a terceira alínea do artigo 2º da Lei Uniforme de Genebra, na falta de indicação especial, o lugar de pagamento designado ao lado do nome do sacado é considerado o local do pagamento e, ao mesmo tempo, o domicílio do sacado.

---

9. Art. 3º Os títulos cambiais e as duplicatas de fatura conterão, obrigatoriamente, a identificação do devedor pelo número de sua cédula de identidade, de inscrição no cadastro de pessoa física, do título eleitoral ou da carteira profissional. Parágrafo único. Nos instrumentos de protesto, serão descritos os elementos de que trata este artigo.
10. Art. 2º O escrito em que faltar algum dos requisitos indicados no artigo anterior não produzirá efeito como letra, salvo nos casos determinados nas alíneas seguintes:
A letra em que se não indique a época do pagamento entende-se pagável à vista.
Na falta de indicação especial, a lugar designado ao lado do nome do sacado considera-se como sendo o lugar do pagamento e, ao mesmo tempo, o lugar do domicílio do sacado.
A letra sem indicação do lugar onde foi passada considera-se como tendo-o sido no lugar designado, ao lado do nome do sacador.

4.6 Nome do tomador (item 6 do artigo 1º da Lei o Uniforme de Genebra)

O nome do tomador deverá corresponder ao nome daquele que será beneficiado com o pagamento do valor representado na Letra de Câmbio.

A Lei Uniforme de Genebra não admite a Letra de Câmbio sacada ao portador, devendo obrigatoriamente estar previsto o tomador e beneficiário da ordem.

Todavia, esta exigência só se justifica no momento da apresentação do título para pagamento, portanto, o portador do título pode, de boa-fé, preencher os dados faltantes antes da cobrança ou protesto.[11]

4.7 Data e lugar do saque (item 7 do artigo 1º da Lei o Uniforme de Genebra)

A data e o lugar do saque correspondem à data e ao local em que o título foi emitido. Segundo dispõe a última alínea do artigo 2º da Lei Uniforme de Genebra, na falta de indicação do lugar onde a letra foi passada, considera-se então como tendo sido no lugar designado, ao lado do nome do sacador.

4.8 Assinatura do sacador (item 8 do artigo 1º da Lei o Uniforme de Genebra)

Considerando que o saque da Letra de Câmbio ocorre mediante declaração unilateral de vontade do sacador, o título deverá conter a assinatura deste, ou seja, aquele que dá a ordem inicial de pagamento para o sacado pagar o tomador e manifesta a sua declaração de vontade está apto a fazer nascer o título.

4.9 Quantia determinada

A quantia determinada é expressão prevista no item 2 do artigo 1º da Lei Uniforme de Genebra, e equivale ao valor que será recebido pelo tomador beneficiário.

Se na letra a indicação da quantia a satisfazer se achar feita por extenso e em algarismos e houver divergência entre uma e outra, prevalece a que estiver feita por extenso (art. 6º, LUG[12]).

---

11. Súmula 387 STF: A cambial emitida ou aceita com omissões ou em branco, pode ser completada pelo credor de boa-fé antes da cobrança ou do protesto.

12. Art. 6º Se na letra a indicação da quantia a satisfazer se achar feita por extenso e em algarismos, e houver divergência entre uma e outra, prevalece a que estiver feita por extenso. Se na letra a indicação da quantia a satisfazer se achar feita por mais de uma vez, quer por extenso, quer em algarismos, e houver divergências entre as diversas indicações, prevalecerá a que se achar feita pela quantia inferior.

Entretanto, a interpretação da norma deve se dar à luz do ordenamento jurídico como um todo, não se dissociando dos princípios da boa-fé objetiva e da razoabilidade, que têm fundamento de validade constitucional, gozam de conteúdo normativo e possuem aplicabilidade direta nas relações jurídicas estabelecidas. Dessa forma, apesar de a redação do artigo 6º da Lei Uniforme de Genebra, que, combinado com o artigo 77 do mesmo regramento, dispõe que, no caso de divergência entre a quantia em algarismos e a quantia por extenso, deve prevalecer a última, ainda é indispensável a observância ao princípio da boa-fé objetiva no direito decorrente de título de crédito, princípio basilar do ordenamento jurídico, exigível em todas as relações jurídicas firmadas.[13]

Adicionalmente, verifica-se na doutrina e jurisprudência que a expressão "quantia determinada" causava diversas controversas dentro do direito cambiário. Para uma parte da doutrina, seria vedada a utilização de indexadores ou mecanismos que permitissem a correção monetária do valor do título.

O consenso alcançado nesse sentido permitiu a utilização de indexadores ou com cláusula de correção monetária, tendo em vista que a lei não veda a emissão dessas letras de câmbio. No entanto, para permitir a utilização dos indexadores ou da correção monetária, é preciso que os índices utilizados sejam oficiais ou de amplo conhecimento do comércio, de forma que qualquer pessoa interessada possa apurar o valor do título através de uma simples operação matemática.[14]

5. TÍTULO EM BRANCO OU INCOMPLETO

Os títulos de crédito possuem uma gama de formalidades que, na ausência, podem macular sua validade. Assim, um documento somente será considerado como Letra de Câmbio se preenchidos adequadamente os requisitos de validade previstos na Lei Uniforme de Genebra no momento da apresentação do título para o pagamento ou protesto.

---

13. STJ – AREsp: 671054 RJ 2015/0048452-8, Relator: Ministro Luis Felipe Salomão, Data de Publicação: DJ 31.03.2015.
14. Ação rescisória. Art. 485, incisos V e VII, do código de processo civil. Recurso que ataca os fundamentos do julgado rescindendo. Ofensa a literal disposição de lei. Não demonstração. Documento cuja existência era ignorada. Não-comprovação oportuna. [...] 2. A liquidez e certeza dos títulos executivos, representados por contratos de mútuo financeiro, são requisitos que não envolvem o lastro dos recursos repassados pela instituição financeira, mas atributos do próprio contrato, aferível por meio das cláusulas nele inseridas. Não há iliquidez quando os valores podem ser determináveis por meros cálculos aritméticos. Assim, se do título extraem-se todos os elementos, faltando apenas definir a quantidade, não se pode dizer que ele é ilíquido. [...] 5. Recurso especial não conhecido" (REsp 1.059.913/SP, Quarta Turma, rel. Ministro João Otávio de Noronha, DJe de 26.02.2009).

A própria Lei Uniforme de Genebra permite algumas exceções em seu artigo 2º, possibilitando que algumas omissões sejam passíveis de serem sanadas.

É factível pensar que as relações cotidianas para a solução das lacunas sejam preenchidas pelo credor de boa-fé, conforme posição do Supremo Tribunal Federal - Súmula 387: "A cambial emitida ou aceita com omissões ou em branco, pode ser completada pelo credor de boa-fé antes da cobrança ou do protesto (art. 891, CC[15])."

C. ACEITE

1. ACEITE DA LETRA DE CÂMBIO

O aceite é um instituto super específico, pois não está presente na maioria dos títulos de crédito, como o Cheque ou a Nota Promissória, sendo encontrado, portanto, na Letra de Câmbio e nas Duplicatas. As considerações deste item são pertinentes, especialmente, à Letra de Câmbio, sendo que em momento oportuno iremos explorar as especificidades de como o aceite funciona nas Duplicatas.

Com a emissão da Letra de Câmbio, o sacador endereça a obrigação de pagar ao sacado. Contudo, o simples ato praticado pelo sacador de endereçar a obrigação de pagar ao sacado não o torna automaticamente responsável pelo pagamento do título, sendo necessário que o sacado aceite a obrigação para ser considerado devedor.

Desse modo, o aceite da Letra de Câmbio pode ser caracterizado como o ato de livre vontade do sacado, que expressa a sua concordância com a ordem de pagamento endereçada pelo sacador, tornando-se devedor da obrigação de pagar representada pelo Letra de Câmbio (art. 28, LUG[16]).

Para a sua formalização, a Lei Uniforme de Genebra não exige uma padronização ou uma formalidade solene. Para que o aceite seja exteriorizado, o sacado deve expressar sua vontade com a assinatura no anverso do título, manifestando de forma inequívoca o aceite da obrigação.[17] É possível ainda que a assinatura do

---

15. Art. 891. O título de crédito, incompleto ao tempo da emissão, deve ser preenchido de conformidade com os ajustes realizados. Parágrafo único. O descumprimento dos ajustes previstos neste artigo pelos que deles participaram, não constitui motivo de oposição ao terceiro portador, salvo se este, ao adquirir o título, tiver agido de má-fé.

16. Art. 28. O sacado obriga-se pelo aceite pagar a letra à data do vencimento.

17. TOMAZETTE. Marlon. *Curso De Direito Empresarial*. 13. ed. 2022, v. 2, p. 114-115.

sacado seja feita no verso do título, mas é imprescindível que esta acompanhe a expressão "aceito" ou outra equivalente (art. 25, LUG[18]).

Aceite, portanto, é "a declaração pela qual o sacado, ou a pessoa a quem é endereçado o título, concorda, por meio de sua assinatura, com a ordem de pagamento que lhe é dirigida".[19]

O aceite lançado em documento que não seja no próprio título não produz efeito cambiário. Por exemplo: o envio de um *e-mail* subscrito pelo sacado, declarando que aceita a letra, não condiz com o formalismo e a literalidade característicos dos títulos de crédito. A referida declaração feita pelo sacado servirá apenas para que se reconheça uma dívida[20] e a possibilidade de instruir alguma medida judicial, mas não será a Letra de Câmbio reconhecida como um título extrajudicial em detrimento do sacado.

O maior questionamento trazido nas aulas sobre o aceite é: por qual razão o sacado aceitaria a ordem dada pelo sacador?

Em primeiro, temos de compreender que o mecanismo de representação do crédito pela Letra de Câmbio pode ocorrer nas mais diversas situações, como, por exemplo, no caso de acidente de veículo para representar o dever de indenizar.

Assim, reiteramos o exemplo dado no item 2 acima, quando *Arthur*, dirigindo seu veículo, acidentalmente abalroou o carro de *Clark*. Por conta desse acidente, se comprometeu a pagar pelos prejuízos causados em 30 dias (obrigação originária – indenização). Para assumir a obrigação de pagar, *Arthur* sacou uma Letra de Câmbio dando uma ordem para *Bruce* (sacado), que lhe devia a mesma quantia: pagar *Clark* (tomador – credor). Todos aceitaram essa forma de representar a obrigação de pagar. *Bruce* aceitou a Letra de Câmbio (sacado/ aceitante – devedor). No dia do vencimento ajustado, *Clark* procurou *Bruce*, que honrou o compromissou e pagou a quantia representada pela cártula.

Por segundo, temos que nos recordar que "sacado", "sacador" e "tomador" são situações jurídicas na relação cambial e não necessariamente pessoas distintas (art. 3º, LU[21]), podendo a mesma pessoa ocupar uma ou duas posições.

---

18. Art. 25. O aceite é escrito na própria letra. Exprime-se pela palavra "aceite" ou qualquer outra palavra equivalente; o aceite é assinado pelo sacado. Vale como aceite a simples assinatura do sacado aposta na parte anterior da letra.
19. RIZZARDO, Arnaldo. *Títulos de crédito*. Rio de Janeiro, Gen, 2016, p. 116.
20. ROSA JR., Luiz Emygdio Franco da. *Títulos de Crédito*. Rio de Janeiro: Renovar, 2000, p. 190.
21. Art. 3º A letra pode ser a ordem do próprio sacador.
    Pode ser sacada sobre o próprio sacador.
    Pode ser sacada por ordem e conta de terceiro

Por exemplo, *Arthur* poderia sacar uma Letra de Câmbio (sacador) e ser o beneficiário (tomador) do próprio título, e *Bruce*, o devedor (sacado), representando o dever de pagar por conta de um sinistro envolvendo *Arthur* e *Bruce*.

Desse modo, temos situações em que as partes podem convencionar representar o dever de pagar por meio de Letra de Câmbio.

Mas se há essa possibilidade, por que a Letra de Câmbio é pouco usual?

Esse fato decorre da limitação das hipóteses de emissão da Letra de Câmbio, que não pode ser usada em caso de compra e venda mercantil ou prestação de serviços, ocasiões em que podem ser emitidas Duplicatas Mercantis (art. 2º, LD[22]) ou outros títulos de crédito, mas não Letra de Câmbio.

2. DEVEDOR PRINCIPAL

Enquanto não é dado o aceite à Letra de Câmbio, o sacado é mera figura na relação cambiária, um nome no título sem qualquer obrigação que o vincule. É por meio do aceite que o sacado se vincula à obrigação de pagar e, portanto, se torna o devedor principal do título, alterando-se sua denominação de "sacado" para "aceitante". Ser o devedor principal da Letra de Câmbio significa que o título deverá ser apresentado, no vencimento, para o aceitante efetuar o pagamento da forma que aceitou pagar.

Cumpridas as formalidades do título, e com o aceite manifesto pela assinatura, o sacado, agora aceitante, passa a ser o responsável pela obrigação do pagamento do título. Trata-se de uma obrigação literal, autônoma e abstrata, que obriga o aceitante a responder diretamente pela obrigação assumida e representada no título.

3. FACULDADE DE ACEITAR

Em nenhuma hipótese, o sacado é obrigado a aceitar a ordem de pagamento. Trata-se de uma faculdade do sacado aceitar ou não a Letra de Câmbio. Se aceitar, se torna obrigado àquilo que aceitou; se recusar, teremos outras consequências.

3.1 Recusa do aceite

Por se tratar de ato unilateral e facultativo, o sacado não está obrigado a aceitar a ordem de pagamento e, se recusar, haverá o vencimento antecipado da Letra

---

22. Art. 2º No ato da emissão da fatura, dela poderá ser extraída uma duplicata para circulação como efeito comercial, não sendo admitida qualquer outra espécie de título de crédito para documentar o saque do vendedor pela importância faturada ao comprador.

de Câmbio perante o sacador (art. 43, 1º, LUG[23]). Para que o credor possa exigir a Letra de Câmbio do sacador por falta do aceite, é preciso que o credor efetue o protesto por falta de aceite (art. 44, LUG).[24] Vale lembrar que, pelo princípio da literalidade, todo e qualquer instituto relacionado aos títulos de crédito deve constar por escrito e de forma expressa no documento; portanto, o protesto por falta de aceite é ato pelo qual o credor comprova a recusa total do aceite.

3.2 Recusa parcial do aceite

O sacado pode, do mesmo modo, aceitar em parte a Letra de Câmbio, limitando o valor ou modificando a data ou o local de pagamento. Para isso, o sacado deve, ao aceitar a letra, escrever aquilo que aceita (art. 26, LUG[25]). A doutrina denomina o aceite parcial "limitativo" quando há limitação do valor aceito e "modificativo" quando o sacado modifica o vencimento ou local de pagamento.

Independentemente do aceite parcial ser limitativo ou modificativo, as consequências práticas são: (I) a vinculação do sacado-aceitante nos limites do seu aceite, podendo ser exigido o cumprimento da obrigação pelo credor; e (II) o vencimento antecipado da Letra de Câmbio perante o sacador (art. 43, 1º, LUG).

4. CLÁUSULA NÃO ACEITÁVEL

Com o risco da recusa do aceite, total ou parcial, e o vencimento antecipado da Letra de Câmbio perante o sacador, este pode se precaver e incluir no título,

---

23. Art. 43. O portador de uma letra pode exercer os seus direitos de ação contra os endossantes, sacador e outros coobrigados: no vencimento; se o pagamento não foi efetuado; mesmo antes do vencimento: 1º) se houve recusa total ou parcial de aceite.

24. Art. 44. A recusa de aceite ou de pagamento deve ser comprovada por um ato formal (protesto por falta de aceite ou falta de pagamento). O protesto por falta de aceite deve ser feito nos prazos fixados para a apresentação ao aceite. Se, no caso previsto na alínea 1ª do artigo 24, a primeira apresentação da letra tiver sido feita no último dia do prazo, pode fazer-se ainda o protesto no dia seguinte. O protesto por falta de pagamento de uma letra pagável em dia fixo ou a certo termo de data ou de vista deve ser feito num dos 2 (dois) dias úteis seguintes àquele em que a letra é pagável. Se se trata de uma letra pagável à vista, o protesto deve ser feito nas condições indicadas na alínea precedente para o protesto por falta de aceite. O protesto por falta de aceite dispensa a apresentação a pagamento e o protesto por falta de pagamento. No caso de suspensão de pagamentos do sacado, quer seja aceitante, quer não, ou no caso de lhe ter sido promovida, sem resultado, execução dos bens, o portador da letra só pode exercer o seu direito de ação após apresentação da mesma ao sacado para pagamento e depois de feito o protesto. No caso de falência declarada do sacado, quer seja aceitante, quer não, bem como no caso de falência declarada do sacador de uma letra não aceitável, a apresentação da sentença de declaração de falência é suficiente para que o portador da letra possa exercer o seu direito de ação.

25. Art. 26. O aceite é puro e simples, mas o sacado pode limitá-lo a uma parte da importância sacada. Qualquer outra modificação introduzida pelo aceite no enunciado da letra equivale a uma recusa de aceite. O aceitante fica, todavia, obrigado nos termos do seu aceite.

de forma literal, um prazo para que o título seja apresentado para aceite, evitando-se o vencimento antecipado em caso de recusa. A denominada cláusula "não aceitável", portanto, é a inserção de um prazo para que o sacado seja procurado para aceitar a Letra de Câmbio (art. 22, LUG[26]).

5. PRAZO PARA APRESENTAÇÃO DA LETRA DE CÂMBIO PARA ACEITE

Para se manter o direito de exigir o pagamento da Letra de Câmbio, o sacado deve ser procurado para aceite dentro dos prazos estipulados na Lei Uniforme de Genebra. O prazo depende do tipo de vencimento: (i) se o vencimento for à vista ou a certo termo da vista, o prazo para aceite é de até 01 (um) ano do saque; (ii) se o vencimento for a certo termo da data ou data certo, o prazo para aceite é até o dia do vencimento (art. 23, LUG[27]).

VENCIMENTO	PRAZO PARA APRESENTAÇÃO PARA ACEITE
À VISTA	ATÉ 1 ANO APÓS O SAQUE
CERTO TERMO DA VISTA	
CERTO TERMO DA DATA	ATÉ A DATA DO VENCIMENTO DO TÍTULO
DATA CERTA	

6. PERDA DO PRAZO PARA ACEITE

A falta de apresentação ao aceite no prazo estipulado pelo sacador acarreta, para o portador, a perda de seus direitos de ação, tanto por falta de pagamento como por falta de aceite, a não ser que dos termos da estipulação, se conclua que o sacador apenas teve em vista exonerar-se da garantia do aceite. Se a estipulação de um prazo para a apresentação constar de um endosso, somente aproveita ao respectivo endossante (art. 53, LUG[28]).

---

26. Art. 22. O sacador pode, em qualquer letra, estipular que ela será apresentada ao aceite, com ou sem fixação de prazo. Pode proibir na própria letra a sua apresentação ao aceite, salvo se se tratar de uma letra pagável em domicílio de terceiro, ou de uma letra pagável em localidade diferente da do domicílio do sacado, ou de uma letra sacada a certo termo de vista. O sacador pode também estipular que a apresentação ao aceite não poderá efetuar-se antes de determinada data. Todo endossante pode estipular que a letra deve ser apresentada ao aceite, com ou sem fixação de prazo, salvo se ela tiver sido declarada não aceitável pelo sacador.

27. Art. 23. As letras a certo termo de vista devem ser apresentadas ao aceite dentro do prazo de 1 (um) ano das suas datas. O sacador pode reduzir este prazo ou estipular um prazo maior. Esses prazos podem ser reduzidos pelos endossantes.

28. Art. 53. Depois de expirados os prazos fixados: – para a apresentação de uma letra à vista ou a certo termo de vista; – para se fazer o protesto por falta de aceite ou por falta de pagamento; – para a apresentação a pagamento no caso da cláusula "sem despesas". O portador perdeu os seus direitos de ação contra os endossantes, contra o sacador e contra os outros coobrigados, à exceção do aceitante. Na

7. PRAZO PARA RESPIRO

O prazo de respiro tem por finalidade permitir que o sacado peça para o portador que a letra lhe seja apresentada uma segunda vez no dia seguinte ao da primeira apresentação. Os interessados somente podem ser admitidos a pretender que não foi dada satisfação a esse pedido no caso de ele figurar no protesto. O portador não é obrigado a deixar nas mãos do aceitante a letra apresentada ao aceite (art. 24, LUG[29]).

D. ENDOSSO

1. ENDOSSO

O endosso é o ato cambiário representado por um título com a cláusula à ordem pelo qual se opera a transferência da Letra de Câmbio e dos direitos dela decorrente.

Os títulos de crédito têm, como uma das grandes vantagens, que eles, enquanto dotados de agilidade e eficácia processual abstrata, são transmissíveis de forma eficiente e rápida, com a possibilidade de transferência do título, com a finalidade de facilitar operações de crédito e negócios, ou seja, mobilizar, imediatamente, recursos futuros.[30]

Considere a possibilidade de antecipar o recebimento de um crédito futuro, ou seja, antes do vencimento, por meio de negociação com algum empresário que tem a disponibilidade do crédito e que, irá, de certa forma, se beneficiar com o recebível futuro e maior. Para que isso aconteça, o credor do título de crédito deve negociar as condições de pagamento antecipado com terceiro e, após a conclusão das negociações, efetuar a transferência do título de crédito por endosso.

Uma das principais preocupações relacionadas aos títulos de crédito é a segurança para o credor, permitindo não só a exigibilidade do crédito, como sua

---

falta de apresentação ao aceite no prazo estipulado pelo sacador, o portador perdeu os seus direitos de ação, tanto por falta de pagamento como por falta de aceite, a não ser que dos termos da estipulação se conclua que o sacador apenas teve em vista exonerar-se da garantia do aceite. Se a estipulação de um prazo para a apresentação constar de um endosso, somente aproveita ao respectivo endossante.

29. Art. 24. O sacado pode pedir que a letra lhe seja apresentada uma segunda vez no dia seguinte ao da primeira apresentação. Os interessados somente podem ser admitidos a pretender que não foi dada satisfação a este pedido no caso de ele figurar no protesto. O portador não é obrigado a deixar nas mãos do aceitante a letra apresentada ao aceite.

30. BRUSCATO, Wilges. *Manual de direito empresarial brasileiro.* 2011, p. 391.

circulação e, portanto, é necessário que o instituto que permite a circulação do título de crédito traga garantias e segurança ao credor.

Nesse racional, o endosso é tido como manifestação de vontade abstrata e unilateral, com o fim precípuo de transferir os direitos constantes do título, criando uma figura regida por regras distintas e passando a ter sua validade e eficácia, que representam a autonomia do negócio e favorecem os terceiros portadores de boa-fé.[31]

Vale reiterar que o subprincípio do inoponibilidade das exceções pessoais, desdobramento do princípio da autonomia, está intimamente ligado à circulação do título por endosso.

1.1 Cláusula à ordem

O modo de transferência do crédito pode ocorrer por mera tradição, por endosso ou por cessão, dependendo se o título é ao portador, nominativo à ordem ou não à ordem, respectivamente.

Título ao portador é aquele que não indica os dados do credor na cártula, sendo que o campo correspondente está em branco, sem preenchimento.

Como não identificado o beneficiário na cártula, a transferência do título para um novo credor opera por mera tradição, ou seja, a entrega da cártula sem qualquer ato formal. Nominativo é o título que traz a indicação dos dados do credor. Há, nesse caso, o preenchimento dos dados do beneficiário no campo correspondente da cártula. Como se é nominado no título de crédito quem se deve pagar, a transferência da cártula depende de um ato formal, além da tradição, para ocorrer a circulação.

A espécie de ato forma de transferência de título nominativo depende se ele é à ordem ou não à ordem (art. 11, LUG[32]).

Dizer título nominativo à ordem significa que a cártula contém a *cláusula à ordem*, que é aquela que permite a transferência do título de crédito por meio de endosso. O endosso, como veremos de forma aprofundada nesta obra, é o ato cambial de transferência do título de crédito que contém a cláusula à ordem, dando maior segurança a circulação do crédito.

---

31. ROSA JR., Luiz Emygdio Franco da. *Títulos de crédito* [Colaboração: Vivien Cabral Sarmento Leite]. 8. ed. Rio de Janeiro, Renovar, 2014, p. 221.

32. Art. 11. Toda letra de câmbio, mesmo que não envolva expressamente a cláusula à ordem, é transmissível por via de endosso. Quando o sacador tiver inserido na letra as palavras "não à ordem", ou uma expressão equivalente, a letra só é transmissível pela forma e com os efeitos de uma cessão ordinária de créditos. O endosso pode ser feito mesmo a favor do sacado, aceitando ou não, do sacador, ou de qualquer outro coobrigado. Estas pessoas podem endossar novamente a letra.

Nesse caso, a cláusula à ordem foi suprimida no título de crédito, ou seja, transferência da cártula ocorreu em hipóteses em que o endosso possuía efeitos de cessão de crédito.

O título nominativo não à ordem é transferido por meio de cessão de crédito, com regras do Direito Civil[33] e do Direito Empresarial.

A denominada cláusula à ordem, portanto, é aquela que autoriza a transferência de Letra de Câmbio nominativa por meio do endosso.

2. ESTRUTURA DO ENDOSSO

Aquele que é credor do título e pretende transferi-lo é denominado "endossante", ou seja, é aquele que coloca sua assinatura na cártula; por outro lado, quem recebe o título é o "endossatário" e passa a ser o novo credor.

Por exemplo, Clark é credor de uma Letra de Câmbio com vencimento para daqui a 90 (noventa) dias no valor de R$ 100.000,00 (cem mil reais) e está precisando de dinheiro para seu negócio. Diante desse cenário, Clark procura Diana para negociar a antecipação. Diana aceita antecipar o pagamento com deságio de 5% (cinco por cento), ou seja, Diana pagará R$ 95.000,00 (noventa e cinco mil) para Clark e receberá a Letra de Câmbio por endosso, tornando-se credora do título de crédito.

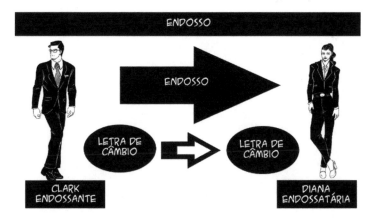

3. EFEITOS DO ENDOSSO

A transferência do título de crédito por endosso acarreta 02 (dois) efeitos: (I) a transferência do crédito; e (II) a vinculação do endossante pelo pagamento

---

33. Ver artigos 286 a 298 do Código Civil.

da Letra de Câmbio, tornando-se responsável pelo pagamento do título em caso de inadimplemento pelo devedor.

a) Transferência do crédito

A principal característica do endosso translativo é a transferência do título de crédito e dos direitos dele decorrentes (art. 14, LUG[34]).

Todavia, existem possibilidades de o credor endossar o título sem transferir o crédito. São as hipóteses do (I) endosso-mandato e do (II) endosso-caução.

b) Vinculação do endossante pela solvência

Salvo cláusula em contrário, o endossante garante tanto a aceitação como o pagamento da letra (art. 15, LUG[35]), ou seja, cada transferência do título de crédito por endosso traz mais garantias para o credor que, em caso de inadimplemento pelo devedor principal (aceitante), poderá cobrar os endossantes coobrigados.

Assim, o endosso não resulta somente na transferência de propriedade, mas também na garantia da realização pontual da prestação cambiária, na responsabilidade pela realização de seu valor. Endossar é transferir com responsabilidade.[36]

Para evitar essa vinculação, o endossante pode incluir a "cláusula sem garantia" e, assim, não ficar responsável pelo inadimplemento do título. Dessa forma, é possível a inclusão de "cláusula não à ordem", ocasião em que restará proibido novo endosso. Nesse caso, o endossante garante apenas perante seu endossatário, mas não garante o pagamento às pessoas a quem a letra for posteriormente endossada.

4. ENDOSSO IMPRÓPRIO

Este apresenta, como característica principal, a ausência de transferência efetiva do crédito para o endossatário, tendo em vista que o que se transfere é tão somente a cártula. Comporta duas modalidades: o endosso-mandato e o endosso-caução.

---

34. Art. 14. O endosso transmite todos os direitos emergentes da letra. Se o endosso for em branco, o portador pode: 1°) preencher o espaço em branco, quer com o seu nome, quer com o nome de outra pessoa; 2°) endossar de novo a letra em branco ou a favor de outra pessoa; 3°) remeter a letra a um terceiro, sem preencher o espaço em branco e sem a endossar.
35. Art. 15. O endossante, salvo cláusula em contrário, é garante tanto da aceitação como do pagamento da letra. O endossante pode proibir um novo endosso, e, neste caso, não garante o pagamento às pessoas a quem a letra for posteriormente endossada.
36. FAZZIO JÚNIOR, Waldo. *Manual de direito comercial.* 15. ed. São Paulo: Atlas, 2013. p. 330.

a) Endosso-mandato

Nesta situação, há um mandato do endossante (mandante) para o endossatário (mandatário) efetuar a cobrança e realizar os atos de preservação de direitos (art. 18, LUG[37] e art. 917, CC[38]). Em que pese o endossatário receber, por procuração, o título de crédito, ele não se torna o novo titular do crédito, mas apenas mandatário com poderes para cobrar, em nome do endossante, o devedor e seus coobrigados.

Por exemplo, o credor *Clark* transfere ao banco *Pacificador*, por endosso mandato, os direitos de cobrança da Letra de Câmbio na qual *Bruce* é o devedor (aceitante). Esse exemplo, em que pese usar elementos fictícios, reflete o que comumente ocorre na prática, sendo o banco utilizado por diversos agentes econômicos como gestor do crédito e, consequentemente, como procurador para cobranças da sua carteira de crédito.

Como nesse caso o endossatário age em nome do endossante, o Superior Tribunal de Justiça pacificou entendimento de que, em caso de prejuízo ao devedor, a responsabilidade por indenizar cabe ao endossante e não ao endossatário: *O endossatário de título de crédito por endosso-mandato só responde por danos decorrentes de protesto indevido se extrapolar os poderes de mandatário* (Súmula 476 STJ).

Diferentemente ocorre no caso de endosso translativo, puro e simples (art. 12, LUG[39]), no qual "responde pelos danos decorrentes de protesto indevido o endossatário que recebe por endosso translativo título de crédito contendo vício formal extrínseco ou intrínseco, ficando ressalvado seu direito de regresso contra os endossantes e avalistas. (Súmula 475, STJ)."

---

37. Art. 18. Quando o endosso contém a menção "valor a cobrar" (valeur en recouvrement), "para cobrança" (pour encaissement), "por procuração" (par procuration), ou qualquer outra menção que implique um simples mandato, o portador pode exercer todos os direitos emergentes da letra, mas só pode endossá-la na qualidade de procurador. Os coobrigados, neste caso, só podem invocar contra o portador as exceções que eram oponíveis ao endossante. O mandato que resulta de um endosso por procuração não se extingue por morte ou sobrevinda incapacidade legal do mandatário.
38. Art. 917. A cláusula constitutiva de mandato, lançada no endosso, confere ao endossatário o exercício dos direitos inerentes ao título, salvo restrição expressamente estatuída. § 1º O endossatário de endosso-mandato só pode endossar novamente o título na qualidade de procurador, com os mesmos poderes que recebeu. § 2º Com a morte ou a superveniente incapacidade do endossante, não perde eficácia o endosso-mandato. § 3º Pode o devedor opor ao endossatário de endosso-mandato somente as exceções que tiver contra o endossante.
39. Art. 12. O endosso deve ser puro e simples. Qualquer condição a que ele seja subordinado considera-se como não escrita. O endosso parcial é nulo. O endosso ao portador vale como endosso em branco.

b) Endosso-caução

O título de crédito, considerado como um bem móvel, pode ser dado como garantia de uma obrigação do endossante perante o endossatário por meio de penhor[40] (art. 19, LUG[41] e art. 918, CC[42]).

Nessa situação, o endossatário recebe o título mediante "endosso-caução", também denominado "endosso-pignoratício", constando, portanto, como potencial credor do título que lhe fora entregue em garantia, ou seja, ele é o verdadeiro beneficiário do título. Essa situação difere daquela do endossatário no "endosso-mandato", no qual ele apenas realiza a cobrança em nome do endossante.[43]

O endosso-caução tem por finalidade garantir, mediante o penhor do título, obrigação assumida pelo endossante perante o endossatário, que, desse modo, assume a condição de credor pignoratício do endossante. Verificado o cumprimento da obrigação por parte do endossante, o título deve ser-lhe restituído pelo endossatário, não havendo, por isso, ordinariamente, a própria transferência da titularidade do crédito. No entanto, apesar de permanecer proprietário, o endossante transmite os direitos emergentes do título, como ocorre no endosso comum, aplicando-se o princípio da inoponibilidade das exceções pessoais ao endossatário.[44]

---

40. Art. 1.431. Constitui-se o penhor pela transferência efetiva da posse que, em garantia do débito ao credor ou a quem o represente, faz o devedor, ou alguém por ele, de uma coisa móvel, suscetível de alienação.

41. Art. 19. Quando o endosso contém a menção "valor em garantia", "valor em penhor" ou qualquer outra menção que implique uma caução, o portador pode exercer todos os direitos emergentes da letra, mas um endosso feito por ele só vale como endosso a título de procuração.

42. Art. 918. A cláusula constitutiva de penhor, lançada no endosso, confere ao endossatário o exercício dos direitos inerentes ao título. § 1º O endossatário de endosso-penhor só pode endossar novamente o título na qualidade de procurador. § 2º Não pode o devedor opor ao endossatário de endosso-penhor as exceções que tinha contra o endossante, salvo se aquele tiver agido de má-fé.

43. Apelação – Protesto indevido de duplicata mercantil – Dano moral – Endossatária – Endosso-caução – Responsabilidade. O endosso caução transfere o título em garantia ao endossatário e com o endosso mandado não se confunde, haja vista se tratar o endossatário de verdadeiro beneficiário e não mero cobrador do título, de modo que a sua responsabilidade não fica restrita aos limites do mandado, mas a própria verificação da regularidade do crédito para eventual iniciativa que busca percebê-lo, tal como o protesto, sendo certo que a negligência quanto a tais diligências gera a sua responsabilidade. (TJ-MG – AC: 10143160019723001 MG, Relator: Antônio Bispo, Data de Julgamento: 06.02.2020, Data de Publicação: 21.02.2020).

44. Agravo interno. Direito cambiário. Endosso-caução. Ampla circulação dos títulos de crédito, conferindo aos terceiros de boa-fé segurança jurídica. Interesse social e econômico. Confusão entre o instituto cambiário do endosso e o civilista da cessão de crédito. Descabimento. Aceite. Declaração cambial, tornando o sacado devedor principal da duplicata. Endossatário pignoratício. Detentor dos direitos emergentes do título, não podendo coobrigados invocar exceções fundadas em relações pessoais. Quitação regular de débito de natureza cambial. Resgate da cártula. Necessidade. 1. A normatização de regência busca proteger o terceiro adquirente de boa-fé para facilitar a circulação do título crédito, pois o interesse social visa proporcionar a sua ampla circulação, constituindo a inoponibilidade das exceções fundadas em direito pessoal do devedor a mais importante afirmação do direito moderno

Por exemplo, *Clark* busca o banco *Pacificador* para um empréstimo, que, para conceder o crédito pretendido, exige que *Clark* preste uma garantia. Como *Clark* é credor de uma Letra de Câmbio, ele oferece o título como garantia de pagamento, o que é aceito pela instituição financeira. Portanto, o título de crédito é dado em garantia por penhor para o banco *Pacificador*. Caso *Clark* não cumpra a obrigação assumida com o banco *Pacificador*, ocorrerá a efetiva transferência do crédito e o banco *Pacificador* poderá executar a garantia, tornando-se credor do título de crédito. Em caso de adimplemento da obrigação de *Clark* perante o banco *Pacificador*, a garantia se extingue e, assim, **Clark** retoma o título, permanecendo como credor da Letra de Câmbio.

---

em favor de sua negociabilidade. 2. Na exordial dos embargos à execução, o executado aduziu que não reconhece a higidez da duplicata que aparelha a ação principal, pois o crédito referente à relação fundamental foi quitado por ele diretamente à sacadora. Contudo, à luz do art. 903 do CC, as normas especiais que regem os títulos de crédito prevalecem, e não se pode baralhar, para a solução de questão concernente ao endosso e ao aceite, esses institutos de direito cambiário com o instituto civilista da cessão de crédito, ignorando princípios caros ao direito cambiário (autonomia, abstração, cartularidade, literalidade e inoponibilidade de exceções pessoais). 3. Como a duplicata tem aceite, o art. 15 da Lei 5.474./1968 estabelece que a cobrança judicial de duplicata ou triplicata será efetuada de conformidade com o processo aplicável aos títulos executivos extrajudiciais, não havendo necessidade de nenhum outro documento, além do título. E o art. 25 esclarece que se aplicam à duplicata e à triplicata, no que couber, os dispositivos da legislação sobre emissão, circulação e pagamento das Letras de Câmbio. 4. Havendo aceite, o aceitante se vincula à duplicata, afastada a possibilidade de investigação do negócio causal. Conquanto a duplicata seja causal apenas na sua origem/emissão, sua circulação – após o aceite do sacado ou, na sua falta, pela comprovação do negócio mercantil subjacente e do protesto – rege-se pelo princípio da abstração, desprendendo-se de sua causa original, sendo por isso inoponíveis exceções pessoais a terceiros de boa-fé, como ausência de entrega da mercadoria ou de prestação de serviços, ou mesmo quitação ao credor originário. Precedentes. 5. No tocante à operação de endosso-caução, também denominado endosso-pignoratício, o art. 19 da LUG estabelece que, quando o endosso contém a menção "valor em garantia", "valor em penhor" ou qualquer outra menção que implique uma caução, o portador pode exercer todos os direitos emergentes da letra, mas um endosso feito por ele só vale como endosso a título de procuração. Os coobrigados não podem invocar contra o portador as exceções fundadas sobre as relações pessoais deles com o endossante, a menos que o portador, ao receber a letra, tenha procedido conscientemente em detrimento do devedor. 6. O endosso-caução tem por finalidade garantir, mediante o penhor do título, obrigação assumida pelo endossante perante o endossatário, que desse modo assume a condição de credor pignoratício do endossante. Verificado o cumprimento da obrigação por parte do endossante, o título deve ser-lhe restituído pelo endossatário, não havendo, por isso, ordinariamente, a própria transferência da titularidade do crédito. No entanto, apesar de permanecer proprietário, o endossante transmite os direitos emergentes do título, como ocorre no endosso comum, aplicando-se o princípio da inoponibilidade das exceções pessoais ao endossatário. 7. Não há insegurança para os devedores, pois não se pode ignorar que a "quitação regular de débito estampado em título de crédito é a que ocorre com o resgate da cártula – tem o devedor, pois, o poder-dever de exigir daquele que se apresenta como credor cambial a entrega do título de crédito (o art. 324 do Código Civil, inclusive, dispõe que a entrega do título ao devedor firma a presunção de pagamento)" (REsp 1.236.701/MG, Rel. Ministro Luis Felipe Salomão, Quarta Turma, julgado em 05.11.2015, DJe 23.11.2015). 8. Agravo interno provido. STJ – AgInt no AREsp: 1635968 PR 2019/0367391-8, Relator: Ministro Luis Felipe Salomão, Data de Julgamento: 06.04.2021, T4 – Quarta Turma, Data de Publicação: DJe 04.06.2021).

5. LOCAL DO ENDOSSO

O endosso deve ser escrito na letra ou em documento anexo a ela, com a assinatura do endossante para validar seu ato de vontade. Em regra, o endosso consta no verso do título, sendo que se ocorrer no anverso, deve constar expressão "por endosso" ou equivalente para identificar o ato de endossar o título (art. 13, LUG[45] e 910, CC[46]).

6. ESPÉCIES DE ENDOSSO

As espécies de endosso dependem se o endossante indicou ou não o nome do endossatário no título transferido.

a) Endosso em preto

No endosso em preto, o endossante indica expressamente o endossatário no título, tornando o endossatário possuidor e credor.

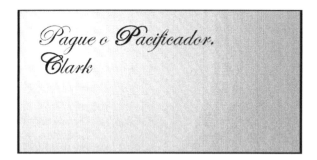

b) Endosso em branco

No endosso em banco, o endossante apenas assina o título, sem indicar o endossatário, tornando o título ao portador, ou seja, será considerado credor aquele que detiver a posse do título (art. 12, LUG[47]).

Se o endosso for em branco, o portador pode: (I) preencher o espaço em branco, quer com o seu nome, quer com o nome de outra pessoa; (II) endossar

---

45. Art. 13. O endosso deve ser escrito na letra ou numa folha ligada a esta (anexo). Deve ser assinado pelo endossante. O endosso pode não designar o benefício, ou consistir simplesmente na assinatura do endossante (endosso em branco). Neste último caso, o endosso para ser válido deve ser escrito no verso da letra ou na folha anexa.
46. Art. 910. O endosso deve ser lançado pelo endossante no verso ou anverso do próprio título.
47. Art. 12. O endosso ao portador vale como endosso em branco.

de novo a letra em branco ou a favor de outra pessoa; (III) remeter a letra a um terceiro, sem preencher o espaço em branco e sem a endossar (art. 14, LUG[48]).

Ainda, o detentor de uma letra é considerado portador legítimo se justificar o seu direito por uma série ininterrupta de endossos, mesmo se o último for em branco. Os endossos riscados consideram-se, para esse efeito, como não escritos. Quando um endosso em branco é seguido de um outro endosso, presume-se que o signatário deste adquiriu a letra pelo endosso em branco. Se uma pessoa foi, por qualquer maneira, desapossada de uma letra, o portador dela, desde que justifique o seu direito pela maneira indicada na alínea precedente, não é obrigado a restituí-la, salvo se a adquiriu de má-fé ou se, adquirindo-a, cometeu uma falta grave (art. 16, LUG[49]).

7. ENDOSSO CONDICIONAL

O endosso deve ser puro e simples e, portanto, qualquer condição a que ele seja subordinado considera-se como não escrita (art. 12, LUG[50] e art. 912, CC[51]).

---

48. Art. 14. O endosso transmite todos os direitos emergentes da letra. Se o endosso for em branco, o portador pode: 1º) preencher o espaço em branco, quer com o seu nome, quer com o nome de outra pessoa; 2º) endossar de novo a letra em branco ou a favor de outra pessoa; 3º) remeter a letra a um terceiro, sem preencher o espaço em branco e sem a endossar.
49. Art. 16. O detentor de uma letra é considerado portador legítimo se justifica o seu direito por uma série ininterrupta de endossos, mesmo se o último for em branco. Os endossos riscados consideram-se, para este efeito, como não escritos. Quando um endosso em branco é seguido de um outro endosso, presume-se que o signatário deste adquiriu a letra pelo endosso em branco. Se uma pessoa foi por qualquer maneira desapossada de uma letra, o portador dela, desde que justifique o seu direito pela maneira indicada na alínea precedente, não é obrigado a restituí-la, salvo se a adquiriu de má-fé ou se, adquirindo-a, cometeu uma falta grave.
50. Art. 12. O endosso deve ser puro e simples. Qualquer condição a que ele seja subordinado considera-se como não escrita. O endosso parcial é nulo. O endosso ao portador vale como endosso em branco.
51. Art. 912. Considera-se não escrita no endosso qualquer condição a que o subordine o endossante. Parágrafo único. É nulo o endosso parcial.

Entendemos que o endosso condicional não é nulo, mas sim ineficaz, porque a lei considera como não escrito, valendo o endosso como se a condição não existisse.

8.   ENDOSSO PARCIAL

Pela própria natureza do endosso, não há possibilidade de se fazer o endosso de forma parcial e, portanto, a lei declara nulo o endosso parcial (art. 12, LUG e art. 912, CC).

9.   ENDOSSO E CESSÃO DE CRÉDITO

Os títulos de crédito evoluíram para, cada vez mais, trazer segurança jurídica a todos os envolvidos na relação cambial. Um dos aspectos que se destaca no Direito Cambiário é a característica da negociabilidade, já que a cártula nasce para circular.

Como já analisada no capítulo anterior, a transferência da titularidade do título de crédito considera saber se o título é (a) ao portador ou (b) nominativo. Se nominativo, cabe verificar se o título é (b.1.) à ordem ou (b.2.) não à ordem.

a) Título ao portador

Título ao portador é aquele que não indica os dados do credor na cártula, sendo que o campo correspondente está em branco, sem preenchimento.

Como não identificado o beneficiário na cártula, a transferência do título para um novo credor opera por mera tradição, ou seja, a entrega da cártula sem qualquer ato formal.

b) Título nominativo

Nominativo é o título que traz a indicação os dados do credor. Há, nesse caso, o preenchimento dos dados do beneficiário no campo correspondente na cártula. Como se é nominado no título de crédito quem se deve pagar, a transferência da cártula depende de um ato formal, além da tradição, para ocorrer a circulação.

A espécie de ato forma de transferência de título nominativo depende se ele é (b.1.) à ordem ou; (b.2.) não à ordem.

b.1) Título nominativo à ordem

Dizer título nominativo à ordem significa que a cártula contém a *cláusula à ordem,* que é aquela que permite a transferência do título de crédito por meio de endosso. O endosso, como veremos de forma aprofundada nesta obra, é o ato cambial de transferência do título de crédito que contém a cláusula à ordem, dando maior segurança à circulação do crédito.

b.2) Título nominativo não à ordem

Neste caso, a cláusula à ordem foi suprimida no título de crédito, ou seja, transferência da cártula ocorreu em hipóteses em que o endosso possui efeitos de cessão de crédito.

O título nominativo não à ordem é transferido por meio de cessão de crédito, com regras do Direito Civil[52] e do Direito Empresarial.

A cessão de crédito não ocorre, como no caso de endosso, necessariamente na representação de crédito em título de crédito.

A cessão de crédito é um instrumento muito usual no mercado, pois permite a circulação de crédito representado de diversas formas, como, por exemplo, o crédito representado em um contrato de compra e venda, de aluguel, de prestação de serviços, de financiamento, de mútuo, de *factoring* etc.

As regras de cessão de crédito estão previstas nos artigos 286 a 298 do Código Civil, enquanto as de endosso estão previstas nas leis especiais de cada título e, de forma geral, nos artigos 910 a 920 do Código Civil.

Todavia, na prática e em decorrência da lei, o endosso é um instituto que traz mais segurança às partes do que a transferência do crédito por cessão e, portanto, é essencial analisarmos as diferenças práticas entre o endosso e a cessão de crédito.

São duas as diferenças entre uma e outra forma de o crédito circular: (I) enquanto o endossante, em regra, responde pela solvência do devedor, o cedente, em regra, responde apenas pela existência do crédito; (II) o devedor não pode alegar contra o endossatário de boa-fé exceções pessoais, mas as pode alegar contra o cessionário.[53]

---

52. Ver artigos 286 a 298 do Código Civil.
53. COELHO, Fábio Ulhoa. *Curso de Direito Comercial.* São Paulo: Saraiva, 2007, v. I, p. 409.

Salvo estipulação em contrário, o endossante garante tanto a aceitação como o pagamento da letra (art. 15, LUG[54]), enquanto o cedente não responde pela solvência do devedor (art. 296, CC[55])[56].

Em outro ponto, pelo princípio da autonomia, no endosso, o devedor não poderá opor ao endossatário exceções pessoais que possui em face de seus antecessores (art. 17, LUG[57]); enquanto na cessão, o devedor pode opor ao cessionário as exceções que lhe competirem, bem como as que, no momento em que veio a ter conhecimento da cessão, tinha contra o cedente (art. 294, CC[58]).

10. ENDOSSO COM EFEITO DE CESSÃO DE CRÉDITO

Em algumas hipóteses, a lei considera o endosso como cessão de crédito e, portanto, com aplicação dos dispositivos inerentes a este instituto que, como vimos, são distintos dos aplicados ao endosso.

O endosso posterior ao protesto por falta de pagamento, ou feito depois de expirado o prazo fixado para se fazer o protesto, produz apenas os efeitos de uma cessão ordinária de créditos. Salvo prova em contrário, presume-se que um endosso sem data foi feito antes de expirado o prazo fixado para se fazer o protesto (art. 20, LUG[59]).

Por fim, também será considerado como cessão o título transferido com a "cláusula não à ordem", ocasião em que restará proibido novo endosso.

---

54. Art. 15. O endossante, salvo cláusula em contrário, é garante tanto da aceitação como do pagamento da letra. O endossante pode proibir um novo endosso, e, neste caso, não garante o pagamento às pessoas a quem a letra for posteriormente endossada.

55. Art. 296. Salvo estipulação em contrário, o cedente não responde pela solvência do devedor.

56. Apelação cível – Embargos à execução – Contrato de fomento mercantil – Cheque – Endosso – Cessão de crédito civil – Possibilidade de arguição de exceções pessoais. No contrato de fomento mercantil o faturizador torna-se novo credor do título, assumindo o risco do negócio, o que caracteriza, na realidade, cessão de crédito civil. Na cessão de crédito as exceções pessoais ao credor originário podem ser opostas ao faturizador, conforme se extrai o artigo 294 do Código Civil. O art. 290 do Código Civil estabelece que "a cessão do crédito não tem eficácia em relação ao devedor, senão quando a este notificada". Sendo incontroverso que o negócio jurídico subjacente não foi concluído, ou seja, inexistente a causa debendi, bem como diante da ausência de notificação do devedor acerca da alegada cessão, impõe-se reconhecer a nulidade do título. (TJ-MG – AC: 10024132699273001 MG, Relator: Rogério Medeiros, Data de Julgamento: 17.04.2020, Data de Publicação: 24.04.2020).

57. Art. 17. As pessoas acionadas em virtude de uma letra não podem opor ao portador exceções fundadas sobre as relações pessoais delas com o sacador ou com os portadores anteriores, a menos que o portador ao adquirir a letra tenha procedido conscientemente em detrimento do devedor.

58. Art. 294. O devedor pode opor ao cessionário as exceções que lhe competirem, bem como as que, no momento em que veio a ter conhecimento da cessão, tinha contra o cedente.

59. Art. 20. O endosso posterior ao vencimento tem os mesmos efeitos que o endosso anterior. Todavia, o endosso posterior ao protesto por falta de pagamento, ou feito depois de expirado o prazo fixado para se fazer o protesto, produz apenas os efeitos de uma cessão ordinária de créditos. Salvo prova em contrário, presume-se que um endosso sem data foi feito antes de expirado o prazo fixado para se fazer o protesto.

E. AVAL

1. CONCEITO

O conceito de crédito está associado, de um lado, ao tempo, e de outro, à confiança. Aliás, etimologicamente, "crédito" liga-se aos verbos "crer", "acreditar" e "confiar". E, na literatura jurídica, a associação normalmente se faz pela ideia de que o credor tem a confiança no devedor, acredita que ele vai entregar a prestação futura prometida e, por isso, entrega a ele hoje a coisa em troca".[60]

Dessa ideia, concluímos que o credor somente aceitaria representar a obrigação de pagar do devedor se confiar no cumprimento da obrigação; caso contrário, exigiria o pagamento da obrigação antecipadamente: me pague que lhe entrego o bem ou serviço.

A falta de crédito de determinado devedor e, por consequência, de confiança, pode ser suprimida por garantia de pagamento, como, por exemplo, penhor, hipoteca, alienação fiduciária, fiança etc. Firmada a garantia, a confiança seria reestabelecida, e o credor teria alternativas para o caso de inadimplemento.

As instituições financeiras, cujo principal produto é o crédito, trabalham de forma ostensiva na análise do crédito daquele que a procura em busca de financiamento,

No site do SERASA, temos um breve esclarecimento desse ponto: o banco ou a instituição financeira fazem a análise para garantir que o cliente realmente terá condições de pagar o crédito pedido, o que depende muito da renda e do relacionamento do cliente com o mercado. A partir da avaliação, poderão variar: (i) o valor liberado; (ii) a taxa de juros; e (iii) a quantidade de parcelas.

O primeiro objetivo da avaliação é garantir que o banco vai receber o dinheiro liberado. Outro ponto é saber o número de dívidas que o cliente tem com o mercado. Dessa forma, o cliente não corre o risco de comprometer toda sua renda e o banco tem maior probabilidade de receber o valor do empréstimo.[61]

---

60. COELHO, Fabio Ulhoa. *Títulos de crédito*: uma nova abordagem. São Paulo: Thomson Reuters Brasil, 2021, p. 15.

61. Disponível em: https://www.serasa.com.br/ensina/seu-credito/analise-de-credito-o-que-e/. Acesso em: 17 jun. 2022.

O aval é, essencialmente, uma garantia prestada no título de crédito. Por este instituto, o pagamento de um título de crédito pode ser, no todo ou em parte, garantido. Essa garantia é dada por um terceiro ou mesmo por um signatário da letra (art. 30, LUG[62] e art. 897, CC[63]).

Inclusive, há entendimento que mera rubrica aposta no verso do título seria suficiente para o reconhecimento da validade de aval cambial.[64]

2. ESTRUTURA DO AVAL

Aquele que presta a garantia é denominado de "avalista"; enquanto aquele que é garantido pelo aval é denominado "avalizado".

Por exemplo, *Bruce* deseja fomentar seu negócio e procura *Arthur* para lhe emprestar R$ 100.000,00 (cem mil reais), sendo que este valor deverá ser devolvido em até 12 (doze) meses com uma taxa mensal de juros remuneratórios de 1% (um por cento) ao mês. Eles ajustam que a operação será representada por um Letra de Câmbio, mediante a condição de *Bruce* apresentar um garantidor para o título. *Clark* é amigo de confiança de *Bruce* e aceita garantir o título de crédito firmando seu aval, o que concede o conforto necessário a *Arthur* para conceder o crédito a *Bruce* e representar a obrigação de pagar por meio da Letra de Câmbio. Desse modo, *Arthur* (credor) concorda em representar a obrigação de pagar de *Bruce* (devedor / avalizado), por meio de Letra de Câmbio, com garantida de pagamento por aval prestado por *Clark* (avalista).

---

62. Art. 30. O pagamento de uma letra pode ser no todo ou em parte garantido por aval. Esta garantia é dada por um terceiro ou mesmo por um signatário da letra.

63. Art. 897. O pagamento de título de crédito, que contenha obrigação de pagar soma determinada, pode ser garantido por aval.

64. Apelação cível – Títulos de crédito – Embargos à execução – Sentença de improcedência – Inconformismo do embargante – Cerceamento de defesa não caracterizado. Desnecessidade de realização de prova pericial grafotécnica. Exercício do contraditório e ampla defesa pelas partes – Obrigação cambial decorrente de aval prestado em nota promissória. Rubrica aposta no verso do título suficiente para o reconhecimento da validade da obrigação cambial. Inteligência do artigo 31, da Lei Uniforme de Genebra – Precedentes do E. Superior Tribunal de Justiça e do C. Supremo Tribunal Federal – Sentença mantida. Majoração dos honorários advocatícios em grau de recurso, nos termos do artigo 85, § 11, do Código de Processo Civil – Recurso não provido. TJ-SP – APL: 10011023020178260233 SP 1001102-30.2017.8.26.0233, Relator: Daniela Menegatti Milano, Data de Julgamento: 11.02.2019, 19ª Câmara de Direito Privado, Data de Publicação: 13.02.2019).

3. EFEITOS DO AVAL

A garantia do título de crédito por aval acarreta 02 (dois) efeitos: (i) autonomia das obrigações; e (ii) a equivalência das obrigações do avalista e do avalizado.

a) Equivalência

O avalista é responsável da mesma maneira que o avalizado (art. 32, LUG[65] e 898, CC[66]), o que significa dizer que, caso o avalista seja acionado pelo inadimplemento do título de crédito, para fins de sua posição no Letra de Câmbio, ele estará equiparado à posição do avalizado.

Por exemplo, se o aval foi concedido ao endossante da Letra de Câmbio, para efeitos de responsabilidade e cadeia de regresso, o avalista será equiparado a endossante, mesmo não sendo, na prática, o endossante.

---

65. Art. 32. O dador de aval é responsável da mesma maneira que a pessoa por ele afiançada. A sua obrigação mantém-se, mesmo no caso de a obrigação que ele garantiu ser nula por qualquer razão que não seja um vício de forma. Se o dador de aval paga a letra, fica sub-rogado nos direitos emergentes da letra contra a pessoa a favor de quem foi dado o aval e contra os obrigados para com esta em virtude da letra.
66. Art. 899. O avalista equipara-se àquele cujo nome indicar; na falta de indicação, ao emitente ou devedor final. § 1º Pagando o título, tem o avalista ação de regresso contra o seu avalizado e demais coobrigados anteriores. § 2º Subsiste a responsabilidade do avalista, ainda que nula a obrigação daquele a quem se equipara, a menos que a nulidade decorra de vício de forma.

É importante equiparar e não igualar para não desconsiderar as responsabilidades e a posição na cadeia de regresso.

Caso o avalista pague a obrigação, terá apenas quitação da sua obrigação e não a do avalizado, pois pagando o título, tem o avalista ação de regresso contra o seu avalizado e demais coobrigados anteriores (art. 32 e art. 898, § 1º, CC).

b) Autonomia

Pelo princípio da autonomia dos títulos de crédito, as obrigações firmadas são autônomas entre si, o que significa dizer que eventual nulidade, irregularidades ou vícios da obrigação de uma obrigação não compromete a validade das demais obrigações constantes no título, incluindo a obrigação assumida pelo avalista.

Subsiste a responsabilidade do avalista, ainda que nula a obrigação daquele a quem se equipara, a menos que a nulidade decorra de vício de forma (art. 32, LUG e art. 898, § 2º, CC).

4. LOCAL DO AVAL

O aval é escrito na própria letra ou em uma folha anexa e deve ser assinado pelo avalista para validar seu ato de vontade de conceder o aval. Em regra, o aval consta no anverso do título, sendo que se ocorrer no verso, deve constar expressão "bom para aval" ou por qualquer fórmula equivalente para identificar o ato de avalizar título (art. 31, LUG[67] e 898, CC[68]).

O aval considera-se como resultante da simples assinatura do dador colocada na face anterior da letra, salvo se for a assinatura do sacado ou do sacador. O aval deve indicar a pessoa por quem se dá. Na falta de indicação, entender-se-á pelo sacador.

---

67. Art. 31. O aval é escrito na própria letra ou numa folha anexa. Exprime-se pelas palavras "bom para aval" ou por qualquer fórmula equivalente; e assinado pelo dador do aval. O aval considera-se como resultante da simples assinatura do dador aposta na face anterior da letra, salvo se se trata das assinaturas do sacado ou do sacador. O aval deve indicar a pessoa por quem se dá. Na falta de indicação, entender-se-á pelo sacador.
68. Art. 898. O aval deve ser dado no verso ou no anverso do próprio título. § 1º Para a validade do aval, dado no anverso do título, é suficiente a simples assinatura do avalista. § 2º Considera-se não escrito o aval cancelado.

5. ESPÉCIES DE AVAL

As espécies de aval dependem se o avalista indicou ou não o nome do avalizado no título garantido.

a) Aval em preto

No aval em preto, o avalista indica expressamente o avalizado no título, fazendo com que o avalizado indicado se torne o beneficiário do aval.

Por exemplo, Clark pode garantir de forma expressa a obrigação de Bruce.

b) Aval em branco

No aval em banco, o avalista apenas assina o título como garantidor, sem indicar o avalizado. Na ausência de indicação do beneficiário do aval, para Letra de Câmbio, será considerada avalizada a obrigação do sacador (art. 31, LUG[69]).

Por exemplo, Clark pode garantir a Letra de Câmbio sem identificar o avalizado.

---

69. Art. 31. O aval deve indicar a pessoa por quem se dá. Na falta de indicação, entender-se-á pelo sacador.

6. AVAL PARCIAL

Diferentemente do endosso, a lei permite a concessão do aval parcial, em que o avalista se responsabiliza por valor distinto da obrigação representada no título de crédito (art. 30, LUG).

O Código Civil, ao tratar das regras gerais dos títulos de crédito no direito privado, nega a possibilidade do aval parcial (art. 897, p. único, CC[70]), porém essa vedação não atinge a Letra de Câmbio e os demais títulos de crédito próprios diante da existência de lei especial (art. 903, CC[71]).

7. AVAL SUCESSIVO

O aval sucessivo ocorre quando um avalista é garantido por aval, ou seja, o avalista tem um avalista para chamar de seu. Nesse caso, o mais importante é compreender a posição de equivalência de cada avalista para efeito extinção da obrigação daquele que, eventualmente, pagar a letra.

Por exemplo, se Clark é avalista de Bruce e Diana é avalista de Clark; quando Clark paga o título, a obrigação de Diana se extingue por ser posterior a de Clark. Porém, a obrigação de Bruce permanece, uma vez que ele é avalizado por Clark e, consequentemente, ocupa uma posição anterior.

---

70. Art. 897. Parágrafo único. É vedado o aval parcial.
71. Art. 903. Salvo disposição diversa em lei especial, regem-se os títulos de crédito pelo disposto neste Código.

8. AVAL SIMULTÂNEO

De forma diversa, é a situação do aval simultâneo, compreendido como aquele em que um avalizado é garantido por dois ou mais avalistas que garantem solidariamente o cumprimento da obrigação avalizada.

Nessa situação, todos os avalistas simultâneos serão equiparados ao avalizado, sendo que, no caso de pagamento integral da letra por um dos avalistas, a obrigação individual de cada um dos demais avalistas subsistirá, assim como a do avalizado.

Os avais em branco e superpostos consideram-se simultâneos e não sucessivos, conforme Súmula 189 do Supremo Tribunal Federal. Nesse caso, apesar da proximidade das assinaturas, considera-se que eles são avais pelo sacador e não aval um do outro, ou seja, temos coavalistas.[72]

Aparentemente, o aval simultâneo pode representar um círculo vicioso, já que o avalista que pagou e, por consequência, se sub-rogou nos direitos de cobrar a letra, podendo acionar o avalizado e os demais avalistas e, se um avalista pagar, se sub-rogaria e poderia acionar o avalizado e os demais avalistas, inclusive aquele que pagou primeiro?

Aqui, entendo que o avalista que pagou pode cobrar o avalizado pelo valor integral do título, e os demais avalistas apenas a cota parte que lhe caberia na obrigação, respeitando as regras da solidariedade passiva em caso de obrigação solidária (art. 283, CC[73]).

---

72. TOMAZETTE. Marlon. *Curso De Direito Empresarial*. 12. ed. 2021. v. 2.
73. Art. 283. O devedor que satisfez a dívida por inteiro tem direito a exigir de cada um dos codevedores a sua quota, dividindo-se igualmente por todos a do insolvente, se o houver, presumindo-se iguais, no débito, as partes de todos os codevedores.

Nesse caso, por exemplo, Clark e Diana, de forma simultânea, avalizam Bruce.

9. AVAL POR PESSOA CASADA

Nenhum dos cônjuges pode, sem autorização do outro, exceto no regime da separação absoluta, prestar fiança ou aval (art. 1.647, III, CC).[74]

Essa exigência nos parece incompatível com os princípios do Direito Cambiário, pois não é razoável que se exija a outorga uxória para validade do aval, tornando a operação lenta, burocrática e insegura para o credor, que deve questionar, a cada aval prestado, o regime de bens do avalista.

Por isso, nos filiamos à posição majoritária do Superior Tribunal de Justiça, que entende que a interpretação mais adequada com o referido instituto cambiário, voltado a fomentar a garantia do pagamento dos títulos de crédito, à segurança do comércio jurídico e, assim, ao fomento da circulação de riquezas, é no sentido de limitar a incidência da regra do art. 1647, inciso III, do Código Civil, aos avais prestados aos títulos inominados regrados pelo Código Civil, excluindo-se os títulos nominados regidos por leis especiais.[75-76]

---

74. Art. 1.647. Ressalvado o disposto no art. 1.648, nenhum dos cônjuges pode, sem autorização do outro, exceto no regime da separação absoluta: III – prestar fiança ou aval.
75. Recurso especial. Direito cambiário. Aval. Outorga uxória ou marital. Interpretação do art. 1647, inciso III, do CCB, à luz do art. 903 do mesmo édito e, ainda, em face da natureza secular do instituto cambiário do aval. Revisão do entendimento deste relator. 1. O Código Civil de 2002 estatuiu, em seu art. 1647, inciso III, como requisito de validade da fiança e do aval, institutos bastante diversos, em que pese ontologicamente constituam garantias pessoais, o consentimento por parte do cônjuge do garantidor. 2. Essa norma exige uma interpretação razoável sob pena de descaracterização do aval como típico instituto cambiário. 3. A interpretação mais adequada com o referido instituto cambiário, voltado a fomentar a garantia do pagamento dos títulos de crédito, à segurança do comércio jurídico e, assim, ao fomento da circulação de riquezas, é no sentido de limitar a incidência

Do voto proferido no Recurso Especial 1.526.560/MG: "A necessidade de outorga conjugal para o aval em títulos inominados – de livre criação – tem razão de ser no fato de que alguns deles não asseguram nem mesmo direitos creditícios, a par de que a possibilidade de circulação é, evidentemente, deveras mitigada. A negociabilidade dos títulos de crédito é decorrência do regime jurídico-cambial, que estabelece regras que dão à pessoa para quem o crédito é transferido maiores garantias do que as do regime civil. As normas das leis especiais que regem os títulos de crédito nominados, v.g., letra de câmbio, nota promissória, cheque, duplicata, cédulas e notas de crédito, continuam vigentes e se aplicam quando dispuserem diversamente do Código Civil de 2002, por força do art. 903 do Diploma civilista. Com efeito, com o advento do Diploma civilista, passou a existir uma dualidade de regramento legal: os títulos de crédito típicos ou nominados continuam a ser disciplinados pelas leis especiais de regência, enquanto os títulos atípicos ou inominados subordinam-se às normas do novo Código, desde que se enquadrem na definição de título de crédito constante no art. 887 do Código Civil".[77]

Cabe destacar que o entendimento acima é majoritário, porém existe posição contrária com fundamento em proteção ao Direito de Família e, portanto, o credor deve exigir do avalista casado a outorga uxória, sob pena de ser cabível a anulação do ato, que pode ser pleiteada pelo cônjuge, a quem incumbia a manifestação do

---

da regra do art. 1647, inciso III, do CCB aos avais prestados aos títulos inominados regrados pelo Código Civil, excluindo-se os títulos nominados regidos por leis especiais. 4. Precedente específico da Colenda 4ª Turma. 5. Alteração do entendimento deste relator e desta Terceira Turma. 6. Recurso especial desprovido. (STJ – REsp: 1526560 MG 2015/0079837-4, Relator: Ministro Paulo de Tarso Sanseverino, Data de Julgamento: 16.03.2017, T3 – Terceira Turma, Data de Publicação: DJe 16.05.2017).

76. Ação anulatória de aval – Cédula de Crédito Bancário – R. sentença de improcedência – Recurso da autora – Insurgência – Impossibilidade – Cédula de crédito bancário que ampara a ação executiva não contém a anuência da autora com o aval prestado pelo seu marido – Desnecessidade de outorga uxória – Ato jurídico válido – Entendimento do STJ de que a interpretação do artigo 1.647, III, do Código Civil, via de regra, deve ser interpretada restritivamente, isto é, sem aplicação aos títulos de crédito legalmente tipificados – A ausência de outorga uxória não invalida o aval prestado pelo marido, podendo ser tão somente resguardada a meação do cônjuge não anuente ao ato – Precedentes do STJ, desta E. Corte e desta E. Câmara – Honorários recursais – Sentença mantida – Recurso não provido. (TJ-SP – AC: 10066886320218260506 SP 1006688-63.2021.8.26.0506, Relator: Achile Alesina, Data de Julgamento: 17.05.2022, 15ª Câmara de Direito Privado, Data de Publicação: 17.05.2022).

77. No mesmo sentido: Recurso especial. Nota promissória. Título de crédito típico. Aval. Necessidade de outorga uxória ou marital. Descabimento. Disposição restrita aos títulos de crédito inominados ou atípicos. Art. 1.647, iii, do CC/2002. Interpretação que demanda observância à ressalva expressa do art. 903 do CC, ao disposto na LUG acerca do aval e ao critério de hermenêutica da especialidade. Entendimento pacificado no âmbito do STJ. Recurso especial a que se nega provimento. Decisão. (STJ – REsp: 1530854 MG 2015/0095891-2, Relator: Ministro Luis Felipe Salomão, Data de Publicação: DJ 07.06.2022).

consentimento, ou por seus herdeiros, no prazo de até dois anos depois do fim da sociedade conjugal (arts. 1.649[78] e 1.650,[79] CC).

O aval é ato jurídico de prestação de garantia que pode, eventualmente, ser praticado por ambos os cônjuges na condição de avalistas, porém o aval pode ser dado apenas por um dos cônjuges. Em caso de o credor buscar executar o avalista judicialmente, não há que se falar em litisconsórcio necessário, porque o cônjuge do avalista não é avalista ou tampouco praticou ato visando a garantia.[80] Contudo, cabe destacarmos que existe precedente em contrário, com a necessidade de litisconsorte necessário.[81]

10. AVALISTA PESSOA JURÍDICA

Como tratamos em Direito das Sociedades, as pessoas jurídicas exteriorizam sua vontade e se vinculam aos negócios jurídicos por meio de seu administrador devidamente constituído no ato constitutivo (contrato social, estatuto, ata ou ato apartado).

Alguns contratos de sociedade costumam estabelecer restrições aos poderes de seus administradores, impedindo-os de prestar fianças, avais e outras garantias por mero favor. Observe-se, no entanto, que os administradores da sociedade são, em verdade, seus órgãos de administração e de representação. Em consequência, tais restrições podem valer entre os sócios, mas nunca em

---

78. Art. 1.649. A falta de autorização, não suprida pelo juiz, quando necessária (art. 1.647), tornará anulável o ato praticado, podendo o outro cônjuge pleitear-lhe a anulação, até dois anos depois de terminada a sociedade conjugal. Parágrafo único. A aprovação torna válido o ato, desde que feita por instrumento público, ou particular, autenticado.

79. Art. 1.650. A decretação de invalidade dos atos praticados sem outorga, sem consentimento, ou sem suprimento do juiz, só poderá ser demandada pelo cônjuge a quem cabia concedê-la, ou por seus herdeiros.

80. Recurso especial. Processual civil. Execução. Avalista. Cônjuge. Ausência de garantia real. Necessidade de citação. Litisconsórcio necessário. Inexistência. 1. O cônjuge que apenas autorizou seu consorte a prestar aval, nos termos do art. 1.647 do Código Civil (outorga uxória), não é avalista. Dessa forma, não havendo sido prestada garantia real, não é necessária sua citação como litisconsorte, bastando a mera intimação, como de fato postulado pelo exequente (art. 10, § 1º, incisos I e II, do CPC de 1973). 2. Recurso especial a que se nega provimento. (STJ – REsp: 1475257 MG 2014/0207179-2, Relator: Ministra Maria Isabel Gallotti, Data de Julgamento: 10.12.2019, T4 – Quarta Turma, Data de Publicação: DJe 13.12.2019).

81. Execução. Legitimidade de parte passiva ad causam da mulher do avalista, que anuiu à constituição da garantia hipotecária, comprometendo inclusive a sua meação. – O garante de dívida alheia equipara-se ao devedor. Quem deu a garantia deve figurar no polo passivo da execução, quando se pretende tornar aquela efetiva. Precedentes. – Caso em que, ademais, os executados nomearam o bem hipotecado à penhora. Litisconsórcio passivo necessário entre o garante hipotecário e seu cônjuge. Recurso especial conhecido e provido. (STJ – REsp: 212447 MS 1999/0039199-3, Relator: Ministro Barros Monteiro, Data de Julgamento: 17.08.2000, T4 – Quarta Turma, Data de Publicação: DJ 09.10.2000 p. 152).

relação a terceiros, ainda que haja publicidade do registro do contrato nas Juntas Comerciais. Na espécie, é a sociedade que está agindo em seu próprio nome, representada por seu sócio, se o aval for prestado em títulos decorrentes de assuntos de interesse.[82]

Há casos em que o aval prestado no título se relaciona com atos em que a firma ou denominação social é empregada em negócios estranhos ao objeto social. Mas nem assim a responsabilidade da sociedade pode ser afastada, e em consequência, pelo aval, a sociedade se obriga perante terceiros, ainda que haja restrição contratual.[83]

Havendo prejuízos para a sociedade em decorrência do aval prestado contra disposições contratuais, o sócio responderá perante a sociedade e demais sócios, podendo até mesmo ser autorizada sua exclusão do quadro social.[84]

11. AVAL E FIANÇA

Ambos os institutos são garantias pessoais ou fidejussória, tanto no aval quanto na fiança, em que alguém ("avalista" ou "fiador") garante satisfazer o credor por uma obrigação assumida pelo devedor ("avalizado" ou "afiançado"), caso este não a satisfaça.

Contudo, na prática e em decorrência da lei, o aval é um instituto de Direito Cambiário que traz mais segurança às partes do que a garantia prestada por fiança e, portanto, é essencial analisarmos as diferenças práticas entre o aval e a fiança.

---

82. COSTA, Wille Duarte. *Títulos de Crédito*. 2. ed. Belo Horizonte: Del Rey, 2005, p. 197.

83. Como se vê, nem naqueles casos em que o aval prestado no título se relaciona com atos em que a firma ou denominação social é empregada em negócios estranhos ao objeto social a responsabilidade da sociedade pode ser afastada, obrigando-se esta perante terceiros, ainda que haja restrição contratual. Convém asseverar, por outro lado, que mesmo tendo conhecimento da cláusula proibitiva no contrato social, quedaram-se silentes os apelantes na oportunidade em que a garantia foi prestada. Ora, não podem os recorrentes valer-se agora da própria torpeza, sob o pretexto de que cabia ao apelado consultar o contrato social antes de exigir a "fiança" (aval). Infere-se que a atitude dos apelantes constitui nítida afronta à cláusula geral de ordem pública da boa-fé objetiva (art. 422, CC), sobretudo porque a ninguém é dado vir contra o próprio ato (*nemo potest venire contra factum proprium*). Vale notar que o sobredito brocardo "veda que alguém pratique uma conduta em contradição com sua conduta anterior, lesando a legítima confiança de quem acreditara na preservação daquele comportamento inicial".(COSTA, Wille Duarte. *Títulos de Crédito*. 2. ed. Belo Horizonte: Del Rey, 2005, p. 199).

84. Apelação cível. Embargos do devedor. Execução de título extrajudicial. Nota promissória. Penhora. Lotes contíguos. Possibilidade. Unidades autônomas. Matrículas distintas. Bem de família não evidenciado. Aval prestado por pessoa jurídica no verso do título. Nulidade. Inexistência. Cláusula restritiva em contrato social. Circunstância que não exime a sociedade empresária de sua responsabilidade perante terceiros. Boa-fé objetiva. *Nemo potest venire contra factum proprium*. Recurso desprovido. (TJPR – 14ª C. Cível – AC – 664638-0 – Campo Largo – Rel.: Desembargador Laertes Ferreira Gomes – Unânime – J. 24.08.2011).

As regras de fiança estão previstas nos artigos 818 a 839 do Código Civil, enquanto as de endosso estão previstas nas leis especiais de cada título e, de forma geral, nos artigos 897 a 900 do Código Civil.

O aval refere-se exclusivamente aos títulos de crédito e, portanto, só se presta em contrato cambiário, exigindo-se, por conseguinte, que o avalista pague somente pelo que avalizou, representando obrigação solidária. Por sua vez, a fiança constitui-se em uma garantia fidejussória ampla, passível de aplicação em qualquer espécie de obrigação e tem natureza subsidiária.[85]

A fiança, também denominada caução fidejussória, é o contrato pelo qual alguém, o fiador, garante satisfazer o credor de uma obrigação assumida pelo devedor, caso este não a cumpra. O contrato é celebrado entre o fiador e o credor, assumindo o primeiro uma responsabilidade sem existir um débito propriamente dito (*"Haftung ohne Schuld"* ou, ainda, *"obligatio sem debitum"*). A fiança constitui uma garantia pessoal, em que todo o patrimônio do fiador responde pela dívida, não se confundindo com as garantias reais, caso do penhor, da hipoteca e da anticrese.

Anote-se que, apesar de serem formas de garantia pessoal, a fiança não se confunde com o aval. Primeiro, porque a fiança é um contrato acessório (art. 837,

---

85. Recurso especial – Ação monitória – Fiança e aval – Distinção – O primeiro tem natureza cambial e o segundo de direito comum – Dação em pagamento – Origem – Recebimento de coisa distinta da anteriormente avençada – Acordo entre credor e devedor – Requisitos – Existência de obrigação prévia – Acordo posterior com anuência do credor – Entrega efetiva de coisa diversa – Exigência de anuência expressa do credor – Segurança jurídica – Ausência de demonstração, na espécie – Incidência da súmula 7/STJ – Recurso especial improvido. I – O aval refere-se exclusivamente aos títulos de crédito e, portanto, só se presta em contrato cambiário, exigindo-se, por conseguinte, que o avalista pague somente pelo que avalizou, representando obrigação solidária. Por sua vez, a fiança constitui-se em uma garantia fidejussória ampla, passível de aplicação em qualquer espécie de obrigação e tem natureza subsidiária. Na espécie, cuida-se, portanto, de fiança; II – A origem do instituto da dação em pagamento (*datio in solutum ou pro soluto*) traduz a ideia de acordo, realizado entre o credor e o devedor, cujo caráter é liberar a obrigação, em que o credor consente na entrega de coisa diversa da avençada, nos termos do que dispõe o art. 356, do Código Civil; III – Para configuração da dação em pagamento, exige-se uma obrigação previamente criada; um acordo posterior, em que o credor concorda em aceitar coisa diversa daquela anteriormente contratada e, por fim, a entrega da coisa distinta com a finalidade de extinguir a obrigação; IV – A exigência de anuência expressa do credor, para fins de dação em pagamento, traduz, *ultima ratio*, garantia de segurança jurídica para os envolvidos no negócio jurídico, porque, de um lado, dá ao credor a possibilidade de avaliar, a conveniência ou não, de receber bem diverso do que originalmente contratado. E, por outro lado, assegura ao devedor, mediante recibo, nos termos do que dispõe o art. 320 do Código Civil, a quitação da dívida; V – Na espécie, o recorrente não demonstrou, efetivamente, a anuência expressa do credor para fins de comprovação da existência de dação em pagamento, o que enseja a vedação de exame de tal circunstância, nesta Corte Superior, por óbice da Súmula 7/STJ; VI – Recurso especial improvido. (STJ – REsp: 1138993 SP 2009/0086764-0, Relator: Ministro Massami Uyeda, Data de Julgamento: 03.03.2011, T3 – Terceira Turma, Data de Publicação: DJe 16.03.2011).

CC[86]), enquanto o aval traz como conteúdo uma relação jurídica autônoma (art. 32, LUG). Segundo, porque a fiança é um contrato (art. 818, CC[87]), enquanto o aval traduz uma obrigação cambial. Terceiro, porque na fiança, em regra, há benefício de ordem a favor do fiador (art. 827, CC[88]), enquanto no aval há solidariedade entre o avalista e o devedor principal (art. 32, LUG).[89]

	Benefício de ordem	Natureza da obrigação
Avalista	Não (art. 32, LGU)	Autônoma (art. 32, LGU)
Fiador	Sim (art. 827 CC)	Acessória (art. 837 CC) – exceções pessoais

12. AVAL POSTERIOR AO VENCIMENTO

Nos filiamos à proposta do prof. Marlon Tomazette no sentido de que o aval prestado após o vencimento pode produzir efeitos cambiais, desde que seja prestado a favor de obrigado cambial, e não de endossante posterior ao vencimento.

Só não possui efeito cambial se o avalizado não possuir mais obrigações. Não há qualquer impedimento legal para esse aval ou qualquer mudança dos efeitos desse aval; logo, não se pode concluir de modo diverso.[90]

F. VENCIMENTO

1. CONCEITO

Se verifica o vencimento quando o credor pode exigir o cumprimento da obrigação do devedor. A exigibilidade ordinária decorre do que consta no título e a extraordinária decorre de lei.

---

86. Art. 837. O fiador pode opor ao credor as exceções que lhe forem pessoais, e as extintivas da obrigação que competem ao devedor principal, se não provierem simplesmente de incapacidade pessoal, salvo o caso do mútuo feito a pessoa menor.
87. Art. 818. Pelo contrato de fiança, uma pessoa garante satisfazer ao credor uma obrigação assumida pelo devedor, caso este não a cumpra.
88. Art. 827. O fiador demandado pelo pagamento da dívida tem direito a exigir, até a contestação da lide, que sejam primeiro executados os bens do devedor. Parágrafo único. O fiador que alegar o benefício de ordem, a que se refere este artigo, deve nomear bens do devedor, sitos no mesmo município, livres e desembargados, quantos bastem para solver o débito.
89. TARTUCE, Flávio. *Direito Civil*. 10. ed. Rio de Janeiro: Forense; São Paulo: Método, 2015. v. 3: Teoria Geral dos contratos e contratos em espécie.
90. TOMAZETTE. Marlon. *Curso De Direito Empresarial*. 13. ed. 2022, v. 2, p. 162.

2. VENCIMENTO ORDINÁRIO

O vencimento ordinário em 04 (quatro) previstas na Lei Uniforme de Genebra: (I) à vista; (II) pagável em um dia fixado; (III) a um certo termo de vista; ou (IV) a um certo termo de data (art. 33, LUG[91]).

As letras, quer com vencimentos diferentes, quer com vencimentos sucessivos, são nulas.

a) Vencimento à vista

A letra à vista é pagável à apresentação. O termo "à vista" significa que o credor apresentou o título para pagamento para o devedor que teve "vista" e, por isso, deve pagar.

A letra pagável à vista deve ser apresentada para pagamento dentro do prazo de 1 (um) ano, a contar da sua data. O sacador pode reduzir esse prazo ou estipular um outro mais longo, pois os prazos podem ser encurtados pelos endossantes. O sacador pode estipular que uma letra pagável à vista não deverá ser apresentada a pagamento antes de uma certa data. Nesse caso, o prazo para a apresentação conta-se dessa data (art. 34, LUG).

Será pagável à vista a letra que não indicar a época do vencimento. Será pagável, no lugar mencionado ao pé do nome do sacado, a letra que não indicar o lugar do pagamento (art. 20, Decreto 2.044/1908).

b) Vencimento com data certa

Esta é a hipótese mais usual nos títulos de crédito, quando as partes ajustam data certa para exigir o cumprimento da obrigação de pagar.

Quando uma letra é pagável em um dia fixo em determinado lugar de pagamento, onde o calendário é diferente do lugar de emissão, a data do vencimento é determinada segundo o calendário do lugar de pagamento.

Quando uma letra, sacada entre duas praças com calendários diferentes, é pagável a certo termo de vista, o dia da emissão é ajustado ao dia correspondente do calendário do lugar de pagamento, com o objetivo de determinar a data do vencimento. Os prazos de apresentação das letras são calculados segundo as regras da alínea precedente. Essas regras não se aplicam se uma cláusula da letra,

---

91. Art. 33. Uma letra pode ser sacada: à vista; a um certo termo de vista; a um certo termo de data; pagável num dia fixado. As letras, quer com vencimentos diferentes, quer com vencimentos sucessivos, são nulas.

ou até o simples enunciado do título, indicar que houve intenção de adotar regras diferentes (art. 37, LUG).

c) Vencimento a certo termo da vista

No vencimento de uma letra a certo termo da vista, o prazo para pagamento tem início com a data do aceite ou do protesto por falta de data de aceite.

Na falta de protesto, o aceite não datado se entende, no que respeita ao aceitante, como tendo sido dado no último dia do prazo para a apresentação ao aceite (art. 35, LUG[92]).

d) Vencimento a um certo termo da data

No vencimento de uma letra a certo termo da data, o prazo para pagamento tem início com a data do saque. Na ausência da data do saque, pode o credor preencher de boa-fé.

Em que pese não ser usual o vencimento a certo termo da vista ou da data, a Lei Uniforme de Genebra apresenta regra para contagem dos prazos, a saber: o vencimento de uma letra sacada a 1 (um) ou mais meses de data ou de vista será na data correspondente do mês em que o pagamento se deve efetuar. Na falta de data correspondente, o vencimento será no último dia desse mês. Quando a letra é sacada a 1 (um) ou mais meses e meio de data ou de vista, contam-se primeiro os meses inteiros. Se o vencimento for fixado para o princípio, meado ou fim do mês, entende-se que a letra será vencível no primeiro, no dia 15 (quinze) ou no último dia desse mês. Quanto às expressões "oito dias" ou "quinze dias", entende-se não como 1 (uma) ou 2 (duas) semanas, mas como um prazo de 8 (oito) ou 15 (quinze) dias efetivos. Já a expressão "meio mês" indica um prazo de 15 (quinze) dias (art. 36, LUG).

3. VENCIMENTO EXTRAORDINÁRIO OU ANTECIPADO

O vencimento extraordinário é hipótese em que o credor pode exigir a letra fora do que ficou estipulado no título, são situações que decorrem da lei.

Mesmo que seja estipulada uma data de vencimento, em determinados casos, o título vence antecipadamente, ou seja, torna-se exigível antes do dia inicialmente

---

92. Art. 35. O vencimento de uma letra a certo termo de vista determina-se, quer pela data do aceite, quer pela do protesto. Na falta de protesto, o aceite não datado entende-se, no que respeita ao aceitante, como tendo sido dado no último dia do prazo para a apresentação ao aceite.

previsto. Determinados fatos previstos em lei autorizam o credor a exigir o pagamento do título imediatamente. Tais fatos denotam que não há motivo para se aguardar o vencimento convencionado entre as partes, uma vez que a obrigação prevista no título não irá se realizar no tempo e na forma que foi prometido.[93]

São 2 (duas) as hipóteses de vencimento extraordinário ou antecipado: (i) recusa, total ou parcial, do aceite; e (ii) falência do aceitante (art. 19, Decreto 2.044/1908[94]).

a) Recusa, total ou parcial do aceite

Como visto, o aceite é o ato pelo qual o sacado assume a obrigação de pagar a letra. Caso o sacado recuse o aceite, total ou parcialmente, o credor poderá exigir o pagamento antecipado perante o sacador.

b) Falência do aceitante

Nos casos de falência ou insolvência civil do aceitante (devedor principal), ele tenha ou não aceitado a suspensão de pagamentos, ainda que não constatada por sentença, ou de ter sido promovida, sem resultado, execução dos seus bens (art. 77, LFRE[95]).

G. PAGAMENTO

1. CONCEITO

O pagamento é o ato de cumprimento da obrigação que tem, por finalidade e consequência, a extinção de uma, algumas ou todas as obrigações representadas no título.

---

93. WHITAKER, José Maria. *Letra de câmbio*. São Paulo: Saraiva, 1928, p. 180. citado por TOMAZETTE. Marlon. *Curso De Direito Empresarial*. 13. ed. 2022. v. 2.

94. Art. 19. A letra é considerada vencida, quando protestada: I. pela falta ou recusa do aceite; II. pela falência do aceitante. O pagamento, nestes casos, continua diferido até ao dia do vencimento ordinário da letra, ocorrendo o aceite de outro sacado nomeado ou, na falta, a aquiescência do portador, expressa no ato do protesto, ao aceite na letra, pelo interveniente voluntário.

Observação: o entendimento é que, no Brasil, pela reserva legal, não se aplica o artigo 53 da Lei Uniforme, mas o artigo 19 do Decreto 2.044/1908).

95. Art. 77. A decretação da falência determina o vencimento antecipado das dívidas do devedor e dos sócios ilimitada e solidariamente responsáveis, com o abatimento proporcional dos juros, e converte todos os créditos em moeda estrangeira para a moeda do País, pelo câmbio do dia da decisão judicial, para todos os efeitos desta Lei.

Caso a obrigação seja paga pelo devedor principal, em regra o aceitante, todas as obrigações assumidas são extintas, não cabendo mais ao credor exigir a letra do devedor ou coobrigados.

Todavia, se o pagamento ocorrer por um coobrigado (sacador, endossante ou avalista), que não o devedor principal, apenas uma ou algumas obrigações serão extintas, dependendo da posição do pagador na cadeia de regresso do título.[96]

Por exemplo, vamos imaginar uma situação em que *Arthur* é sacador de uma Letra de Câmbio, *Bruce* é sacado/aceitante (devedor principal) e *Clark* é tomador (credor originário) que endossou o título de crédito para *Diana* (endossatária). No vencimento, *Diana* procura o devedor *Bruce* e ele não paga. *Diana*, após o protesto por falta de pagamento, poderá cobrar a Letra de Câmbio de *Arthur*, *Bruce* e *Clark*.

Vamos supor que *Clark* efetue o pagamento a *Diana*. Nessa situação, o pagamento efetuado por *Clark* extingue sua obrigação de coobrigado pelo pagamento e ele se sub-roga no direito de cobrar os demais, *Arthur* e *Bruce*.

Se, no caso, o pagamento para *Diana* fosse feito pelo sacador *Arthur*, estariam extintas as obrigações de *Arthur* e de *Clark*, que está em posição posterior a *Arthur* na cadeia de regresso.

Por fim, se o pagamento fosse feito pelo devedor principal, no caso *Bruce*, todas as obrigações cambiais seriam extintas.

Desse modo, se mostra relevante compreender a posição de cada participante do título de crédito e a cadeia de extinção e de regresso.

---

96. A doutrina distingue dois tipos de pagamento, de acordo com a posição do sujeito que o efetua.

    O primeiro tipo de pagamento é o pagamento extintivo, no qual a letra deixa de existir cambialmente, isto é, quem paga não terá direito a exercer com base naquele título. Tal tipo de pagamento extingue a vida útil do título de crédito, daí falar-se em pagamento extintivo. Na letra de câmbio, é o pagamento feito pelo aceitante, ou pelo sacador de letra não aceita.

    Ao lado do pagamento extintivo, temos o pagamento recuperatório que não extingue a vida útil do título de crédito, na medida em que faz nascer o direito de regresso. Tal pagamento é aquele feito por devedor indireto, quando lhe permite recuperar o valor pago dos obrigados anteriores. Ele extingue a responsabilidade de quem pagou e apenas dos obrigados posteriores, mas não extingue a letra de câmbio em si, que ainda será usada para recuperar o valor pago. (TOMAZETTE, Marlon. *Curso de direito empresarial*: títulos de crédito. 8. ed. São Paulo: Atlas, 2017. v. 2).

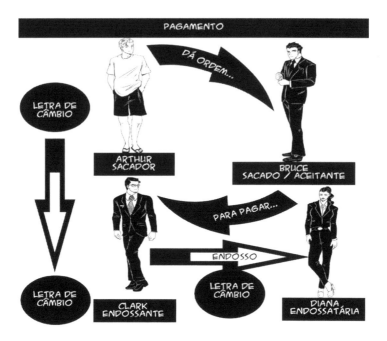

2. APRESENTAÇÃO PARA PAGAMENTO

Por se tratar de dívida quesível,[97] o credor deve apresentar ao devedor o título para pagamento no local ajustado no documento. Por conta do atributo da circulação do título de crédito, caso o credor não apresente o título ao devedor, não há segurança para o devedor pagar, por isso é fundamental a apresentação do título de crédito para pagamento.

Pelo princípio da reserva legal, a letra deve ser apresentada ao sacado ou ao aceitante para o pagamento no lugar designado e no dia do vencimento ou, sendo este dia feriado por lei, no primeiro dia útil imediato, sob pena de perder o portador o direito de regresso contra o sacador, os endossadores e os avalistas (art. 20, Decreto 2.044/1908[98]).

---

97. As dívidas podem ser quesíveis ou portáveis. No caso de dívida de natureza quesível, cabe ao credor apresentar o título para o devedor pagar, enquanto no caso de portável, é ônus do devedor buscar o credor para pagar seu débito.
98. Art. 20. A letra deve ser apresentada ao sacado ou ao aceitante para o pagamento, no lugar designado e no dia do vencimento ou, sendo este dia feriado por lei, no primeiro dia útil imediato, sob pena de perder o portador o direito de regresso contra o sacador, endossadores e avalistas. § 1º Será pagável à vista a letra que não indicar a época do vencimento. Será pagável, no lugar mencionado ao pé do nome do sacado, a letra que não indicar o lugar do pagamento. É facultada a indicação alternativa de lugares de pagamento, tendo o portador direito de opção. A letra pode ser sacada sobre uma pessoa, para ser paga no domicílio de outra, indicada pelo sacador ou pelo aceitante. § 2º No caso de recusa ou

Sobrevindo caso fortuito ou força maior, a apresentação deve ser feita logo que cessar o impedimento (art. 20, §3º, Decreto 2.044/1908).

A apresentação da letra a uma câmara de compensação equivale à apresentação para pagamento.

Em nosso ordenamento, não são admitidos dias de perdão, quer legal, quer judicial (art. 74, LUG), e, por isso, o credor deve buscar o pagamento na forma convencionada. Em caso de inadimplemento, protestar dentro do prazo legal o título por falta de pagamento, sob pena de perder o direito de cobrar os coobrigados (art. 53, LUG[99]).

2.1 Avisos de cobrança

Diante da prática do desconto bancário ou dos serviços de cobrança, é extremamente comum que os títulos de crédito estejam na posse de bancos ou de empresas de cobrança por endosso mandato ou outro instituto semelhante.

Nesses casos, é prática corriqueira o envio de avisos de cobrança (boletos bancários). Não há qualquer obrigação de fazer isso, mas é uma prática bem comum. Caso seja expedido o aviso de cobrança, passa a ser do devedor a obrigação de tomar as medidas para o pagamento do título.[100]

2.2 Falta de apresentação no prazo

Por se tratar de dívida quesível, cabe ao credor apresentar o título para pagamento para o devedor. Caso o credor não apresente no prazo estipulado em lei, não haverá a perda do direito de cobrar o devedor principal ou os coobrigados. Como visto, a perda do direito de cobrar os coobrigados decorre da falta de protesto tempestivo e não de apresentação (art. 53, LUG).

---

falta de pagamento pelo aceitante, sendo dois ou mais os sacados, o portador deve apresentar a letra ao primeiro nomeado, se estiver domiciliado na mesma praça; assim sucessivamente, sem embargo da forma da indicação na letra dos nomes dos sacados. § 3º Sobrevindo caso fortuito ou força maior, a apresentação deve ser feita, logo que cessar o impedimento.

99. Art. 53. Depois de expirados os prazos fixados: – para a apresentação de uma letra à vista ou a certo termo de vista; – para se fazer o protesto por falta de aceite ou por falta de pagamento; – para a apresentação a pagamento no caso da cláusula "sem despesas". O portador perdeu os seus direitos de ação contra os endossantes, contra o sacador e contra os outros coobrigados, à exceção do aceitante. Na falta de apresentação ao aceite no prazo estipulado pelo sacador, o portador perdeu os seus direitos de ação, tanto por falta de pagamento como por falta de aceite, a não ser que dos termos da estipulação se conclua que o sacador apenas teve em vista exonerar-se da garantia do aceite. Se a estipulação de um prazo para a apresentação constar de um endosso, somente aproveita ao respectivo endossante.

100. TOMAZETTE. Marlon. *Curso De Direito Empresarial*. 13. ed. 2022. v. 2.

Na realidade, a consequência prática pela falta de apresentação do título para pagamento atinge o devedor que, nesse caso, deverá buscar meios para extinguir sua obrigação e desonerar os efeitos da mora, como, por exemplo, efetuar o pagamento em consignação (art. 335, II, CC[101]).

2.3 Cláusula "sem despesas"

A inclusão da cláusula "sem despesas", "sem protesto" ou outra cláusula equivalente dispensa o portador de protestar o título por falta de aceite ou falta de pagamento, para poder exercer os seus direitos de ação (art. 46, LUG[102]).

Essa cláusula não dispensa o credor da apresentação da letra dentro do prazo prescrito nem tampouco dos avisos a dar, mas o desonera de precisar do protesto para manter seu direito de cobrar os coobrigados.

Vale esclarecer que se a cláusula foi escrita pelo sacador, ela passa a produzir seus efeitos em relação a todos os signatários da letra; se for inserida por um endossante ou por avalista, só produz efeito em relação a esse endossante ou avalista.

Se, apesar da cláusula escrita pelo sacador, o portador faz o protesto, as respectivas despesas serão de conta dele. Quando a cláusula emanar de um endossante ou de um avalista, as despesas do protesto, se ele for feito, podem ser cobradas de todos os signatários da letra.

3. VENCIMENTO EM DIA NÃO ÚTIL

O pagamento de uma letra cujo vencimento recai em dia feriado legal só pode ser exigido no primeiro dia útil seguinte. Da mesma maneira, todos os atos relativos a letras, especialmente a apresentação ao aceite e protesto, somente podem ser feitos em dia útil. Quando um desses atos tiver de ser realizado em um determinado prazo, e o último dia desse prazo for feriado legal, fica o dito prazo

---

101. Art. 335. A consignação tem lugar: II – se o credor não for, nem mandar receber a coisa no lugar, tempo e condição devidos;
102. Art. 46. O sacador, um endossante ou um avalista pode, pela cláusula "sem despesas", "sem protesto", ou outra cláusula equivalente, dispensar o portador de fazer um protesto por falta de aceite ou falta de pagamento, para poder exercer os seus direitos de ação. Essa cláusula não dispensa o portador da apresentação da letra dentro do prazo prescrito nem tampouco dos avisos a dar. A prova da inobservância do prazo incumbe àquele que dela se prevaleça contra o portador. Se a cláusula foi escrita pelo sacador produz os seus efeitos em relação a todos os signatários da letra; se for inserida por um endossante ou por avalista, só produz efeito em relação a esse endossante ou avalista. Se, apesar da cláusula escrita pelo sacador, o portador faz o protesto, as respectivas despesas serão de conta dele. Quando a cláusula emanar de um endossante ou de um avalista, as despesas do protesto, se for feito, podem ser cobradas de todos os signatários da letra.

prorrogado até ao primeiro dia útil que se seguir ao seu termo (art. 72, LUG), sendo que os prazos legais ou convencionais não compreendem o dia que marca o seu início (art. 73, LUG).

Para efeito cambiário, é considerado dia não útil aquele em que não houver expediente bancário para o público ou aquele em que este não obedecer ao horário normal (art. 12, § 2º, Lei 9.492/1997).

Em complemento à Lei 9.492/1997, temos o disposto na Lei 7.089/1983, que veda a cobrança de juros de mora por estabelecimentos bancários e instituições financeiras sobre títulos de qualquer natureza, cujo vencimento se dê em sábado, domingo ou feriado, desde que seja quitado no primeiro dia subsequente (art. 1º).

4. OBJETO DO PAGAMENTO

O título de crédito representa uma obrigação de pagar determinada quantia em dinheiro que pode, ou não, ser acompanhada de encargos constantes de forma literal no título, como correção monetária, juros remuneratórios ou moratórios (art. 5º LUG[103]).

O credor de um título de crédito poderá exigir do(os) devedor(es): (I) pagamento do principal do título; (II) acréscimo de juros moratórios legais de 01% (um por cento) ao mês; (III) taxa pactuada entre as partes; (IV) correção monetária; e (V) despesas (art. 48, LUG[104]), a partir do vencimento.

Se o título teve o seu vencimento antecipado por recusa do aceite, o seu valor será reduzido de acordo com as taxas bancárias vigorantes no domicílio do portador à data da execução.[105]

---

103. Art. 5º Numa letra pagável à vista ou a um certo termo de vista, pode o sacador estipular que a sua importância vencerá juros. Em qualquer outra espécie de letra a estipulação de juros será considerada como não escrita. A taxa de juros deve ser indicada na letra; na falta de indicação, a cláusula de juros é considerada como não escrita. Os juros contam-se da data da letra, se outra data não for indicada.

104. Art. 48. O portador pode reclamar daquele contra quem exerce o seu direito de ação: 1º) o pagamento da letra não aceite não paga, com juros se assim foi estipulado; 2º) os juros à taxa de 6% (seis por cento) desde a data do vencimento; 3º) as despesas do protesto, as dos avisos dados e as outras despesas.

Se a ação for interposta antes do vencimento da letra, a sua importância será reduzida de um desconto. Esse desconto será calculado de acordo com a taxa oficial de desconto (taxa de Banco) em vigor no lugar do domicílio do portador à data da ação.

105. COELHO, Fabio Ulhoa. *Manual de Direito Comercial*: Direito de Empresa. São Paulo: Ed. RT, 2021, v. 32, p. 261.

5. PAGAMENTO E QUITAÇÃO

Apresentado o título e efetuado o pagamento pelo devedor, pelo princípio da literalidade e da cartularidade, o credor deve lançar quitação no próprio título e entregá-lo ao devedor (art. 39, LUG[106]).

6. PAGAMENTO PARCIAL

O credor não pode recusar o pagamento parcial do título de crédito, pois é de interesse do devedor liquidar a dívida e afastar os efeitos, total ou parcial, da mora.

Como no caso de pagamento parcial não há como o credor entregar o título para o devedor, é necessário que o credor efetue o lançamento da quitação parcial no próprio título de crédito, liberando parcialmente o devedor da obrigação e mantendo os direitos creditórios do credor (art. 39, LUG).

7. PAGAMENTO ANTECIPADO

A regra é que o credor deve apresentar o título para pagamento no dia do vencimento, porém a lei possibilita ao devedor pagar antecipadamente a dívida.

Nesse caso, o portador de uma letra não pode ser obrigado a receber o pagamento dela antes do vencimento; sendo assim, o devedor que paga uma letra antes do vencimento o fará sob sua responsabilidade (art. 40, LUG[107]).

8. RECUSA EM RECEBER

Em alguns casos, podemos nos deparar com a recusa injustificada do credor em receber, total ou parcialmente, o valor devido ou dar quitação.

Como ocorre no caso da falta de apresentação do título para pagamento, cabe ao devedor tomar as medidas, judiciais ou extrajudiciais, para se exonerar da obrigação e dos efeitos da mora, podendo utilizar a consignação em pagamento

---

106. Art. 39. O sacado que paga uma letra pode exigir que ela lhe seja entregue com a respectiva quitação. O portador não pode recusar qualquer pagamento parcial. No caso de pagamento parcial, o sacado pode exigir que desse pagamento se faça menção na letra e que dele lhe seja dada quitação.

107. Art. 40. O portador de uma letra não pode ser obrigado a receber o pagamento dela antes do vencimento. O sacado que paga uma letra antes do vencimento fá-lo sob sua responsabilidade. Aquele que paga uma letra no vencimento fica validamente desobrigado, salvo se da sua parte tiver havido fraude ou falta grave. É obrigado a verificar a regularidade da sucessão dos endossos, mas não a assinatura dos endossantes.

(art. 334, CC[108]), mediante o depósito judicial ou em estabelecimento bancário da coisa devida[109] (art. 335, I, CC[110]).

9. OUTRAS FORMAS DE EXTINÇÃO DAS OBRIGAÇÕES

O título de crédito é um instrumento que representa a obrigação de pagar um determinado valor em dinheiro e, portanto, a liquidação da obrigação depende do pagamento na forma estipulada no título.

Todavia, por se tratar de direito patrimonial disponível, é possível a liquidação do título de crédito por todas as formas extintivas de obrigações em geral, como, por exemplo, a consignação em pagamento, dação em pagamento, novação, compensação, confusão, remissão das dívidas, transação etc., aplicando-se no caso as disposições do Código Civil.

10. CADEIA DE ANTERIORIDADE

O coobrigado que paga o título de crédito tem o direito de regresso contra o devedor principal e contra os coobrigados anteriores. As obrigações representadas por um título de crédito só se extinguem, todas, com o pagamento, pelo aceitante, do valor do crédito. Para se localizarem os coobrigados na cadeia de anterioridade das obrigações cambiais, adotam-se os seguintes critérios: a) o sacador da Letra de Câmbio é anterior aos endossantes; b) os endossantes são dispostos, na cadeia, segundo o critério cronológico; e c) o avalista se insere na cadeia em posição imediatamente posterior ao respectivo avalizado. Organizando os devedores de um título de crédito, de acordo com esses critérios, na cadeia de anterioridade, será possível definir quem, dentre eles, é credor, em regresso, de quem.[111]

Por exemplo, se *Arthur* saca Letra de Câmbio contra *Bruce* (que a aceita), em favor de *Clark*, e esse a endossa a *Diana*, que a endossa a *Eduardo*; e, além disso, se *Fábio* presta aval em branco (que beneficia, como visto, o sacador), *Giovanna* avaliza *Bruce*, *Helena* dá aval a *Clark* e *Isabel* a *Diana*, então teremos uma Letra de Câmbio com 7 devedores: o aceitante *Bruce*, o sacador *Arthur*, os endossantes

---

108. Art. 334. Considera-se pagamento, e extingue a obrigação, o depósito judicial ou em estabelecimento bancário da coisa devida, nos casos e forma legais.
109. Ver a ação de consignação em pagamento prevista nos artigos 539 a 549, CPC.
110. Art. 335. A consignação tem lugar: I – se o credor não puder, ou, sem justa causa, recusar receber o pagamento, ou dar quitação na devida forma;
111. COELHO, Fabio Ulhoa. *Manual de Direito Comercial*: Direito de Empresa. São Paulo: Ed. RT, 2021, v. 32, p. 256.

Clark e *Diana* e os avalistas *Fabio, Giovanna, Helena* e *Isabel*. A cadeia de ante-rioridade-posteridade, no caso exemplificado, seguindo-se os critérios acima, resulta: *Bruce – Giovanna – Arthur – Fabio – Clark – Helena – Diana – Isabel*.[112]

H. PROTESTO

1. CONCEITO

Protesto é o ato formal e solene pelo qual se prova a inadimplência e o descumprimento de obrigação originada em títulos e outros documentos de dívida (art. 1º, Lei 9.492/1997 – Lei de Protesto – LP). Cada legislação relacionada aos títulos de crédito possui regras específicas de protesto, sendo que na omissão de lei especial, se aplicam as regras gerais da Lei de Protesto.

O protesto é um instituto essencial para os títulos de crédito. Pelos principais da literalidade e da cartularidade, há a necessidade de que todos os atos relevantes se incorporem ao título, sendo que o protesto tem exatamente essa finalidade: fazer prova do inadimplemento de obrigação originada em títulos.

Por exemplo, se o sacado *Bruce* de uma Letra de Câmbio se recusa a aceitar a ordem dada pelo sacador *Arthur*, o tomador Clark deve protestar a letra por falta de aceite, servindo o protesto como prova da recusa, e, consequentemente, permitir que o tomador Clark exija, antecipadamente, o título perante o sacador *Arthur* (art. 43, 1º[113] e 44, LU[114]).

---

112. Exemplo adaptado de COELHO, Fábio Ulhoa. *Curso de direito comercial*. São Paulo: Saraiva, 2012, v. I, p. 286-288.

113. Art. 43. O portador de uma letra pode exercer os seus direitos de ação contra os endossantes, sacador e outros coobrigados: no vencimento; se o pagamento não foi efetuado; mesmo antes do vencimento: 1º) se houve recusa total ou parcial de aceite.

114. Art. 44. A recusa de aceite ou de pagamento deve ser comprovada por um ato formal (protesto por falta de aceite ou falta de pagamento). O protesto por falta de aceite deve ser feito nos prazos fixados para a apresentação ao aceite. Se, no caso previsto na alínea 1ª do artigo 24, a primeira apresentação da letra tiver sido feita no último dia do prazo, pode fazer-se ainda o protesto no dia seguinte. O protesto por falta de pagamento de uma letra pagável em dia fixo ou a certo termo de data ou de vista deve ser feito num dos 2 (dois) dias úteis seguintes àquele em que a letra é pagável. Se se trata de uma letra pagável à vista, o protesto deve ser feito nas condições indicadas na alínea precedente para o protesto por falta de aceite. O protesto por falta de aceite dispensa a apresentação a pagamento e o protesto por falta de pagamento. No caso de suspensão de pagamentos do sacado, quer seja aceitante, quer não, ou no caso de lhe ter sido promovida, sem resultado, execução dos bens, o portador da letra só pode exercer o seu direito de ação após apresentação da mesma ao sacado para pagamento e depois de feito o protesto. No caso de falência declarada do sacado, quer seja aceitante, quer não, bem como no caso de falência declarada do sacador de uma letra não aceitável, a apresentação da sentença de declaração de falência é suficiente para que o portador da letra possa exercer o seu direito de ação.

Para o prof. Marlon Tomazette, o protesto "é um ato cambiário público, solene e extrajudicial, feito fora do título. Em última análise, trata-se de um meio de prova especialíssimo, que goza de presunção, a princípio, inquestionável do fato demonstrado. O protesto não cria direitos, é apenas um meio especialíssimo de prova. Ele também não deve ser confundido com um meio de cobrança, pois trata-se exclusivamente de um meio de prova de um fato relevante".[115]

2. TABELIÃO DE PROTESTO DE TÍTULOS

Compete privativamente ao Tabelião de Protesto de Títulos, na tutela dos interesses públicos e privados, a protocolização, a intimação, o acolhimento da devolução ou do aceite, o recebimento do pagamento, do título e de outros documentos de dívida, bem como lavrar e registrar o protesto ou acatar a desistência do credor em relação ao mesmo, proceder às averbações, prestar informações e fornecer certidões relativas a todos os atos praticados, na forma da Lei de Protesto (art. 3º, LP).

3. ESPÉCIE DE PROTESTO

O protesto como forma de provar a inadimplência e o descumprimento de obrigação originada em títulos e outros documentos de dívida pode ser realizado não apenas em títulos de crédito, como também em qualquer instrumento que represente uma obrigação, como, por exemplo, contratos e as certidões de dívida ativa da União, dos Estados, do Distrito Federal, dos Municípios e das respectivas autarquias e fundações públicas (art. 1º, p. único, LP).

Como o protesto se relaciona à prova de vários fatos, existem diversas espécies de protesto: (I) por falta ou recusa de aceite; (II) por falta de data de aceite; (III) por falta de pagamento; e (IV) por falta de devolução do título (art. 44, LUG[116] e art. 25, LP[117]).

a) Protesto por falta ou recusa de aceite

O protesto por falta de aceite deve ser feito nos prazos fixados para a apresentação ao aceite (art. 23, LUG[118]) e dispensa a apresentação a pagamento e o protesto por falta de pagamento.

---

115. TOMAZETTE. Marlon. *Curso De Direito Empresarial*. 13. ed. 2022. v. 2.
116. Art. 44. A recusa de aceite ou de pagamento deve ser comprovada por um ato formal (protesto por falta de aceite ou falta de pagamento).
117. Art. 21. O protesto será tirado por falta de pagamento, de aceite ou de devolução.
118. Art. 23. As letras a certo termo de vista devem ser apresentadas ao aceite dentro do prazo de 1 (um) ano das suas datas. O sacador pode reduzir este prazo ou estipular um prazo maior. Esses prazos podem ser reduzidos pelos endossantes.

Apresentada a letra para protesto por falta ou recusa de aceite, o sacado será intimado pelo Tabelião de Protesto para comparecer no cartório para aceitar (art. 14[119] e 15,[120] LP).

Se o sacado comparecer e aceitar, o título seguirá seu curso normal. Se o sacado não comparecer, o Tabelião lavrará e registrará o protesto, sendo o respectivo instrumento entregue ao apresentante (art. 20, LP[121]), acarretando o vencimento antecipado da letra e o direito de o credor cobrar o sacador.

O protesto por falta de aceite dispensa a apresentação a pagamento e o protesto por falta de pagamento (art. 44, LUG).

b) Protesto por falta de data de aceite

Nos casos de letra com vencimento a certo termo da vista, é necessário constar no título a data do aceite para o início da contagem do prazo de vencimento. Nesses casos, o credor pode, de boa-fé, preencher a letra com a data.

Contudo, para se evitar discussão com relação à data inserida pelo credor, é possível este encaminhar o título para protesto por falta de data de aceite.

Apresentada a letra para protesto por falta de data de aceite, o sacado será intimado pelo Tabelião de Protesto a comparecer no cartório para datar o aceite.

Se o sacado comparecer e datar o aceite, o título seguirá seu curso normal. Se não comparecer, o Tabelião lavrará e registrará como data do aceite aquela do respectivo protesto, sendo então o instrumento de protesto entregue ao apresentante.

---

119. Art. 14. Protocolizado o título ou documento de dívida, o Tabelião de Protesto expedirá a intimação ao devedor, no endereço fornecido pelo apresentante do título ou documento, considerando-se cumprida quando comprovada a sua entrega no mesmo endereço. § 1º A remessa da intimação poderá ser feita por portador do próprio tabelião, ou por qualquer outro meio, desde que o recebimento fique assegurado e comprovado através de protocolo, aviso de recepção (AR) ou documento equivalente. § 2º A intimação deverá conter nome e endereço do devedor, elementos de identificação do título ou documento de dívida, e prazo limite para cumprimento da obrigação no Tabelionato, bem como número do protocolo e valor a ser pago.

120. Art. 15. A intimação será feita por edital se a pessoa indicada para aceitar ou pagar for desconhecida, sua localização incerta ou ignorada, for residente ou domiciliada fora da competência territorial do Tabelionato, ou, ainda, ninguém se dispuser a receber a intimação no endereço fornecido pelo apresentante. § 1º O edital será afixado no Tabelionato de Protesto e publicado pela imprensa local onde houver jornal de circulação diária. § 2º Aquele que fornecer endereço incorreto, agindo de má-fé, responderá por perdas e danos, sem prejuízo de outras sanções civis, administrativas ou penais.

121. Art. 20. Esgotado o prazo previsto no art. 12, sem que tenham ocorrido as hipóteses dos Capítulos VII e VIII, o Tabelião lavrará e registrará o protesto, sendo o respectivo instrumento entregue ao apresentante.

c) Protesto por falta de pagamento

Certamente, o protesto mais utilizado é aquele decorrente do inadimplemento do devedor em pagar o título de crédito.

O protesto por falta de pagamento de uma letra pagável em dia fixo ou a certo termo de data ou de vista deve ser feito em um dos 2 (dois) dias úteis seguintes àquele em que a letra é pagável. Como se trata de uma letra pagável à vista, o protesto deve ser feito nas condições indicadas no protesto por falta de aceite (art. 44, LUG).

Cabe reiterar que a perda do prazo de protesto por falta de pagamento acarretará a perda do direito de o credor cobrar os coobrigados, exceto se inserida a cláusula "sem despesas", "sem protesto" ou equivalente (art. 53, LUG).

Após o vencimento, o protesto sempre será efetuado por falta de pagamento, vedada a recusa da lavratura e do registro do protesto por motivo não previsto na lei cambial (art. 21, § 2º, LP).

Não se poderá tirar protesto por falta de pagamento de letra de câmbio contra o sacado não aceitante (art. 21, § 5º, LP).

No caso da falta de pagamento, o devedor (aceitante) será intimado pelo Tabelião de Protesto para comparecer no cartório para pagar.

Se o aceitante (devedor) comparecer e pagar o título, será extinta sua obrigação. No ato do pagamento, o Tabelionato de Protesto dará a respectiva quitação, e o valor devido será colocado à disposição do apresentante no primeiro dia útil subsequente ao do recebimento (art. 19, LP[122]).

Se o aceitante (devedor) não comparecer, o Tabelião lavrará e registrará protesto por falta de pagamento, com a entrega do instrumento de protesto ao apresentante.

A princípio, tal intimação não precisa ser pessoal, sendo suficiente a entrega do aviso no endereço indicado (art. 14, LP). Todavia, para fins de pedido de falência, o Superior Tribunal de Justiça já se manifestou no sentido de que é essencial

---

122. Art. 19. O pagamento do título ou do documento de dívida apresentado para protesto será feito diretamente no Tabelionato competente, no valor igual ao declarado pelo apresentante, acrescido dos emolumentos e demais despesas. § 1º Não poderá ser recusado pagamento oferecido dentro do prazo legal, desde que feito no Tabelionato de Protesto competente e no horário de funcionamento dos serviços. § 2º No ato do pagamento, o Tabelionato de Protesto dará a respectiva quitação, e o valor devido será colocado à disposição do apresentante no primeiro dia útil subsequente ao do recebimento. § 3º Quando for adotado sistema de recebimento do pagamento por meio de cheque, ainda que de emissão de estabelecimento bancário, a quitação dada pelo Tabelionato fica condicionada à efetiva liquidação. § 4º Quando do pagamento no Tabelionato ainda subsistirem parcelas vincendas, será dada quitação da parcela paga em apartado, devolvendo-se o original ao apresentante.

a identificação da pessoa que recebeu a intimação, afirmando que a gravidade de tal protesto exige uma certeza maior de que a intimação foi efetivamente realizada (art. 94, §1º, LFRE[123] e Súmula 361, STJ[124]).

d) Protesto por falta de devolução do título

Quando o sacado retiver a Letra de Câmbio enviada para aceite e não proceder à devolução dentro do prazo legal, o protesto poderá ser baseado na segunda via da letra (art. 21, § 3º, LP[125]).

4. EFEITOS DO PROTESTO

O protesto por falta de pagamento acarreta diversos efeitos: (I) manutenção do direito de cobrança dos devedores indiretos; (II) interrupção do prazo prescricional; (III) inscrição do devedor nos órgãos de proteção de crédito; e (IV) possibilita de pedido de falência por impontualidade injustificada. Já o protesto por falta de aceite acarreta o vencimento antecipado da letra perante o sacador.

a) Protesto por falta de pagamento

Com relação aos efeitos do protesto por falta de pagamento, a doutrina divide em 02 (duas) espécies: (I) obrigatório ou (II) facultativo.

É denominado como "protesto obrigatório" aquele necessário para manutenção do direito de o credor cobrar o título de crédito aos coobrigados, devedores indiretos.

O principal efeito do protesto por falta de pagamento realizado no prazo legal é a manutenção do direito de cobrar os coobrigados (sacador, endossantes e seus avalistas). Como os devedores indiretos não assumem diretamente a obrigação de pagar, eles somente serão responsabilizados se o devedor principal (aceitante) não pagar o título no vencimento e se efetuado o protesto tempestivo.

---

123. Art. 94, § 3º Na hipótese do inciso I do caput deste artigo, o pedido de falência será instruído com os títulos executivos na forma do parágrafo único do art. 9º desta Lei, acompanhados, em qualquer caso, dos respectivos instrumentos de protesto para fim falimentar nos termos da legislação específica.
124. Súmula 362, STJ – A notificação do protesto, para requerimento de falência da empresa devedora, exige a identificação da pessoa que a recebeu.
125. Art. 21. § 3º Quando o sacado retiver a letra de câmbio ou a duplicata enviada para aceite e não proceder à devolução dentro do prazo legal, o protesto poderá ser baseado na segunda via da letra de câmbio ou nas indicações da duplicata, que se limitarão a conter os mesmos requisitos lançados pelo sacador ao tempo da emissão da duplicata, vedada a exigência de qualquer formalidade não prevista na Lei que regula a emissão e circulação das duplicatas.

A perda do prazo de protesto por falta de pagamento acarretará a perda do direito de o credor cobrar os coobrigados, exceto se inserida a cláusula "sem despesas", "sem protesto" ou equivalente (art. 53, LUG).

Como não é necessário o protesto para cobrar o devedor principal e seus avalistas, o protesto é denominado "facultativo". Assim também o é no caso da inserção de cláusula "sem despesas", "sem protesto" ou equivalente. No caso de protesto facultativo, não há prazo para realização, devendo apenas o credor respeitar o prazo prescricional de cobrança da dívida representada pelo título.

b) Interrupção do prazo prescricional

O protesto cambial interrompe o prazo prescricional (art. 202, III, CC[126]) e, portanto, a contagem do prazo de prescrição interrompida recomeça a correr da data do protesto que a interrompeu (art. 202, p. único, CC[127]).

Para esse efeito, não há prazo previsto em lei, portanto, enquanto não consumada a prescrição, o protesto poderá ser realizado e interromperá a prescrição.

c) Inscrição no cadastro de inadimplentes

É fato que, na prática, o protesto extrapola sua finalidade jurídica, já que a publicidade dada pelo protesto reflete em outras esferas que impactam no crédito, como, por exemplo, na inscrição do devedor em órgãos de protesto ao crédito (Serasa Experian Serviço Central de Proteção ao Crédito – SCP, Quod, DEPS etc.) e na perda de *rating* de crédito, que é espécie de avaliação do risco de inadimplência (*default*) de um emissor de dívida junto a seu credor, o chamado risco de crédito.

Como observamos, o crédito é de suma importância na sociedade de consumo e, portanto, o inadimplemento do título de crédito, juntamente com a publicidade decorrente do protesto e das inscrições do devedor nos órgãos de protesto ao crédito acaba, frequentemente resulta na exclusão da pessoa, seja ela física ou jurídica, do mercado de crédito. Isso leva à exigência de pagamento à vista para evitar o inadimplemento.

Portanto, o protesto vai muito além de provar o inadimplemento de uma obrigação representada em título de crédito e passa a ser um meio coercitivo de cobrança do devedor diante do reflexo negativo da sua publicidade.

---

126. Art. 202. A interrupção da prescrição, que somente poderá ocorrer uma vez, dar-se-á: III – por protesto cambial.
127. Art. 202. Parágrafo único. A prescrição interrompida recomeça a correr da data do ato que a interrompeu, ou do último ato do processo para a interromper.

d) Protesto para fins falimentar

É certo que o protesto por falta de pagamento representa a prova solene do não pagamento de um título de crédito pelo sacado ou aceitante. Especificamente em relação ao aceitante, o protesto demonstra a impontualidade de um pagamento que ele se comprometeu a fazer. Ora, a impontualidade não justificada de uma dívida líquida constante de título executivo demonstra que o devedor está em dificuldades e, se tal devedor for um empresário, tais dificuldades representam uma das hipóteses de estado falimentar.

Assim, um dos efeitos do protesto é permitir o pedido de falência do devedor empresário, desde que atendidos os demais requisitos do artigo 94, I, da Lei 11.101/05. Aqui também não existe prazo para a realização desse protesto.[128]

Cabe reiterar que para fins de pedido de falência, o Superior Tribunal de Justiça já se manifestou no sentido de que é essencial a identificação da pessoa que recebeu a intimação, afirmando que a gravidade de tal protesto exige uma certeza maior de que a intimação foi efetivamente realizada (art. 94, § 1º, LFRE[129] e Súmula 361, STJ[130]). Para o Tribunal de Justiça do Estado de São Paulo, há entendimento posto na Súmula 41, em que afirma: *O protesto comum dispensa o especial para o requerimento de falência.*

e) Protesto por falta de aceite

O sacado não está obrigado a aceitar a ordem de pagamento e, caso haja a recusa, haverá o vencimento antecipado da Letra de Câmbio perante o sacador (art. 43, 1º, LUG[131]). Para que o credor possa exigir a Letra de Câmbio do sacador por falta do aceite, é preciso que o credor efetue o protesto por falta de aceite (art. 44, LUG).[132] Vale lembrar que, pelo princípio da literalidade, todo e qualquer

---

128. TOMAZETTE. Marlon. *Curso De Direito Empresarial.* 13. ed. 2022. v. 2.

129. Art. 94, § 3º Na hipótese do inciso I do caput deste artigo, o pedido de falência será instruído com os títulos executivos na forma do parágrafo único do art. 9º desta Lei, acompanhados, em qualquer caso, dos respectivos instrumentos de protesto para fim falimentar nos termos da legislação específica.

130. Súmula 362, STJ – A notificação do protesto, para requerimento de falência da empresa devedora, exige a identificação da pessoa que a recebeu.

131. Art. 43. O portador de uma letra pode exercer os seus direitos de ação contra os endossantes, sacador e outros coobrigados: no vencimento; se o pagamento não foi efetuado; mesmo antes do vencimento: 1º) se houve recusa total ou parcial de aceite.

132. Art. 44. A recusa de aceite ou de pagamento deve ser comprovada por um ato formal (protesto por falta de aceite ou falta de pagamento). O protesto por falta de aceite deve ser feito nos prazos fixados para a apresentação ao aceite. Se, no caso previsto na alínea 1ª do artigo 24, a primeira apresentação da letra tiver sido feita no último dia do prazo, pode fazer-se ainda o protesto no dia seguinte. O protesto por falta de pagamento de uma letra pagável em dia fixo ou a certo termo de data ou de vista deve ser feito num dos 2 (dois) dias úteis seguintes àquele em que a letra é pagável. Se se trata de uma letra pagável à vista, o protesto deve ser feito nas condições indicadas na alínea precedente para o protesto por falta de aceite. O protesto por falta de aceite dispensa a apresentação a pagamento e o protesto por falta de

instituto relacionado aos títulos de crédito deve constar por escrito e de forma expressa no documento; portanto, o protesto por falta de aceite é ato pelo qual o credor comprova a recursa total do aceite.

5. DESISTÊNCIA DO PROTESTO

Antes da lavratura do protesto, poderá o apresentante retirar o título ou documento de dívida, pagos os emolumentos e as demais despesas (art. 16, LP).

6. SUSTAÇÃO DE PROTESTO

A sustação de protesto ocorre antes de lavrado o protesto mediante ordem judicial (art. 17, LP).[133] Após o protesto, não é possível sustar o protesto, mas apenas os efeitos dele, como, por exemplo, a publicidade.

Cabe destacar que a sustação do protesto ou de seus efeitos é medida provisória e, portanto, é necessário que ocorra algo distinto para baixa definitiva do protesto.

7. CANCELAMENTO DO PROTESTO

A baixa definitiva do protesto por cancelamento ocorre por (I) pagamento ou (II) ordem judicial.

a) Pagamento

O pagamento realizado antes de lavrado o protesto deve ser feito diretamente no Tabelionato, no valor igual ao declarado pelo apresentante, acrescido dos emolumentos e das demais despesas (art. 19, LP).

---

pagamento. No caso de suspensão de pagamentos do sacado, quer seja aceitante, quer não, ou no caso de lhe ter sido promovida, sem resultado, execução dos bens, o portador da letra só pode exercer o seu direito de ação após apresentação da mesma ao sacado para pagamento e depois de feito o protesto. No caso de falência declarada do sacado, quer seja aceitante, quer não, bem como no caso de falência declarada do sacador de uma letra não aceitável, a apresentação da sentença de declaração de falência é suficiente para que o portador da letra possa exercer o seu direito de ação.

133. Art. 17. Permanecerão no Tabelionato, à disposição do Juízo respectivo, os títulos ou documentos de dívida cujo protesto for judicialmente sustado. § 1º O título do documento de dívida cujo protesto tiver sido sustado judicialmente só poderá ser pago, protestado ou retirado com autorização judicial. § 2º Revogada a ordem de sustação, não há necessidade de se proceder a nova intimação do devedor, sendo a lavratura e o registro do protesto efetivados até o primeiro dia útil subsequente ao do recebimento da revogação, salvo se a materialização do ato depender de consulta a ser formulada ao apresentante, caso em que o mesmo prazo será contado da data da resposta dada. § 3º Tornada definitiva a ordem de sustação, o título ou o documento de dívida será encaminhado ao Juízo respectivo, quando não constar determinação expressa a qual das partes o mesmo deverá ser entregue, ou se decorridos trinta dias sem que a parte autorizada tenha comparecido no Tabelionato para retirá-lo.

Após lavrado o protesto, o título será entregue ao apresentante e, portanto, o devedor deve buscar o credor do título para efetuar o pagamento e receber a quitação. Com o pagamento e na posse do título, ou na impossibilidade de apresentar a via original do título, da carta de anuência, o devedor deve ir ao Tabelionato para requerer administrativamente a baixa do protesto com o pagamento dos emolumentos e das demais despesas (art. 26, LP[134]).

Na hipótese de protesto em que tenha figurado apresentante por endosso--mandato, será suficiente a declaração de anuência passada pelo credor endossante.

b) Ordem judicial

O cancelamento do registro do protesto, se fundado em outro motivo que não no pagamento do título ou documento de dívida, será efetivado por determinação judicial, pagos os emolumentos devidos ao Tabelião.

Quando a extinção da obrigação decorrer de processo judicial, o cancelamento do registro do protesto poderá ser solicitado com a apresentação da certidão expedida pelo Juízo processante, com menção do trânsito em julgado, que substituirá o título ou o documento de dívida protestado.

8. PROTESTO INDEVIDO

O protesto acarreta diversos efeitos lesivos para o devedor e, portanto, a utilização indevida do instituto é considerada como ato ilícito, que pode demandar ressarcimento de danos.[135]

---

134. Art. 26. O cancelamento do registro do protesto será solicitado diretamente no Tabelionato de Protesto de Títulos, por qualquer interessado, mediante apresentação do documento protestado, cuja cópia ficará arquivada. § 1º Na impossibilidade de apresentação do original do título ou documento de dívida protestado, será exigida a declaração de anuência, com identificação e firma reconhecida, daquele que figurou no registro de protesto como credor, originário ou por endosso translativo. § 2º Na hipótese de protesto em que tenha figurado apresentante por endosso-mandato, será suficiente a declaração de anuência passada pelo credor endossante. § 3º O cancelamento do registro do protesto, se fundado em outro motivo que não no pagamento do título ou documento de dívida, será efetivado por determinação judicial, pagos os emolumentos devidos ao Tabelião. § 4º Quando a extinção da obrigação decorrer de processo judicial, o cancelamento do registro do protesto poderá ser solicitado com a apresentação da certidão expedida pelo Juízo processante, com menção do trânsito em julgado, que substituirá o título ou o documento de dívida protestado. § 5º O cancelamento do registro do protesto será feito pelo Tabelião titular, por seus Substitutos ou por Escrevente autorizado. § 6º Quando o protesto lavrado for registrado sob forma de microfilme ou gravação eletrônica, o termo do cancelamento será lançado em documento apartado, que será arquivado juntamente com os documentos que instruíram o pedido, e anotado no índice respectivo.
135. Súmula 227 STJ – A pessoa jurídica pode sofrer dano moral.

A jurisprudência do Superior Tribunal de Justiça se posicionou no sentido de que o dano moral direto decorrente do protesto indevido de título de crédito ou de inscrição indevida nos cadastros de maus pagadores prescinde de prova efetiva do prejuízo econômico, uma vez que implica "efetiva diminuição do conceito ou da reputação da empresa cujo título foi protestado", porquanto, "a partir de um juízo da experiência, [...] qualquer um sabe os efeitos danosos que daí decorrem",[136] o chamado dano moral *in re ipsa*.[137]

Todavia, a Súmula 385 do Superior Tribunal de Justiça esclarece que "*Da anotação irregular em cadastro de proteção ao crédito, não cabe indenização por dano moral, quando preexistente legítima inscrição, ressalvado o direito ao cancelamento*".

A responsabilidade pela indenização será, a princípio, da pessoa que levou o título ao protesto, uma vez que é a sua conduta que foi apta a causar o dano. Mesmo no caso de endosso translativo, a responsabilidade será do endossatário que levou o título a protesto, uma vez que é a sua conduta que gerou o dano. No endosso mandato, a responsabilidade será do endossante mandante, uma vez que o endossatário mandatário age em nome e em proveito do endossante.

No caso de culpa comprovada do endossatário mandatário, ele é quem responderá pela indenização. Já no endosso caução, a responsabilidade será do endossatário pignoratício, uma vez que ele age em nome e em proveito próprio.

Em regra, não há que se cogitar a responsabilidade do tabelião, visto que ele apenas formaliza o protesto, mas quem o faz é o próprio apresentante.

Excepcionalmente no caso de defeito na prestação do serviço, o tabelião será responsabilizado pelos danos causados pessoalmente ou por seus subordinados (Lei 9.492/97). Nesse caso, a responsabilidade não será pelo protesto em si, mas pela falha na prestação do serviço.[138]

I. AÇÃO CAMBIAL

1. CONCEITO

Para o método usado pelo Poder Judiciário para definir a situação jurídica litigiosa, dá-se o nome de *processo de conhecimento*; e ao utilizado para satisfação

---

136. STJ – REsp 487.979/RJ, Rel. Min. Ruy Rosado de Aguiar, DJ 08.09.2003.
137. STJ – AgInt no AREsp: 2042146 RJ 2021/0396481-0, Relator: Ministro Ricardo Villas Bôas Cueva, Data de Publicação: DJ 13.06.2022.
138. TOMAZETTE, Marlon. *Curso De Direito Empresarial*. 13. ed. 2022. v. 2.

forçada da obrigação inadimplida pelo devedor, atribui-se a denominação de *processo de execução*. A instauração do processo, tanto de conhecimento como de execução, é provocada pela parte interessada por meio do exercício do direito de ação – direito à prestação jurisdicional – que se especializa em ação cognitiva quando se busca a sentença, e em ação executiva, quando são os atos de satisfação material o que se pretende da jurisdição.[139]

Desse modo, se uma parte não detém título executivo e pretende o reconhecimento de determinada obrigação, deverá buscar seu direito por meio do processo de conhecimento e, se procedente o pedido, caso o devedor não cumpra a sentença, a parte poderá buscar a satisfação do direito pela via executiva, ou seja, ser detentor de título executivo, judicial ou extrajudicial é que dá o direito à parte de buscar do Poder Judiciário a satisfação do direito.

A ação executória sempre se baseará no título executivo. Célebre metáfora ao título designou de "bilhete de ingresso", ostentado pelo credor para acudir o procedimento *in executivis*.[140]

Para se ter o uso do processo de execução, é, portanto, essencial a presença de título executivo, que decorre, necessariamente, da lei. Somente é considerado título executivo o documento que o legislador deu essa característica. Um processo se iniciar com aquele propósito a partir da apresentação daquele título ao Estado-juiz que, bem entendido, orienta as atividades executivas a serem desempenhadas no exercício da função jurisdicional. Não é por outra razão, aliás, que sua apresentação é exigência feita desde a petição inicial (art. 798, I, a, CPC),[141] coroando o princípio cambiário da cartularidade.

O título executivo pode ser judicial ou extrajudicial.

No caso de o credor deter *título executivo judicial*, deverá perseguir a satisfação de seu direito mediante o procedimento de *cumprimento de sentença*, porém se detiver *título executivo extrajudicial,* o procedimento será o do *processo de execução*. Como cada espécie de procedimento – cumprimento de sentença e processo de execução – possui peculiaridades próprias, vamos estudá-los de forma separada para melhor compreensão da elaboração da peça processual correspondente, porém sem perder de vista que, em ambos, há aplicação de regras comuns (art. 711, CPC).

---

139. THEODORO JÚNIOR, Humberto. *Processo de Execução e Cumprimento da Sentença*. São Paulo: Editora LEUD – Livraria e Editora Universitária de Direito. 2017. p. 35.
140. ASSIS, Araken de. *Manual de execução*. 11. ed. São Paulo: Ed. RT, 2007. p. 99.
141. BUENO, Cassio Scarpinella. *Manual de Direito Processual Civil*. 3. ed. São Paulo: Saraiva. 2017. Volume único. p. 552.

Outrossim, é importante reiterar que tanto o cumprimento de sentença quanto o processo de execução buscam a satisfação de uma determinada obrigação consubstanciada em título executivo, judicial ou extrajudicial, respectivamente, e que em ambas as formas há possibilidade de que essa obrigação seja da espécie: (I) de pagar quantia; (II) de entrega de coisa; (III) de fazer ou; (IV) de não fazer; (V) de alimentos; e (VI) contra a Fazenda Pública.

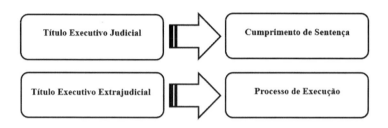

2. TÍTULOS EXECUTIVOS

O Brasil adota o princípio da tipicidade dos títulos executivos, cujo rol está expresso na lei, por critério meramente legislativo, sendo que os principais títulos estão previstos no Código de Processo Civil. Porém, há títulos executivos que estão previstos em leis extravagantes como, por exemplo, as cédulas de crédito rural (Decreto-Lei 167/1967), industrial (Decreto-Lei 413/1969) e comercial (Lei 6.840/1980 C.C.; Decreto-Lei 413/1969); os créditos dos órgãos de controle de exercício de profissão (Lei 6.206/1975), o boletim de subscrição de ação de sociedade anônima (art. 107, I, Lei 6.404/1976) etc. (art. 784, XII, CPC).

3. LETRA DE CÂMBIO

A Letra de Câmbio, assim como os demais títulos de crédito, é, por excelência, título executivo extrajudicial (art. 784, I, CPC[142]). Trata-se de uma das principais características dos títulos de crédito, que permite ao credor utilizar o processo de execução para cobrança das obrigações constantes no título de crédito sem a necessidade da análise do mérito em processo de conhecimento.

---

142. Art. 784. São títulos executivos extrajudiciais: I – a letra de câmbio, a nota promissória, a duplicata, a debênture e o cheque;

4. PRAZO PRESCRICIONAL

Para que o credor possa propor ação cambial por meio do processo de execução, é necessário observar os prazos prescricionais postos na Lei Uniforme de Genebra (art. 70, LUG[143]):

a) Devedor principal e seus avalistas

Todas as ações contra o devedor principal (aceitante) relativas às letras prescrevem em 03 (três) anos, a contar do seu vencimento ou do protesto interruptivo.

b) Devedores indiretos ou coobrigados e seus avalistas

As ações do credor contra os endossantes e contra o sacador prescrevem em 01 (um) ano, a contar da data do protesto feito em tempo útil ou da data do vencimento, caso se trate de letra que contenha cláusula "sem despesas".

c) Ações regressivas

As ações dos endossantes uns contra os outros e contra o sacador prescrevem em 6 (seis) meses, a contar do dia em que o endossante pagou a letra ou em que ele próprio foi acionado.

5. PERDA DO PRAZO PRESCRICIONAL

Se o credor não observar os prazos prescricionais previstos na lei para propositura da ação, haverá a perda do direito de propor ação cambial por meio do processo de execução baseado no título executivo extrajudicial (art. 189, CC[144]).

6. AÇÃO CAMBIAL DE LOCUPLETAMENTO

Com a perda do direito de propor ação cambial por meio do processo de execução, o credor da Letra de Câmbio pode, sem embargo da desoneração da

---

143. Art. 70. Todas as ações contra o aceitante relativas a letras prescrevem em 3 (três) anos a contar do seu vencimento. As ações do portador contra os endossantes e contra o sacador prescrevem num ano, a contar da data do protesto feito em tempo útil, ou da data do vencimento, se trata de letra que contenha cláusula "sem despesas". As ações dos endossantes uns contra os outros e contra o sacador prescrevem em 6 (seis) meses a contar do dia em que o endossante pagou a letra ou em que ele próprio foi acionado.

144. Art. 189. Violado o direito, nasce para o titular a pretensão, a qual se extingue, pela prescrição, nos prazos a que aludem os arts. 205 e 206.

responsabilidade cambial, cobrar o sacador ou o aceitante por ação de locupletamento (art. 48, Decreto 2.044/1908[145]).

Como o artigo 48 do Decreto 2.044/1908 não prevê prazo específico para a ação de locupletamento amparada em letra de câmbio ou nota promissória, utiliza-se o prazo de 3 (três) anos previsto no art. 206, § 3º, IV, do Código Civil.[146]

A ação de enriquecimento sem causa (*actio in rem verso*) tem natureza cambiária, porque está fundada na cambial que perde a sua força executiva, mas não deixa de ser título de crédito, embora seu rito seja o procedimento comum, visando ressarcir o credor dos prejuízos sofridos pelo não pagamento do título.[147]

São requisitos da ação de locupletamento:

(I) a prévia existência de uma Letra de Câmbio formalmente válida, não se podendo falar em ação de locupletamento se, anteriormente, não existiu a responsabilidade cambiária do aceitante ou do sacador;

(II) a desoneração da responsabilidade cambial desses coobrigados: o portador deixou de apresentar oportunamente o título a aceite ou pagamento, não tirou o protesto ou, segundo a opinião dominante (há divergência, a respeito), deixou prescrever a ação cambial; e

---

145. Art. 48. Sem embargo da desoneração da responsabilidade cambial, o sacador ou o aceitante fica obrigado a restituir ao portador, com os juros legais, a soma com a qual se locupletou à custa deste. A ação do portador, para este fim, é a ordinária.

146. Recurso especial. Ação de locupletamento. Nota promissória prescrita. Dúvida quanto ao fundamento da ação: art. 884 do código civil ou art. 48 do Decreto 2.044/1908. Brocardo da *mihi factum dabo tibi ius*. Aplicação do segundo dispositivo legal. Ausência de prescrição. Desnecessidade de comprovação do negócio jurídico subjacente. Presunção juris tantum do locupletamento pela só apresentação do título, acompanhado do protesto pela falta de pagamento. Violação do art. 333, I, do CPC reconhecida. 1. O juiz não está adstrito aos nomes jurídicos nem a artigos de lei indicados pelas partes, devendo atribuir aos fatos apresentados o enquadramento jurídico adequado. Aplicação do brocardo da *mihi factum dabo tibi ius*. 2. A existência de ação de locupletamento amparada em nota promissória prescrita, prevista no art. 48 do Decreto 2.044/1908 (aplicável às notas promissórias por força do art. 56 do mesmo diploma legal), desautoriza o cabimento da ação de enriquecimento sem causa amparada no art. 884 do Código Civil, por força do art. 886 seguinte. 3. Considerando que o art. 48 do Decreto 2.044/1908 não prevê prazo específico para a ação de locupletamento amparada em letra de câmbio ou nota promissória, utiliza-se o prazo de 3 (três) anos previsto no art. 206, § 3º, IV, do Código Civil, contado do dia em que se consumar a prescrição da ação executiva. 4. Na ação de locupletamento prevista na legislação de regência dos títulos de crédito, a só apresentação da cártula prescrita já é suficiente para embasar a ação, visto que a posse do título não pago pelo portador gera a presunção juris tantum de locupletamento do emitente, nada obstante assegurada a amplitude de defesa ao réu. 5. Recurso especial conhecido e parcialmente provido. (STJ – REsp: 1323468 DF 2012/0099706-3, Relator: Ministro João Otávio De Noronha, Data de Julgamento: 17.03.2016, T3 – Terceira Turma, Data de Publicação: DJe 28.03.2016 RT v. 968 p. 505).

147. ROSA JR., Luiz Emygdio F. Da. *Títulos de Crédito*. 4. ed. rev. e atual. de acordo com o novo Código Civil. Rio de Janeiro: Renovar, 2006, p. 469.

(III) que ao prejuízo sofrido pelo portador corresponda um efetivo enriquecimento por parte do aceitante ou sacador.

7. OUTRAS FORMAS DE COBRANÇA

A ação de execução e a de locupletamento previstas na Lei Uniforme de Genebra têm natureza jurídica cambial, ou seja, o fundamento para propositura das respectivas ações é o título executivo extrajudicial e não o negócio jurídico que lhe deu origem (p. ex. compra e venda, prestação de serviços, locação etc.). Portanto, poderá o credor cobrar o devedor pelo negócio jurídico subjacente, se ainda dentro do prazo prescricional.

Cabe o credor propor ação de cobrança pelo procedimento comum ou ação monitória, pelo procedimento especial previsto no Código de Processo Civil.[148]

A ação causal é baseada nas relações fundamentais que deram origem ao título, como compra e venda, mútuo etc., relações que não desaparecem com a criação do título, e que podem fundamentar a ação que lhes é própria. Contudo, caso a ação cambial esteja, por qualquer motivo, indisponível contra todos os coobrigados e o portador ainda possa se valer daquela ação causal, ele não poderá (nem lhe interessará) propor a ação de locupletamento. Esta última é o recurso extremo que a lei lhe concede – à falta da ação cambial e da causal – para ressarcir-se do prejuízo que sofreu e com o qual se houver locupletado o sacador ou o aceitante.

E ao contrário do que acontece na ação cambial, não existe a solidariedade entre aceitante e sacador, só podendo a ação de locupletamento ser proposta contra aquele que efetivamente se locupletou com o prejuízo sofrido pelo portador. E o que é exigível nesta ação não é o valor da letra, mas o quantum do enriquecimento, do qual o valor da letra não será a medida, mas o limite máximo.[149]

Nesse caso, como o credor perdeu o direito de propor a ação cambial baseada no título executivo extrajudicial, poderá exercer seu direito de ação por meio do processo de conhecimento (ação de cobrança) ou especial (ação monitória) com fundamento no negócio jurídico subjacente, servindo o título de crédito como prova de inadimplemento da obrigação.

---

148. Súmula 504 STJ – O prazo para ajuizamento de ação monitória em face do emitente de nota promissória sem força executiva é quinquenal, a contar do dia seguinte ao vencimento do título.

149. BORGES. João Eunápio. *Títulos de Crédito*. 2. ed. Rio de Janeiro: Forense, 1983, p. 133.

Capítulo III
NOTA PROMISSÓRIA

A. INTRODUÇÃO

1. LEGISLAÇÃO APLICÁVEL

A Nota Promissória é regulada pelo Lei Uniforme de Genebra (Decreto 57.663/1966[1]), a mesma norma que trata da Letra de Câmbio.

Letra de Câmbio e Nota Promissória são títulos de crédito que possuem mecanismos de funcionamento distintos, no sentido que a letra é um título à ordem de pagamento, enquanto a Nota Promissória é uma promessa de pagamento, porém possuem o mesmo regime jurídico, com especificidades que serão tratadas neste capítulo.

2. NOTA PROMISSÓRIA

Nota Promissória é um "compromisso de pagar a outrem uma certa importância em dinheiro. Ou simplesmente, é uma promessa escrita de pagar, que uma pessoa faz em favor de outra".[2] A Nota Promissória é uma promessa de pagamento, não causal, que deve conter alguns requisitos legais por meio do qual o subscritor, também denominado sacador ou emitente, assume o compromisso, direta e pessoalmente, de pagar uma determinada quantia em prol do beneficiário, também denominado tomador.

Diferentemente da Letra de Câmbio, não há aceite na Nota Promissória, já que quem assume a obrigação e o compromisso de pagar quantia determinada é o próprio sacador do título.

---

1. DECRETO 57.663, DE 24 DE JANEIRO DE 1966 (DOU 31.01.1966, ret. DOU 02.03.1966) Promulga as Convenções para adoção de uma Lei Uniforme em matéria de letras de câmbio e notas promissórias.
2. RIZZARDO, Arnaldo. *Títulos de crédito*. Rio de Janeiro: Gen, 2016, p. 149.

	N° [ ] Vencimento .... de .... de .... R$ [ ]
	Ao(s) ....
	.... pagar .... por esta única via de NOTA PROMISSÓRIA
	a .... CPF/CNPJ ....
	ou à sua ordem a quantia de [ ]
	[ ]
	em moeda corrente deste país, pagável em ....
	EMITENTE .... DATA DA EMISSÃO ..../........./.........
	CPF/CNPJ .... ENDEREÇO ....
	.... ASS. DO EMITENTE ....

B. ESTRUTURA DA NOTA PROMISSÓRIA

1. ESTRUTURA DA NOTA PROMISSÓRIA

Por se tratar de título de promessa de pagamento, há duas situações jurídicas: (a) Promitente e (b) Promissário.

O Promitente ou Subscritor é aquele que promete pagar; enquanto o Beneficiário, Tomador ou Promissário é aquele que se deve pagar.

a) Promitente, Sacador ou emitente

O promitente sacador é o emitente da Nota Promissória e é quem assume a obrigação de pagar a promessa contida no título de crédito.

b) Promissário, Tomador ou beneficiário

O promissário tomador é o credor originário do título, aquele que se beneficiará com a promessa de pagamento. Por exemplo, Arthur, dirigindo seu veículo, acidentalmente abalroou o carro de Bruce. Por conta desse acidente, prometeu pagar pelos prejuízos caudados em 30 dias (obrigação originária – indenização). Para assumir a obrigação de pagar, Arthur sacou uma Nota Promissória, representante a promessa de pagamento dos prejuízos causados a Bruce. No dia do vencimento ajustado, Bruce procurou Arthur, que honrou a promessa e pagou a quantia representada pela cártula.

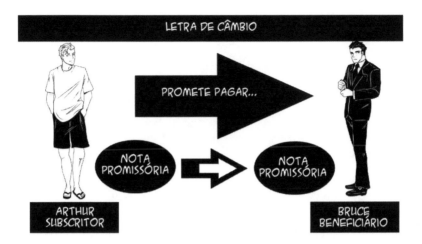

No mangá de Hiroshi Hirata com o título "O preço da Desonra", são narradas histórias do Japão do período xogunato. Nessas histórias, as lutas travadas nos territórios em conflito começaram a ser negociadas e ganharam contornos econômicos, quando honra, tradição e glória foram substituídas pelo comércio puro e simples. Por meio de uma barganha firmada após o resultado de um combate de espadas, o derrotado podia manter a cabeça sobre o pescoço... desde que pagasse a quantia certa para tanto!

Nessa situação, para que o combatente derrotado não fosse morto, ele deveria firmar uma "promissória de vida", que deve ser honrada na forma prevista no documento, sob pena de morte do emitente.[3]

---

3. HIRATA, Hiroshi. *O Preço da Desonra*. Kubidai Hikiukenin. São Paulo: Editora Pipoca & Nanquim, 2020.

C. FORMA E REQUISITOS DA NOTA PROMISSÓRIA

1. FORMA DA NOTA PROMISSÓRIA

A Nota Promissória é um título de crédito de modelo livre, ou seja, não há um formato predeterminado para sua elaboração, podendo ser usado qualquer modelo desde que o documento preencha os requisitos legais previsto na Lei Uniforme de Genebra.

Em vista da relação dos elementos indispensáveis a essa espécie de título de crédito, pode-se concluir, a exemplo do mencionado em relação à letra de câmbio, que não produzirá efeitos cambiais a nota promissória emitida ao portador, já que o nome do tomador é exigido. Também não poderá ser considerada nota o título que não tiver indicação de valor líquido ou que sujeite a exigibilidade da promessa a qualquer sorte de condição, suspensiva ou resolutiva. Uma nota, portanto, redige-se assim: "aos trinta e um de janeiro de ..., pagarei, por essa única via de nota promissória, a fulano ou à sua ordem, a importância de R$ 100.000,00 (cem mil reais). Local e data do saque, assinatura do subscritor".[4]

2. REQUISITOS DE VALIDADE

Por se tratar de um título de crédito cuja formalidade é essencial à sua validade, temos a existência de requisitos formais indispensáveis para que a Nota Promissória produza seus efeitos previstos por lei. Assim, a eventual inexistência destes requisitos poderá macular o título, impedindo a aplicação do regimento jurídico específico do Direito Cambiário.

Os requisitos de validade da Nota Promissória estão taxativamente previstos nos artigos 75 da Lei Uniforme de Genebra.[5]-[6]

---

4. COELHO, Fábio Ulhoa. *Curso de Direito Comercial*. São Paulo: Saraiva, 2007, v. 1, p. 556.
5. Art. 75. A nota promissória contém: 1. denominação "nota promissória" inserta no próprio texto do título e expressa na língua empregada para a redação desse título; 2. a promessa pura e simples de pagar uma quantia determinada; 3. a época do pagamento; 4. a indicação do lugar em que se efetuar o pagamento; 5. o nome da pessoa a quem ou à ordem de quem deve ser paga; 6. a indicação da data em que e do lugar onde a nota promissória é passada; 7. a assinatura de quem passa a nota promissória (subscritor).
6. Modelo extraído do site: https://www.cobrefacil.com.br/blog/como-preencher-nota-promissoria+. Acesso em: 23 jun. 2022.

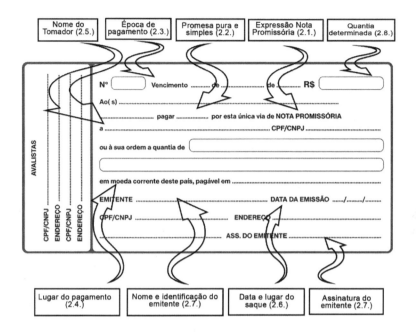

2.1 Expressão "Nota Promissória" (item 1 do artigo 75 da Lei Uniforme de Genebra)

É imprescindível que no título exista a sua denominação, contendo a expressão "Nota Promissória", que deve estar de acordo com a língua empregada no título de crédito; o português, no caso da Nota Promissória emitida no Brasil.

2.2 Promessa Puro e Simples (item 2 do artigo 75 da Lei Uniforme de Genebra)

A exigência da promessa pura e simples de pagar uma quantia determinada está relacionada ao fato de a promessa de pagamento contida neste título não depender da existência de condições diversas para ser cumprida. A Nota Promissória é um título de promessa, pura e simples, de realizar o pagamento a determinada pessoa.

2.3 Época do pagamento (item 3 do artigo 75° da Lei Uniforme de Genebra)

Trata-se de apontar o vencimento do título na cártula. Na ausência de previsão, entende-se que a Nota Promissória emitida será paga à vista, conforme disposição do artigo 76 da Lei Uniforme de Genebra.[7]

2.4 Lugar do pagamento (item 4 do artigo 75 da Lei o Uniforme de Genebra)

É a indicação do lugar onde o pagamento der ser realizado, também denominado de "praça" ou "praça de pagamento".

Ainda conforme preceitua o já citado artigo 76 da Lei Uniforme de Genebra, na falta de indicação especial, o lugar onde o título foi passado considera-se como sendo o lugar do pagamento e, ao mesmo tempo, o lugar do domicílio do subscritor da nota promissória.

2.5 Nome do tomador (item 5 do artigo 75 da Lei o Uniforme de Genebra)

O nome do promissário deverá corresponder ao nome daquele que será beneficiado com o pagamento do valor representado na Nota Promissória.

A Lei Uniforme de Genebra não admite a Nota Promissória sacada ao portador, devendo obrigatoriamente estar prevista a identificação do beneficiário da ordem.

Todavia, essa exigência só se justifica no momento da apresentação do título para pagamento; portanto, o portador do título pode, de boa-fé, preencher os dados faltantes antes da cobrança ou protesto.[8]

2.6 Data e lugar do saque (item 6 do artigo 75 da Lei o Uniforme de Genebra)

A data e o lugar do saque correspondem à data e ao local em que o título foi emitido. Segundo dispõe a última parte do artigo 76 da Lei Uniforme de Genebra,

---

7. Art. 76. O título em que faltar algum dos requisitos indicados no artigo anterior não produzirá efeito como nota promissória, salvo nos casos determinados das alíneas seguintes. A nota promissória em que se não indique a época do pagamento será considerada à vista. Na falta de indicação especial, o lugar onde o título foi passado considera-se como sendo o lugar do pagamento e, ao mesmo tempo, o lugar do domicílio do subscritor da nota promissória. A nota promissória que não contenha indicação do lugar onde foi passada considera-se como tendo-o sido no lugar designado ao lado do nome do subscritor.

8. Súmula 387 STF: A cambial emitida ou aceita com omissões ou em branco, pode ser completada pelo credor de boa-fé antes da cobrança ou do protesto.

a Nota Promissória que não contenha indicação do lugar onde foi passada considera-se como tendo-o sido no lugar designado ao lado do nome do subscritor.

2.7 Assinatura do emitente (item 7 do artigo 75 da Lei o Uniforme de Genebra)

Considerando que o saque da Nota Promissória ocorre mediante declaração unilateral de vontade do emitente, o título deverá conter a assinatura deste ou de seu procurador, ou seja, aquele que promete pagar o beneficiário e manifesta a sua declaração de vontade está apto a fazer nascer o título.

2.8 Quantia determinada

A quantia determinada equivale ao valor que será recebido pelo credor.

A expressão "quantia determinada" causava diversas controversas dentro do direito cambiário, pois para uma parte da doutrina, seria vedada a utilização de indexadores ou seria permitida a correção monetária do valor do título.

O consenso alcançado nesse sentido permitiu a utilização de indexadores ou cláusula de correção monetária, tendo em vista que a lei não veda a emissão dessas letras de câmbio. No entanto, para permitir a utilização dos indexadores ou da correção monetária, é preciso que os índices utilizados sejam oficiais ou de amplo conhecimento do comércio, de forma que qualquer pessoa interessada possa apurar o valor do título através de uma simples operação matemática.

Reitera-se que, se houver divergência entre o numeral e a descrição por extenso do valor posto no título, prevalecerá a que estiver feita por extenso (art. 6º, LUG[9]).

D. INSTITUTOS APLICÁVEIS À NOTA PROMISSÓRIA

1. REGIME JURÍDICO

Com relação aos institutos que estudamos na Letra de Câmbio, eles são aplicáveis às Notas Promissórias na parte que não sejam contrárias à natureza

---

9. Art. 6º. Se na letra a indicação da quantia a satisfazer se achar feita por extenso e em algarismos, e houver divergência entre uma e outra, prevalece a que estiver feita por extenso. Se na letra a indicação da quantia a satisfazer se achar feita por mais de uma vez, quer por extenso, quer em algarismos, e houver divergências entre as diversas indicações, prevalecerá a que se achar feita pela quantia inferior.

da Nota Promissória (art. 77, LUG[10]), ou seja, aplicamos as mesmas regras do (I) endosso (artigos 11 a 20); (II) vencimento (artigos 33 a 37); (III) pagamento (artigos 38 a 42); (IV) direito de ação por falta de pagamento (artigos 43 a 50 e 52 a 54); (V) pagamento por intervenção (artigos 55 e 59 a 63); (VI) cópias (artigos 67 e 68); (VII) alterações (artigo 69); (VIII) prescrição (artigos 70 e 71); e (IX) dias feriados, contagem de prazos e interdição de dias de perdão (artigos 72 a 74).

São igualmente aplicáveis às Notas Promissórias as disposições relativas às letras pagáveis no domicílio de terceiro ou em uma localidade diversa da do domicílio do sacado (artigos 4º e 27), à estipulação de juros (artigo 5º), às divergências das indicações da quantia a pagar (artigo 6º), às consequências da aposição de uma assinatura nas condições indicadas no artigo 7º, à assinatura de uma pessoa que age sem poderes ou excedendo os seus poderes (artigo 8º) e à letra em branco (artigo 10).

São também aplicáveis às notas promissórias as disposições relativas ao aval (artigos 30 a 32); no caso previsto na última alínea do artigo 31, se o aval não indicar a pessoa por quem é dado, entender-se-á ser pelo subscritor da nota promissória.

2. DEVEDOR DA NOTA PROMISSÓRIA

Na Nota Promissória, o devedor principal é o subscritor, ou seja, aquele que emite e promete pagar (art. 78, LUG[11]).

---

10. Art. 77. São aplicáveis às notas promissórias, na parte em que não sejam contrárias à natureza deste título, as disposições relativas às letras e concernentes: endosso (artigos 11 a 20); vencimento (artigos 33 a 37); pagamento (artigos 38 a 42); direito de ação por falta de pagamento (artigos 43 a 50 e 52 a 54); pagamento por intervenção (artigos 55 e 59 a 63); cópias (artigos 67 e 68); alterações (artigo 69); prescrição (artigos 70 e 71); dias feriados, contagem de prazos e interdição de dias de perdão (artigos 72 a 74). São igualmente aplicáveis às notas promissórias as disposições relativas às letras pagáveis no domicílio de terceiro ou numa localidade diversa da do domicílio do sacado (artigos 4º e 27), a estipulação de juros (artigo 5º), as divergências das indicações da quantia a pagar (artigo 6º), as consequências da aposição de uma assinatura nas condições indicadas no artigo 7º, as da assinatura de uma pessoa que age sem poderes ou excedendo os seus poderes (artigo 8º) e a letra em branco (artigo 10). São também aplicáveis às notas promissórias as disposições relativas ao aval (artigos 30 a 32); no caso previsto na última alínea do artigo 31, se o aval não indicar a pessoa por quem é dado, entender-se-á ser pelo subscritor da nota promissória.

11. Art. 78. O subscritor de uma nota promissória é responsável da mesma forma que o aceitante de uma letra. As notas promissórias pagáveis a certo termo de vista devem ser presentes ao visto dos subscritores nos prazos fixados no artigo 23. O termo de vista conta-se da data do visto dado pelo subscritor. A recusa do subscritor a dar o seu visto é comprovada por um protesto (artigo 25), cuja data serve de início ao termo de vista.

3. AVAL EM BRANCO

No caso do aval em branco nas Notas Promissórias, o avalizado será o emitente do título.

4. VENCIMENTO A CERTO TERMO DA VISTA

Como na Nota Promissória não se aplica o instituto do aceite, os títulos pagáveis a certo termo de vista devem ser presentes ao visto dos subscritores nos prazos fixados no artigo 23 da Lei Uniforme de Genebra.[12] O termo de vista conta-se da data do visto dado pelo subscritor. A recusa do subscritor a dar o seu visto é comprovada por um protesto (art. 25, LUG[13]), cuja data serve de início ao termo de vista.

5. AÇÃO CAMBIAL

A Nota Promissória, assim como os demais títulos de crédito, é, por excelência, título executivo extrajudicial (art. 784, I, CPC[14]). As regras relacionadas à cobrança da Nota Promissórias são as mesmas aplicáveis à Letra de Câmbio (art. 77, LUG).

6. NOTA PROMISSÓRIA VINCULADA A CONTRATO

Por conta das especificidades dos títulos de crédito, de seus princípios e atributos, adotou-se a prática de emitir Nota Promissória vinculada e conexa ao contrato que lhe serviu de causa jurídico-econômica da sua criação.

Ocorre que as Notas Promissórias vinculadas a contrato acabam por confundir a relação causal e a cartular, ou seja, atinge-se gravemente o disposto no artigo 17 da Lei Uniforme de Genebra, que veda a oposição, pelo acionado, das

---

12. Art. 23. As letras a certo termo de vista devem ser apresentadas ao aceite dentro do prazo de 1 (um) ano das suas datas. O sacador pode reduzir este prazo ou estipular um prazo maior. Esses prazos podem ser reduzidos pelos endossantes.
13. Art. 25. O aceite é escrito na própria letra. Exprime-se pela palavra "aceite" ou qualquer outra palavra equivalente; o aceite é assinado pelo sacado. Vale como aceite a simples assinatura do sacado aposta na parte anterior da letra. Quando se trate de uma letra pagável a certo termo de vista, ou que deva ser apresentada ao aceite dentro de um prazo determinado por estipulação especial, o aceite deve ser datado do dia em que foi dado, salvo se o portador exigir que a data seja da apresentação. À falta de data, o portador, para conservar os seus direitos de recurso contra os endossantes e contra o sacador, deve fazer constar essa omissão por um protesto, feito em tempo útil.
14. Art. 784. São títulos executivos extrajudiciais: I – a letra de câmbio, a nota promissória, a duplicata, a debênture e o cheque;

exceções fundadas sobre relações pessoais.[15] Em outras palavras, existindo uma origem contratual, enquanto base para o surgimento da Nota Promissória, fica incontroverso o direito de ingressar na discussão da causa da emissão e, assim, debater ou não a legalidade das condições do contrato".[16]

Arnaldo Rizzardo afirma que se a Nota Promissória tem a origem no contrato, não se pode, portanto, arredar tal direito de ampla defesa e nem proibir que se avancem as exceções pessoais. Fica o endossatário recebendo o título em circulação, ciente de que o devedor, quando acionado, estará autorizado a arguir as defesas ou exceções fundadas no negócio original.[17]

Dessa posição, podemos concluir que a Nota Promissória vinculada e anexa ao contrato não pode ser considerada como abstrata e autônoma, posição esta adotada pelo Superior Tribunal de Justiça nas Súmulas 26, 60 e 258:

Nesse sentido, há algumas súmulas que especificam essa vinculação:

- *Súmula 26, do STJ – O avalista de título de crédito vinculado a contrato de mútuo também responde pelas obrigações pactuadas, quando no contrato figurar como devedor solidário.*

- *Súmula 60, do STJ – É nula a obrigação cambial assumida por procurador do mutuário vinculado ao mutuante, no interesse exclusivo deste.*

- *Súmula 258, do STJ – A nota promissória vinculada a contrato de abertura de crédito não goza de autonomia em razão da iliquidez do título que a originou.*

O Superior Tribunal de Justiça pacificou entendimento de que "o fato de achar-se a nota promissória vinculada a contrato não a desnatura como título executivo extrajudicial",[18] com precedente no Recurso Especial 259.819/PR.[19]

Desse modo, o credor de Nota Promissória vinculada ao contrato deve, antes de perseguir o direito creditório, certificar-se das vinculações firmadas também no contrato para evitar discussão do direito de cobrança.[20]

---

15. RIZZARDO, Arnaldo. *Títulos de crédito*. Rio de Janeiro: Gen, 2016, p. 154.
16. RIZZARDO, Arnaldo. *Títulos de crédito*. Rio de Janeiro: Gen, 2016, p. 154.
17. RIZZARDO, Arnaldo. *Títulos de crédito*. Rio de Janeiro: Gen, 2016, p. 154.
18. STJ – AREsp: 1931624 SP 2021/0227220-4, Relator: Ministra Maria Isabel Gallotti, Data de Publicação: DJ 12.11.2021.
19. Processo civil – Recurso especial – Execução – Nota promissória vinculada a contrato de confissão de dívida – Executoriedade - Precedentes. 1 – Consoante entendimento desta Corte, o fato de achar-se a nota promissória vinculada a contrato não a desnatura como título executivo extrajudicial. 2 – Recurso provido para determinar o regular prosseguimento da execução. (STJ – REsp: 259819 PR 2000/0049648-0, Relator: Ministro Jorge Scartezzini, Data de Julgamento: 05.12.2006, T4 – Quarta Turma, Data de Publicação: DJ 05.02.2007 p. 237).
20. STJ – REsp: 1512395 RN 2015/0012223-8, Relator: Ministro Luis Felipe Salomão, Data de Publicação: DJ 1º.10.2019.

Capítulo IV
CHEQUE

A. INTRODUÇÃO

1. LEGISLAÇÃO APLICÁVEL

O primeiro diploma normativo sobre Cheque foi o Decreto 2.591/1912; após, surgiu a Lei Uniforme de Genebra em matéria de cheque, inserida no ordenamento jurídico pelo Decreto 57.595/1966.

Atualmente, o Cheque possui legislação própria, denominada Lei do Cheque ("LCh"), Lei 7.357/1985, sendo que em caso de omissões, deverão ser aplicadas as regras previstas na Lei Uniforme (art. 63, LCh[1]).

2. CHEQUE

O Cheque é um título a ordem de pagamento à vista (art. 32, LCh[2]), de emissão não causal lastreada em contrato de conta corrente firmado entre o emitente e o banco sacado, em virtude de fundos que o emitente possui junto ao sacado.

Diferentemente da Letra de Câmbio, não há aceite no Cheque (at. 6º, LCh[3]).

Assim, o Cheque é um título bancário formal, autônomo e abstrato, que contém uma declaração unilateral de vontade, enunciada pelo sacador por uma ordem incondicionada de pagamento à vista de sua apresentação, em dinheiro, dirigida ao sacado, em benefício do portador, correspondente à importância indicada, a ser debitada no saldo da respectiva conta corrente.[4]

---

1. Art. 63 Os conflitos de leis em matéria de cheques serão resolvidos de acordo com as normas constantes das Convenções aprovadas, promulgadas e mandadas aplicar no Brasil, na forma prevista pela Constituição Federal.
2. Art. 32 O cheque é pagável à vista. Considera-se não estrita qualquer menção em contrário. Parágrafo único. O cheque apresentado para pagamento antes do dia indicado como data de emissão é pagável no dia da apresentação.
3. Art. 6º O cheque não admite aceite considerando-se não escrita qualquer declaração com esse sentido.
4. RESTIFFE NETO, Paulo; RESTIFFE, Paulo Sergio. *Lei do cheque e novas medidas bancárias de proteção aos usuários*. 5. ed. São Paulo: Malheiros, 2012, p. 92.

Comp	Banco	Agência	C1	Número da Conta	C2	Número do Cheque	C3	R$
999	999	9999	9	99999-9	9	999999	9	

Pague por este
cheque a quantia de: _____

a _____

Banco
Pacificador

Banco
Endereço
Comarca – UF

_____de_____de_____

Clark
CPF 999.999.999-99

Cliente desde
01/2001

B. ESTRUTURA DO CHEQUE

1. ESTRUTURA DO CHEQUE

Por se tratar de título à ordem de pagamento, há 03 (três) situações jurídicas: (I) sacador; (II) sacado e (III) tomador.

a) Sacador ou emitente

O sacador é devedor principal do Cheque, sendo a figura responsável por dar a ordem de pagamento ao banco-sacado, determinando que certa quantia seja paga pelo sacado ao tomador mediante débito em conta corrente do emitente.

b) Sacado

No caso do Cheque, o sacado é sempre banco (art. 3º, LCh[5]) que recebe a ordem dada pelo sacador para o pagamento de determinada quantia para o tomador, desde que o sacador tenha fundos suficientes para pagar (art. 4º, LCh[6]).

Diferentemente do que acontece na Letra de Câmbio, o sacado não é o devedor principal, mas sim o emitente.

c) Tomador ou beneficiário

---

5. Art. 3º O cheque é emitido contra banco, ou instituição financeira que lhe seja equiparada, sob pena de não valer como cheque.

6. Art. 4º O emitente deve ter fundos disponíveis em poder do sacado e estar autorizado a sobre eles emitir cheque, em virtude de contrato expresso ou tácito. A infração desses preceitos não prejudica a validade do título como cheque. § 1º A existência de fundos disponíveis é verificada no momento da apresentação do cheque para pagamento. § 2º Consideram-se fundos disponíveis: a) os créditos constantes de conta-corrente bancária não subordinados a termo; b) o saldo exigível de conta-corrente contratual; c) a soma proveniente de abertura de crédito.

O tomador é o credor originário do Cheque, aquele que se beneficiará com a ordem de pagamento que será cumprida pelo banco sacado, desde que o emitente tenha fundos em conta.

Por exemplo, Arthur (sacador) adquiriu de Clark (tomador) antiga relíquia de Atlântida (obrigação originária – contrato de compra e venda). Para assumir a obrigação de pagar, Arthur emitiu um Cheque nominal a Clark (tomador – credor). Clark compareceu no Banco (sacado) para receber o pagamento do título.

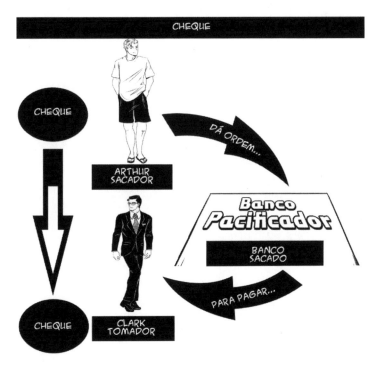

Cabe reiterar que o fato de existirem 03 (três) situações jurídicas não significa dizer que, necessariamente, existirão 03 (três) pessoas, pois mais de uma pessoa pode ocupar mais de uma situação jurídica. Por exemplo, Arthur poderia emitir um Cheque (sacador) e ser o beneficiário deste título (tomador), levando o Cheque ao Banco (sacado) para receber o valor da cártula.

C. FORMA E REQUISITOS DO CHEQUE

1. FORMA DO CHEQUE

O Cheque é um título de crédito de modelo vinculado, ou seja, deve necessariamente ser emitido no papel fornecido pelo banco sacado em talão ou avulso.

2. REQUISITOS DE VALIDADE

Por se tratar de um título de crédito cuja formalidade é essencial à sua validade, temos a existência de requisitos formais indispensáveis para que o Cheque produza seus efeitos previstos por lei. Assim, a eventual inexistência desses requisitos poderá macular o título, impedindo a aplicação do regime jurídico específico do Direito Cambiário.[7]

Os requisitos de validade do Cheque estão taxativamente previstos no artigo 1º da Lei do Cheque.[8]

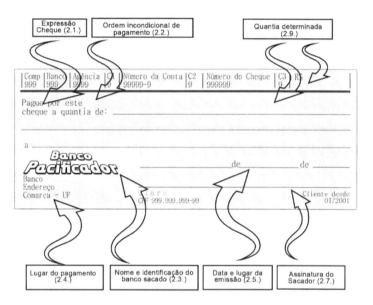

2.1 Expressão "Cheque" (art. 1º, I, LCh)

É imprescindível que no título exista a sua denominação, contendo a expressão "Cheque", que deve estar de acordo com a língua empregada no título de crédito; o português, no caso do Cheque emitido no Brasil.

---

7. ALMEIDA, Amador Paes de. 1930. *Teoria e prática dos títulos de crédito*. 28. ed. São Paulo: Saraiva. 2009, p. 115-116.
8. Art. 1º O cheque contêm: I – a denominação "cheque" inscrita no contexto do título e expressa na língua em que este é redigido; II – a ordem incondicional de pagar quantia determinada; III – o nome do banco ou da instituição financeira que deve pagar (sacado); IV – a indicação do lugar de pagamento; V – a indicação da data e do lugar de emissão; VI – a assinatura do emitente (sacador), ou de seu mandatário com poderes especiais. Parágrafo único. A assinatura do emitente ou a de seu mandatário com poderes especiais pode ser constituída, na forma de legislação específica, por chancela mecânica ou processo equivalente.

2.2 Ordem incondicional de pagamento (art. 1º, II, LCh)

A exigência da ordem incondicional de pagar quantia determinada está relacionada ao fato de a ordem de pagamento contida neste título não depender da existência de condições diversas para ser cumprida. A letra de Câmbio é um título à ordem, pura e simples, de realizar o pagamento a determinada pessoa.

2.3 Nome e identificação do banco sacado (art. 1º, III, LCh)

O Cheque sempre é emitido contra um banco, o qual deve constar na cártula, sob pena de não valer como Cheque (art. 3º LCh).

2.4 Lugar do pagamento (art. 1º, IV, LCh)

É a indicação do lugar onde o pagamento deve ser realizado, também denominado de "praça" ou "praça de pagamento". No caso do Cheque, a regra é que o pagamento seja realizado na praça da agência bancária onde o sacador possui conta corrente.

Nos termos da lei, na falta de indicação especial, é considerado lugar de pagamento o lugar designado junto ao nome do sacado; se designados vários lugares, o cheque é pagável no primeiro deles; não existindo qualquer indicação, o cheque é pagável no lugar de sua emissão (art. 2º, I, LCh[9]).

2.5 Data e lugar da emissão (art. 1º, V, LCh)

A data e o lugar do saque correspondem à data e ao local em que o título foi emitido. Segundo dispõe o inciso II do artigo 2º da Lei do Cheque,[10] não indicado o lugar de emissão, considera-se emitido o cheque no lugar indicado junto ao nome do emitente.

O cheque pode ser pagável no domicílio de terceiro, quer na localidade em que o sacado tenha domicílio, quer em outra, desde que o terceiro seja o banco (at. 11, LCh).

---

9. Art. 2º O título, a que falte qualquer dos requisitos enumerados no artigo precedente não vale como cheque, salvo nos casos determinados a seguir: I – na falta de indicação especial, é considerado lugar de pagamento o lugar designado junto ao nome do sacado; se designados vários lugares, o cheque é pagável no primeiro deles; não existindo qualquer indicação, o cheque é pagável no lugar de sua emissão.

10. Art. 2º O título, a que falte qualquer dos requisitos enumerados no artigo precedente não vale como cheque, salvo nos casos determinados a seguir: II – não indicado o lugar de emissão, considera-se emitido o cheque no lugar indicado junto ao nome do emitente.

2.6 Quantia determinada (art. 1º, II, LCh)

A quantia determinada é expressão prevista no inciso II do artigo 1º da Lei do Cheque e equivale ao valor que será recebido pelo credor do título.

Diferentemente de outros títulos, na Lei de Cheque, há vedação de estipulação de juros inserida na cártula (art. 10, LCh[11]).

Feita a indicação da quantia em algarismos e por extenso, prevalece esta no caso de divergência. Se a quantia for indicada mais de uma vez, quer por extenso, quer por algarismos, no caso de divergência, prevalece a indicação da menor quantia (art. 12, LCh).

2.7 Assinatura do sacador (art. 1º, VI, LCh)

A emissão do Cheque ocorre mediante declaração unilateral de vontade do sacador ou de seu mandatário com poderes especiais. A vontade do emitente ocorre por meio de sua assinatura.

A assinatura do emitente ou a de seu mandatário com poderes especiais pode ser constituída, na forma de legislação específica, por chancela mecânica ou processo equivalente (art. 1º, p. único, LCh).

As obrigações contraídas no cheque são autônomas e independentes entre si, preservando o princípio da autonomia tratada no Capítulo I deste livro.

A assinatura de pessoa capaz cria obrigações para o signatário, mesmo que o cheque contenha assinatura de pessoas incapazes de se obrigar por cheque, ou assinaturas falsas, ou assinaturas de pessoas fictícias, ou assinaturas que, por qualquer outra razão, não poderiam obrigar as pessoas que assinaram o cheque ou em nome das quais ele foi assinado (art. 13, LCh).

Assim, obriga-se pessoalmente quem assina cheque como mandatário ou representante sem ter poderes para tal ou quem excede os que lhe foram conferidos. Pagando o cheque, tem os mesmos direitos daquele em cujo nome assinou (art. 14, Lch).

Evidentemente que o emitente garante o pagamento do Cheque, considerando-se não escrita a declaração pela qual se exima dessa garantia (art. 15, LCh).

---

11. Art. 10 Considera-se não escrita a estipulação de juros inserida no cheque.

D. INSTITUTOS APLICÁVEIS AO CHEQUE

1. REGIME JURÍDICO

O Cheque possui legislação própria, denominada Lei do Cheque ("LCh"), Lei sob 7.357/1985, sendo que em caso de omissões, deverão ser aplicadas as regras previstas na Lei Uniforme (art. 63, LCh[12]).

Diante das peculiaridades da legislação cambial do Cheque, devemos analisar os institutos jurídicos específicos do Cheque e, quando aplicável, as disposições gerais da Lei Uniforme ou do Código Civil.

2. BANCO

A primeira peculiaridade do Cheque é o fato de o destinatário da ordem de pagamento (sacado) ser sempre um banco ou instituição financeira que lhe seja equiparada, sob pena de não valer como Cheque (art. 3º, LCh).

Com a apresentação do Cheque pelo credor, o banco está obrigado a efetuar o pagamento se houver fundos na conta corrente do emitente, independentemente de qualquer ajuste de data entre emitente e credor, pois o Cheque é título de pagamento à vista,[13] ou seja, pago mediante apresentação do credor perante o banco sacado (art. 32, LCh).

Não há necessidade de o banco aceitar o Cheque para pagar (at. 6º, LCh), mas sim que o emitente devedor tenha depositado em sua conta corrente no banco sacado quantia suficiente para liquidação do título (art. 4º, LCh), sob pena deste ser devolvido ao credor sem pagamento e com declaração de ausência de fundos.

---

12. Art. 63 Os conflitos de leis em matéria de cheques serão resolvidos de acordo com as normas constantes das Convenções aprovadas, promulgadas e mandadas aplicar no Brasil, na forma prevista pela Constituição Federal.
13. Trataremos do cheque pós-datado em momento oportuno.

a) Endosso

É vedado ao banco sacado efetuar endosso (art. 18, §1º, LCh[14]), sendo que o endosso ao banco sacado vale apenas como quitação, salvo no caso de o banco sacado ter vários estabelecimentos e o endosso ser feito em favor de estabelecimento diverso daquele contra o qual o cheque foi emitido (art. 18, §2º, LCh[15]).

b) Aval

É vedado ao banco sacado avalizar o Cheque (art. 29, LCh[16]).

3. TÍTULO NOMINATIVO

O Cheque emitido com valor acima de R$ 100,00 (cem reais) deve ser apresentado com a identificação do credor (título nominativo), sendo vedado o pagamento pelo banco se o cheque for apresentado sem referida identificação (art. 69, Lei 9.069/1995[17]).

Essa regra traz maior proteção ao devedor e ao banco, pois será possível identificar o beneficiário do pagamento.

4. DEVEDOR PRINCIPAL

No Cheque, o devedor principal é seu emitente.[18] Em que pese o pagamento ocorrer por meio do banco, este somente cumprirá a obrigação do emitente se houver fundos disponíveis em conta. Inexiste, em regra, responsabilidade da instituição financeira em caso de não pagamento do Cheque por falta de recursos do emitente, já que o banco não é coobrigado pela obrigação de pagar representada pelo título de crédito.

---

14. Art. 18, § 1º São nulos o endosso parcial e o do sacado.
15. Art. 18, § 2º Vale como em branco o endosso ao portador. O endosso ao sacado vale apenas como quitação, salvo no caso de o sacado ter vários estabelecimentos e o endosso ser feito em favor de estabelecimento diverso daquele contra o qual o cheque foi emitido.
16. Art. 29 O pagamento do cheque pode ser garantido, no todo ou em parte, por aval prestado por terceiro, exceto o sacado, ou mesmo por signatário do título.
17. Art. 69. A partir de 1º de julho de 1994, fica vedada a emissão, pagamento e compensação de cheque de valor superior a R$ 100,00 (cem reis), sem identificação do beneficiário. Parágrafo único. O Conselho Monetário Nacional regulamentará o disposto neste artigo.
18. COELHO, Fabio Ulhoa. *Manual de Direito Comercial*: Direito de Empresa. São Paulo: Ed. RT, 2021, v. 32, p. 269.

5. ENDOSSO

O instituto do endosso é aplicável ao Cheque e está previsto entre os artigos 17 a 28 da Lei do Cheque.[19]

---

19. Art. 17 O cheque pagável a pessoa nomeada, com ou sem cláusula expressa "à ordem", é transmissível por via de endosso.

§ 1º O cheque pagável a pessoa nomeada, com a cláusula ''não à ordem'', ou outra equivalente, só é transmissível pela forma e com os efeitos de cessão.

§ 2º O endosso pode ser feito ao emitente, ou a outro obrigado, que podem novamente endossar o cheque.

Art. 18. O endosso deve ser puro e simples, reputando-se não escrita qualquer condição a que seja subordinado.

§ 1º São nulos o endosso parcial e o do sacado.

§ 2º Vale como em branco o endosso ao portador. O endosso ao sacado vale apenas como quitação, salvo no caso de o sacado ter vários estabelecimentos e o endosso ser feito em favor de estabelecimento diverso daquele contra o qual o cheque foi emitido.

Art. 19. O endosso deve ser lançado no cheque ou na folha de alongamento e assinado pelo endossante, ou seu mandatário com poderes especiais.

§ 1º O endosso pode não designar o endossatário. Consistindo apenas na assinatura do endossante (endosso em branco), só é válido quando lançado no verso do cheque ou na folha de alongamento.

§ 2º A assinatura do endossante, ou a de seu mandatário com poderes especiais, pode ser constituída, na forma de legislação específica, por chancela mecânica, ou processo equivalente.

Art. 20. O endosso transmite todos os direitos resultantes do cheque. Se o endosso é em branco, pode o portador:

I – completá-lo com o seu nome ou com o de outra pessoa;

II – endossar novamente o cheque, em branco ou a outra pessoa;

III – transferir o cheque a um terceiro, sem completar o endosso e sem endossar.

Art. 21. Salvo estipulação em contrário, o endossante garante o pagamento.

Parágrafo único. Pode o endossante proibir novo endosso; neste caso, não garante o pagamento a quem seja o cheque posteriormente endossado.

Art. 22. O detentor de cheque "à ordem" é considerado portador legitimado, se provar seu direito por uma série ininterrupta de endossos, mesmo que o último seja em branco. Para esse efeito, os endossos cancelados são considerados não-escritos.

Parágrafo único. Quando um endosso em branco for seguido de outro, entende-se que o signatário deste adquiriu o cheque pelo endosso em branco.

Art. 23. O endosso num cheque passado ao portador torna o endossante responsável, nos termos das disposições que regulam o direito de ação, mas nem por isso converte o título num cheque ''à ordem''.

Art. 24. Desapossado alguém de um cheque, em virtude de qualquer evento, novo portador legitimado não está obrigado a restituí-lo, se não o adquiriu de má-fé.

Parágrafo único. Sem prejuízo do disposto neste artigo, serão observadas, nos casos de perda, extravio, furto, roubo ou apropriação indébita do cheque, as disposições legais relativas à anulação e substituição de títulos ao portador, no que for aplicável.

Art. 25. Quem for demandado por obrigação resultante de cheque não pode opor ao portador exceções fundadas em relações pessoais com o emitente, ou com os portadores anteriores, salvo se o portador o adquiriu conscientemente em detrimento do devedor.

Art. 26. Quando o endosso contiver a cláusula ''valor em cobrança'', ''para cobrança'', ''por procuração'', ou qualquer outra que implique apenas mandato, o portador pode exercer todos os direitos resultantes

As regras postas na Lei do Cheque, basicamente, estão em consonância com aquelas tratadas no Capítulo II deste Livro sobre Letra de Câmbio e, portanto, remetemos o leitor ao item D do referido capítulo, no qual tratamos com maiores detalhes sobre este instituto.

Todavia, por se tratar de um título no qual o sacado é, necessariamente, um banco, é importante reiterar que: (i) o endosso pelo banco sacado é nulo (art. 18, § 1º. LCh); e (ii) que o endosso feito ao sacado equivale à quitação, exceto no caso de o sacado ter vários estabelecimentos e o endosso ser feito em favor de estabelecimento diverso daquele contra o qual o cheque foi emitido. (art. 18, § 2º, LCh).

Endosso quitação significa dizer que, quando o banco recebe o Cheque e lança uma declaração no verso do título, ele está apontando a liquidação do título, ou seja, declarando que o credor recebeu o valor constante na cártula.[20]

Há posicionamento doutrinário sobre a incompatibilidade do "endosso--caução"[21] no Cheque,[22] porém senti na pele que esse instituto existe e é bem

---

do cheque, mas só pode lançar no cheque endosso-mandato. Neste caso, os obrigados somente podem invocar contra o portador as exceções oponíveis ao endossante.

Parágrafo único. O mandato contido no endosso não se extingue por morte do endossante ou por superveniência de sua incapacidade.

Art. 27. O endosso posterior ao protesto, ou declaração equivalente, ou à expiração do prazo de apresentação produz apenas os efeitos de cessão. Salvo prova em contrário, o endosso sem data presume-se anterior ao protesto, ou declaração equivalente, ou à expiração do prazo de apresentação.

Art. 28. O endosso no cheque nominativo, pago pelo banco contra o qual foi sacado, prova o recebimento da respectiva importância pela pessoa a favor da qual foi emitido, e pelos endossantes subsequentes.

Parágrafo único. Se o cheque indica a nota, fatura, conta cambial, imposto lançado ou declarado a cujo pagamento se destina, ou outra causa da sua emissão, o endosso pela pessoa a favor da qual foi emitido, e a sua liquidação pelo banco sacado provam a extinção da obrigação indicada.

20. Uma peculiaridade, ainda vigente, no que tange ao endosso do cheque, é a existência do endosso-quitação ou endosso-recolhimento, vale dizer, o endosso feito ao sacado vale como quitação do cheque (Lei 7.357/85 – art. 18, § 2º), salvo se for feito a estabelecimento diverso. É o que ocorre quando se faz um saque de um cheque na boca do caixa. Nesses casos, o beneficiário deverá assinar o título no verso, endossando-o ao banco. Tal endosso, contudo, não visa a transferir o crédito, mas essencialmente a provar que o cheque foi pago. (TOMAZETTE, Marlon. *Curso De Direito Empresarial*. 13. ed. 2022, v. 2, p. 247).

21. O cheque de valor superior a R$ 100,00 deve adotar, necessariamente, a forma nominativa e pode conter a cláusula "à ordem" ou a cláusula "não à ordem". A sua circulação, portanto, segue o regramento da circulação da letra de câmbio. Salientem-se, no entanto, três diferenças em relação a tal disciplina: a) não se admite o endosso-caução, em razão da natureza do cheque de ordem de pagamento à vista; b) o endosso feito pelo sacado é nulo como endosso, valendo apenas como quitação, salvo se o sacado tiver mais de um estabelecimento e o endosso feito por um deles em cheque a ser pago por outro estabelecimento (art. 18, §§ 1º e 2º); c) o endosso feito após o prazo para apresentação é tardio e, por isso, gera os efeitos de cessão civil de crédito (art. 27). (COELHO, Fabio Ulhoa. *Manual de Direito Comercial*: Direito de Empresa. São Paulo: Ed. RT, 2021, v. 32, p. 268-269).

22. Fran Martins ressalta que outra peculiaridade, no cheque, seria a inexistência do endosso caução, pela falta de previsão específica na lei do cheque. Esta prevê o endosso mandato, mas ignora o endosso

atual quando minha esposa (na época noiva) optou por alugar um vestido para nosso casamento. Na ocasião, para garantir a devolução do vestido, a loja de locação exigiu fosse emitido um Cheque em garantia que, se eu não o emitisse, certamente não estaria casado neste momento. Outra hipótese de prática recorrente é o cheque ser emitido para "caução" de locação imobiliária.

6. AVAL

Do mesmo modo que o endosso, o instituto do aval é aplicável ao Cheque e está previsto entre os artigos 29 a 31 da Lei do Cheque.[23]

As regras postas na Lei do Cheque, basicamente, estão em consonância com aquelas tratadas no Capítulo II deste Livro e, portanto, remetemos o leitor ao item C do referido capítulo, no qual tratamos com maiores detalhes sobre este instituto.

Contudo, por se tratar de um título no qual o sacado é, necessariamente, um banco, é importante reiterar que: (i) o aval dado pelo banco sacado é nulo (art. 29, LCh); e (ii) que no aval em branco, considera-se avalizado o emitente (art. 30, p. único, LCh).[24]

---

caução e, por isso, ele afirma que tal modalidade de endosso impróprio não seria admissível no cheque.

Pontes de Miranda, por sua vez, discorda de tal conclusão, asseverando, a nosso ver com razão, que embora a Lei no 7.357/85 não trate especificamente do endosso-caução no cheque, ele seria perfeitamente aplicável a esse título.

Embora não tenha muita utilidade prática, não vemos qualquer impedimento a penhor de um título à vista, como o cheque. Tal conclusão é corroborada pela previsão do artigo 918 do Código Civil, que tem aplicação no silêncio das legislações especiais dos títulos de crédito. (TOMAZETTE. Marlon. *Curso De Direito Empresarial*. 13. ed. 2022, v. 2, p. 247).

23. Art. 29 O pagamento do cheque pode ser garantido, no todo ou em parte, por aval prestado por terceiro, exceto o sacado, ou mesmo por signatário do título.

Art. 30 O aval é lançado no cheque ou na folha de alongamento. Exprime-se pelas palavras "por aval", ou fórmula equivalente, com a assinatura do avalista. Considera-se como resultante da simples assinatura do avalista, aposta no anverso do cheque, salvo quando se tratar da assinatura do emitente.

Parágrafo único. O aval deve indicar o avalizado. Na falta de indicação, considera-se avalizado o emitente.

Art. 31 O avalista se obriga da mesma maneira que o avalizado. Subsiste sua obrigação, ainda que nula a por ele garantida, salvo se a nulidade resultar de vício de forma.

Parágrafo único. O avalista que paga o cheque adquire todos os direitos dele resultantes contra o avalizado e contra os obrigados para com este em virtude do cheque.

24. No tocante ao aval, a lei estabelece que o aval em branco, aquele que não identifica o avalizado, favorece o sacador (art. 30, parágrafo único); além disso, proíbe-se o aval por parte do sacado (art. 29). No mais, aplica-se o mesmo regime reservado ao aval da letra de câmbio. (COELHO, Fabio Ulhoa. *Manual de Direito Comercial*: Direito de Empresa. São Paulo: Ed. RT, 2021, v. 32, p. 269).

7. MODALIDADES DE CHEQUE

O Cheque é e sempre será uma ordem de pagamento à vista (art. 32, LCh), ou seja, pago mediante a apresentação do título ao banco sacado. Todavia, admite-se que certos Cheques possuam características próprias, que fazem incidir regras especiais, diversas das comumente usadas para o Cheque. Nesses casos, fala-se em modalidades do Cheque,[25] que nada mais são do que Cheques com certas regras especiais sobre seu uso.[26]

a) Cheque Visado (art. 7º, LCh[27])[28]

O Cheque Visado é aquele em que o banco certifica e declara para o credor que o emitente possui saldo suficiente para liquidar o título quando da liquidação, ficando o banco obrigado a reservar a quantia da conta corrente do emitente pelo prazo de apresentação, sem que fiquem exonerados o emitente, os endossantes e os demais coobrigados.

Nessa hipótese, o banco, ao visar o cheque, fica responsável por manter os fundos disponíveis durante o prazo de apresentação.[29]

Por exemplo, *Bruce*, credor de um Cheque emitido por *Arthur*, deseja assegurar que, quando for apresentar o título para pagamento, exista saldo suficiente em conta corrente de *Arthur* no banco *Pacificador* e, por isso, procura a referida instituição financeira para reservar a quantia constante no título pelo prazo de apresentação. O banco *Pacificador*, com o pedido de vista do Cheque feito por *Bruce*, lança no título sua vista e reserva, pelos fundos constantes na conta corrente de *Arthur*, a quantia constante no Cheque pelo prazo de apresentação.

---

25. MARTINS, Fran. *Títulos de crédito*. 5. ed. Rio de Janeiro: Forense, 1995, v. 2, p. 114.
26. TOMAZETTE. Marlon. *Curso De Direito Empresarial*. 13. ed. 2022, v. 2, p. 276.
27. Art. 7º Pode o sacado, a pedido do emitente ou do portador legitimado, lançar e assinar, no verso do cheque não ao portador e ainda não endossado, visto, certificação ou outra declaração equivalente, datada e por quantia igual à indicada no título. § 1º A aposição de visto, certificação ou outra declaração equivalente obriga o sacado a debitar à conta do emitente a quantia indicada no cheque e a reservá-la em benefício do portador legitimado, durante o prazo de apresentação, sem que fiquem exonerados o emitente, endossantes e demais coobrigados. § 2º O sacado creditará à conta do emitente a quantia reservada, uma vez vencido o prazo de apresentação; e, antes disso, se o cheque lhe for entregue para inutilização.
28. Modelo do cheque visado extraído do livro – TOMAZETTE, Marlon. *Curso De Direito Empresarial*. 13. ed. 2022, v. 2, p. 277.
29. Ação de reparação por danos morais – Erro do Banco que devolveu indevidamente cheque visado – Ausência de danos consideráveis e indenizáveis – Obrigação de indenizar não caracterizada – Sentença de improcedência mantida – Recurso desprovido. (TJ-SP – APL: 00050631420148260358 SP 0005063-14.2014.8.26.0358, Relator: Maurício Pessoa, Data de Julgamento: 20.02.2017, 14ª Câmara de Direito Privado, Data de Publicação: 20.02.2017).

b) *Cheque Administrativo (art. 9º, III, LCh[30])*

O Cheque Administrativo é aquele emitido pelo próprio banco contra ele mesmo, ou seja, o banco está na situação jurídica de sacador e sacado.[31]

Obviamente que a emissão pelo banco contra ele mesmo ocorre a pedido de um cliente que utilizará o Cheque Administrativo para pagar o credor nomeado no título.[32]

Esta modalidade é muito utilizada nos casos de compra e venda de imóveis, pois garante ao vendedor (credor) que o valor representado pelo Cheque Administrativo será recebido, independentemente de saldo na conta do comprador, pois o devedor do Cheque Administrativo é o banco emitente e sacado e não o comprador do imóvel. Evidentemente que, para emissão do Cheque Administrativo, o comprador do imóvel deve fazer a contratação com o banco e depositar o valor do Cheque e das taxas bancárias.

---

30. Art. 9º O cheque pode ser emitido: III – contra o próprio banco sacador, desde que não ao portador.
31. Uma das espécies mais conhecidas de cheque administrativo, que possui algumas particularidades, é o cheque de Viajante (*traveller's check*). Trata-se de uma ordem de pagamento à vista que um banco emite contra qualquer um de seus estabelecimentos e que deve ser firmado pelo credor em dois momentos distintos: na aquisição e na liquidação. Destina-se a conferir maior segurança aos viajantes, que não precisam transportar dinheiro. (COELHO, Fabio Ulhoa. *Manual de Direito Comercial*: Direito de Empresa. São Paulo: Ed. RT, 2021, v. 32, p. 269-270).
32. O cheque administrativo é muito utilizado por fornecer maior segurança quanto ao recebimento do valor. Caracterizado pela sua nominatividade, é um autossaque, sendo que a instituição financeira emite contra si um cheque. Ao mesmo tempo o banco ocupará a situação jurídica de quem dá a ordem de pagamento e a de seu destinatário. (FINKELSTEIN, Maria Eugênia. *Manual de direito empresarial*. 8. ed. rev., ampl. e reform. São Paulo: Atlas, 2016, p. 252).

c) Cheque Cruzado (art. 44[33] e 45,[34] LCh)

O Cheque Cruzado é aquele em que o emitente ou o portador lança na cártula dois traços paralelos no anverso do título.

Se o emitente ou portador não indicar entre os traços paralelos um banco ou apenas indicar a expressão genérica "banco" ou outra equivalente, há o denominado "Cheque Cruzado Geral". Contudo, se o emitente ou portador não indicar entre os traços o nome de um banco, o cruzamento é especial (art. 44, § 1º, LCh). O cruzamento geral pode ser convertido em especial, mas este não pode se converter naquele (art. 44, § 2º, LCh).

A inutilização do cruzamento ou a do nome do banco é reputada como não existente (art. 44, § 3º, LCh).[35]

c.1) Cheque Cruzado Geral

O Cheque com cruzamento geral só pode ser pago pelo sacado a banco ou cliente do sacado mediante crédito em conta (art. 45, LCh).

Desse modo, o banco só pode adquirir Cheque Cruzado de cliente seu ou de outro banco. Só pode cobrá-lo por conta de tais pessoas (art. 45, § 1º, LCh).

Ou seja, na prática, o credor de Cheque Cruzado Geral somente poderá receber a quantia representada pelo Cheque mediante deposito em conta, não podendo descontar a cártula no caixa da instituição financeira, popularmente chamado de pagamento na "boca do caixa".

---

33. Art. 44 O emitente ou o portador podem cruzar o cheque, mediante a aposição de dois traços paralelos no anverso do título. § 1º O cruzamento é geral se entre os dois traços não houver nenhuma indicação ou existir apenas a indicação "banco", ou outra equivalente. O cruzamento é especial se entre os dois traços existir a indicação do nome do banco. § 2º O cruzamento geral pode ser convertido em especial, mas este não pode converter-se naquele. § 3º A inutilização do cruzamento ou a do nome do banco é reputada como não existente.

34. Art. 45 O cheque com cruzamento geral só pode ser pago pelo sacado a banco ou a cliente do sacado, mediante crédito em conta. O cheque com cruzamento especial só pode ser pago pelo sacado ao banco indicado, ou, se este for o sacado, a cliente seu, mediante crédito em conta. Pode, entretanto, o banco designado incumbir outro da cobrança. § 1º O banco só pode adquirir cheque cruzado de cliente seu ou de outro banco. Só pode cobrá-lo por conta de tais pessoas. § 2º O cheque com vários cruzamentos especiais só pode ser pago pelo sacado no caso de dois cruzamentos, um dos quais para cobrança por câmara de compensação. § 3º Responde pelo dano, até a concorrência do montante do cheque, o sacado ou o banco portador que não observar as disposições precedentes.

35. Para identificar o título destinado ao serviço de compensação, utiliza-se o cheque cruzado, caracterizado por duas linhas paralelas cortando o cheque, indicando que o mesmo só pode ser pago de banco para banco ou a um cliente do banco sacado. Tanto o emitente quanto o sacador poderão fazer o cruzamento. O cruzamento pode se em branco ou em preto. No cruzamento em preto deve ser indicado entre as linhas o nome de uma instituição financeira. (FINKELSTEIN, Maria Eugênia. *Manual de direito empresarial*. 8. ed. rev., ampl. e reform. São Paulo: Atlas, 2016, p. 251).

Por exemplo, se *Bruce* é credor de Cheque emitido *Clark* contra o banco *Pacificador*, e no título foram lançados dois traços paralelos no anverso do título, *Bruce*, para receber o pagamento do Cheque, deve, necessariamente, depositar o cheque.

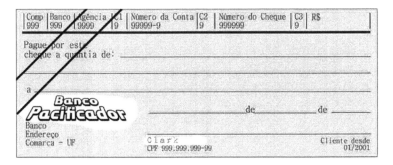

c.2) Cheque Cruzado Especial

O Cheque com cruzamento especial só pode ser pago pelo sacado ao banco indicado, ou, se este for o sacado, a cliente seu, mediante crédito em conta. Pode, entretanto, o banco designado incumbir outro da cobrança (art. 45, LCh).

O Cheque com vários cruzamentos especiais só pode ser pago pelo sacado no caso de dois cruzamentos, um dos quais para cobrança por câmara de compensação (art. 45, § 2º, LCh).

Na prática, no caso de Cheque Cruzado Especial, o credor somente poderá receber a quantia representada pelo Cheque mediante depósito em conta do banco indicado entre os traços. Eventualmente, se o credor não possuir conta no banco indicado, há duas opções: ou ele abre uma conta naquele banco ou não receberá a quantia representada no Cheque.

Por exemplo, se *Bruce* é credor de Cheque emitido *Clark* contra o banco *Pacificador*, e no título foram lançados dois traços paralelos no anverso do título e indicado o banco *Arkham*, o banco sacado *Pacificador* somente poderá pagar se o credor, *Bruce*, for cliente do banco indicado, ou seja, do banco *A*rkahm.

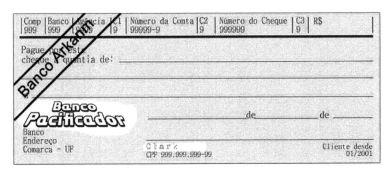

d) Cheque para se levar em conta (art. 46, LCh[36])

Nesta modalidade, pouco usual, o emitente ou portador do título incluem, no anverso do Cheque, a cláusula "para ser creditado em conta" ou outra equivalente.

Nesse caso, a cláusula "para ser creditado em conta" equipara-se ao cruzamento geral, ou seja, o banco só pode proceder efetuar o pagamento mediante depósito em conta e não diretamente ao portador (pagamento na "boca do caixa").

e) Cheque pré-datado ou pós-datado

Já afirmamos e aqui reiteramos que o Cheque é e sempre será uma ordem de pagamento à vista. Não se trata de posição doutrinária, mas de imposição legal (art. 32, LCh).

Ocorre que, na prática mercantil, admite-se receber Cheque com pagamento a prazo, ou seja, o vendedor de um produto pode, a seu livre critério, conceder crédito ao comprador e aceitar receber a quantia em parcelas representantes por um ou mais Cheques para ser depositado em data futura.

Alexandre Gialluca[37] identifica 03 (três) espécies de Cheque pós-datado: (I) a primeira forma de pós-datação é aquela em que se preenche o cheque com a data real da emissão e se insere por escrito a data futura, convencionada entre as partes, no canto inferior direito ou esquerdo do cheque com a expressão "BOM PARA"; (II) a segunda forma mais utilizada de pós-datação é a aposição de uma futura data no espaço indicado para a data real de emissão do cheque; e (III) uma terceira forma de pós-datação, muito praticada no comércio, é a que consiste em grampear um lembrete (pequeno papel) ao cheque, informando a data em que deverá ser apresentado para pagamento.

Das 03 (três) formas identificadas, as descritas nos itens (I) e (II) são incompatíveis com o Cheque que, reitera-se, é título com vencimento à vista e não resolvem a questão do prazo prescricional do Cheque que, como veremos, tem início da data de emissão, independentemente de outra condição posta no título ou anexo a ele.

---

36. Art. 46. O emitente ou o portador podem proibir que o cheque seja pago em dinheiro mediante inscrição transversal, no anverso do título, da cláusula "para ser creditado em conta", ou outra equivalente. Nesse caso, o sacado só pode proceder a lançamento contábil (crédito em conta, transferência ou compensação), que vale como pagamento. O depósito do cheque em conta de seu beneficiário dispensa o respectivo endosso. § 1º A inutilização da cláusula é considerada como não existente. § 2º Responde pelo dano, até a concorrência do montante do cheque, o sacado que não observar as disposições precedentes.

37. GIALLUCA. Alexandre. *Das formas de pós-datação do cheque e seus efeitos jurídicos.* Disponível em: https://alegialluca.jusbrasil.com.br/artigos/121817005/das-formas-de-pos-datacao-do-cheque-e--seus-efeitos-juridicos. Acesso em: 29 jun. 2022.

Já a forma tratada no item (II), com a inclusão de data futura de emissão, 02 (duas) observações foram feitas pelo prof. Gialluca: (I) o artigo 40[38] da Lei do Cheque preconiza que se 02 (dois) ou mais Cheques forem apresentados simultaneamente para pagamento, sem que os fundos disponíveis bastem para o pagamento de todos, terão preferência os de emissão mais antiga. Desse modo, aquele que receber um Cheque com a data futura no campo reservado para data de emissão perderá a preferência de recebimento, caso ocorra a situação relatada; e (II) outro problema a ser considerado é a dificuldade de se fazer prova caso aconteça o falecimento ou a incapacidade superveniente do emitente que era vivo e capaz quando da emissão do Cheque.

Diante desses usos e costumes do mercado, a questão relacionada ao denominado "Cheque Pré-datado" ou "Cheque Pós-Datado" foi posta em julgamento perante o Superior Tribunal de Justiça que, pela Tese 945 STJ, decidiu que: "Os prazos de apresentação e de prescrição (arts. 33 e 59 da Lei 7.357/85) nos cheques pós-datados possuem como termo inicial de contagem a data consignada no espaço reservado para a emissão da cártula."

Por essa Tese do STJ, o credor de um Cheque pré-datado deve, por cautela, não aceitar constar como vencimento a data posta na expressão "bom para *dia/mês/ano*" ou equivalente e exigir que o emitente coloque a data de vencimento no campo da data de emissão que, como veremos, é a data inicial para contagem do prazo de apresentação e prescrição.

Vale ressaltar que se o credor apresentar o Cheque para pagamento antes da data ajustada entre o emitente e o credor originário, o banco será obrigado a pagar como se inexistente o ajuste (art. 32, p. único, LCh[39]).

Contudo, por conta do descumprimento do acordo firmado entre as partes, o Superior Tribunal de Justiça sumulou a questão ao decidir que pode caracterizar dano moral a apresentação antecipada de Cheque pré-datado (Súmula 370 STJ[40]), devendo ser analisada a questão caso a caso.

f) Cheque Especial

Na realidade, o Cheque Especial não é uma modalidade de Cheque e nem mesmo se trata de um título de crédito. Na realidade, o denominado Cheque

---

38. Art. 40. O pagamento se fará à medida em que forem apresentados os cheques e se 2 (dois) ou mais forem apresentados simultaneamente, sem que os fundos disponíveis bastem para o pagamento de todos, terão preferência os de emissão mais antiga e, se da mesma data, os de número inferior.
39. Art. 32, Parágrafo único. O cheque apresentado para pagamento antes do dia indicado como data de emissão é pagável no dia da apresentação.
40. Súmula 370/STJ – Caracteriza dano moral a apresentação antecipada de cheque pré-datado.

Especial nada mais é do que um tipo de crédito que o banco oferece para o correntista como um empréstimo pré-aprovado pelo banco e que fica disponível para o cliente usar a qualquer momento, mediante pagamento de juros.[41]

Portando, o dito Cheque Especial não é um título de crédito e deve ser analisado pela relação contratual entre o cliente e o banco.

8. PRAZO DE APRESENTAÇÃO

O Cheque é uma ordem de pagamento à vista, ou seja, o título será pago pelo banco sacado mediante apresentação do Cheque pelo credor por se tratar de dívida quesível.[42]

Como forma de obrigar o credor a apresentar o Cheque para pagamento, a lei prevê o prazo para apresentação, dependendo se o Cheque foi emitido ou não na mesma praça de pagamento (art. 33, LCh[43]).

a) Mesma praça

Se o Cheque foi emitido na mesma praça do pagamento, o prazo de apresentação para pagamento será 30 (trinta) dias, contados da data de emissão.

Por exemplo, *Bruce* emite um Cheque em Campinas/SP para pagar *Arthur* contra o banco *Pacificador*, cuja agência fica em Campinas/SP. Como a praça de emissão (Campinas/SP) é a mesma da de pagamento (Campinas/SP), o prazo para *Arthur* apresentar o Cheque ao banco para pagamento é de 30 (trinta) dias, contados da emissão.

b) Praça distinta

Se o Cheque foi emitido em praça diversa da do pagamento, o prazo de apresentação para pagamento será 60 (sessenta) dias, contados da data de emissão.

---

41. Disponível em: https://www.serasa.com.br/ensina/seu-credito/como-funciona-o-cheque-especial/. Acesso em: 25 jun. 2022.
42. As dívidas podem ser quesíveis ou portáveis. No caso de dívida de natureza quesível, cabe ao credor apresentar o título para o devedor pagar, enquanto no caso de portável, é ônus do devedor buscar o credor para pagar seu débito.
43. Art. 33. O cheque deve ser apresentado para pagamento, a contar do dia da emissão, no prazo de 30 (trinta) dias, quando emitido no lugar onde houver de ser pago; e de 60 (sessenta) dias, quando emitido em outro lugar do País ou no exterior. Parágrafo único. Quando o cheque é emitido entre lugares com calendários diferentes, considera-se como de emissão o dia correspondente do calendário do lugar de pagamento.

Considera-se diversa quando os locais de emissão e de pagamento forem em cidades distintas.

Por exemplo, *Bruce* emite um Cheque em Rio Branco/AC para pagar *Arthur* contra o banco *Pacificador*, cuja agência fica em Campinas/SP. Como a praça de emissão (Rio Branco/AC) é diferente da de pagamento (Campinas/SP), o prazo para *Arthur* apresentar o Cheque ao banco para pagamento é de 60 (sessenta) dias, contados da emissão.

9. PERDA DO PRAZO DE APRESENTAÇÃO

Caso o credor não apresente para pagamento o Cheque nos prazos estipulados em lei, ele: (i) perderá o direito de cobrar os devedores indiretos (endossantes e seus avalistas), porém (ii) manterá o direito de cobrar o emitente (devedor principal), exceto se este tinha fundos disponíveis durante o prazo de apresentação e os deixou de ter em razão de fato que não lhe seja imputável (art. 47, II, §3º, LCh[44]).

10. PAGAMENTO FORA DO PRAZO

Vale destacar que um Cheque apresentado após o prazo legal pode ser pago pelo banco, desde que não se encontre prescrito e, evidentemente, haja suficiente provisão de fundos em seu poder (art. 35, parágrafo único). A inobservância do prazo de apresentação, portanto, não desconstitui o título de crédito como ordem de pagamento à vista, mas importa nas sanções acima mencionadas.[45]

11. PAGAMENTO

O pagamento se fará à medida que forem apresentados os Cheques e, se 2 (dois) ou mais forem apresentados simultaneamente sem que os fundos disponíveis bastem para o pagamento de todos, terão preferência os de emissão mais antiga e, se da mesma data, os de número inferior (art. 40, LCh).

O credor deve buscar o banco sacado para receber valor representado no título, podendo o pagamento ser realizado: (i) na boca do caixa; (ii) por deposito bancário ou (iii) por aplicativo.

---

44. Art. 47, § 3º O portador que não apresentar o cheque em tempo hábil, ou não comprovar a recusa de pagamento pela forma indicada neste artigo, perde o direito de execução contra o emitente, se este tinha fundos disponíveis durante o prazo de apresentação e os deixou de ter, em razão de fato que não lhe seja imputável.

45. COELHO, Fabio Ulhoa. *Manual de Direito Comercial*: Direito de Empresa. São Paulo: Ed. RT, 2021, v. 32, p. 271.

a) Boca do caixa

Apresentação presencial do título pelo credor perante o caixa do banco ("boca do caixa"), cujo valor será pago em dinheiro diretamente ao apresentante.

Quando o apresentante do Cheque recebe o dinheiro na boca do caixa, o banco exige que ele assine o verso do título, caracterizando "endosso ao sacado" que, como vimos, equivale à quitação do credor do Cheque (art. 18, 2º, LCh).

Apresentado a pagamento, o sacado pode exigir, ao pagar o Cheque, que este lhe seja entregue quitado pelo apresentante (art. 38, LCh).

O apresentante do Cheque não pode recusar pagamento parcial e, nesse caso, o sacado pode exigir que esse pagamento conste do cheque e que o portador lhe dê a respectiva quitação.

Por exemplo, Clark é credor de um Cheque emitido por Diana contra o banco Pacificador. Clark comparece no banco Pacificador, entrega ao caixa o Cheque, que confere os dados e se Diana possui o valor em sua conta corrente (fundos). Com fundos suficientes, o caixa do banco entrega a quantia em dinheiro para Clark.

b) Depósito em conta

Neste caso, o pagamento não é efetuado diretamente para o credor, mas mediante depósito em conta corrente. Na prática, o apresentante deposita o cheque em caixa eletrônico ou no próprio caixa do banco, mas sem receber diretamente o dinheiro, que será pago mediante compensação bancária, ou seja, o valor do cheque será creditado na conta corrente do apresentante e debitado da conta corrente do emitente por compensação bancária (art. 34, LCh[46]).

Por exemplo, Diana é credora de um Cheque emitido por Clark contra o banco Pacificador. Diana deposita o Cheque em um caixa eletrônico do banco Pacificador e retira o comprovante de depósito. O banco Pacificador irá conferir os dados e se Clark possui o valor em sua conta corrente (fundos). Com fundos suficientes, haverá a compensação do valor e o respectivo depósito na conta indicada por Diana.

---

46. Art. 34. A apresentação do cheque à câmara de compensação equivale à apresentação a pagamento.

c) Aplicativo

Uma facilidade oferecida por diversos bancos é o pagamento do Cheque via aplicativo. O apresentante, nesse caso, deve escanear a frente e o verso do Cheque pela câmera do smartphone para que o aplicativo capture o chamado Caracteres Magnéticos Codificados em Sete Barras ("CMC7"),[47] uma espécie de código de barras impresso em cada folha de Cheque, localizado logo abaixo da assinatura do emitente. Após realizadas as verificações internas e a aprovação pelo banco, o valor do Cheque será depositado na conta do apresentante.

Como esse procedimento não consta na Lei do Cheque, mas é utilizado no mercado devido ao avanço tecnológico, o banco exige que o cliente aceite as condições contratuais de proteção dessa operação ("Termo de Adesão"), na qual se estabelece que o cheque deve ser destruído pelo próprio portador depositante no prazo de 8 (oito) dias após sua compensação, assumindo responsabilidade pela guarda e custódia da cártula, na condição de fiel depositário.

Estabelece ainda que fica terminantemente proibido ao portador repassar a folha de Cheque para terceiros, eximindo-se a instituição bancária de toda e qualquer responsabilidade de danos que estes venham a sofrer.[48]

A possibilidade de pagamento de Cheque via aplicativo é exemplo de usos e costumes comerciais, com avanço das práticas mercantis por conta da sociedade da informação e que, com certeza, traz maior dinamismo e reinventa o uso de Cheque no mercado.

Por exemplo, *Arhur* é credor de um Cheque emitido por *Clark* contra o banco *Pacificador*. Pelo aplicativo de seu banco, *Arthur* escaneia a frente e o verso do Cheque pela câmera do smartphone e recebe a confirmação do depósito. O banco *Pacificador* irá conferir os dados e se *Clark* possui o valor em sua conta corrente (fundos). Com fundos suficientes, haverá a compensação do valor e respectivo depósito na conta indicada por *Arthur*.

---

47. Disponível em: https://www.aciaassis.com.br/cmc7. Acesso em: 25 jun. 2002.
48. Disponível em: https://jus.com.br/artigos/55912/repasse-de-cheque-ja-depositado-e-liquidado-via--smartphone. Acesso em: 25 jun. 2022.

12. REVOGAÇÃO DO CHEQUE

A revogação é o ato, administrativo ou judicial, pelo qual o emitente apresenta uma contraordem de pagamento para o banco, que somente poderá pagar o Cheque no prazo de apresentação, ficando vedado o pagamento após esse prazo (art. 35, LCh[49]). A revogação tem por finalidade reduzir o prazo de pagamento, forçando o credor a apresentar o título para pagamento o quanto antes.

13. SUSTAÇÃO DO CHEQUE

A sustação é o ato no qual o emitente e o portador legitimado podem sustar o pagamento (nesse caso, quem realizou o ato é denominado "oponente"), manifestando ao banco sacado, por escrito, oposição fundada em relevante razão de direito (art. 36, LCh[50]).

Não cabe ao banco julgar a relevância da razão invocada pelo oponente, ou seja, mesmo que a instituição financeira não concorde com as razões apresentadas, ela deve, mesmo assim, cumprir o pedido de sustação, cabendo ao credor ou terceiro interessado buscar as vias próprias para discutir eventual sustação ilegal (art. 171, § 2º, CP[51]).

---

49. Art. 35. O emitente do cheque pagável no Brasil pode revogá-lo, mercê de contraordem dada por aviso epistolar, ou por via judicial ou extrajudicial, com as razões motivadoras do ato. Parágrafo único. A revogação ou contraordem só produz efeito depois de expirado o prazo de apresentação e, não sendo promovida, pode o sacado pagar o cheque até que decorra o prazo de prescrição, nos termos do art. 59 desta Lei.
50. Art. 36. Mesmo durante o prazo de apresentação, o emitente e o portador legitimado podem fazer sustar o pagamento, manifestando ao sacado, por escrito, oposição fundada em relevante razão de direito. § 1º A oposição do emitente e a revogação ou contraordem se excluem reciprocamente. § 2º Não cabe ao sacado julgar da relevância da razão invocada pelo oponente.
51. Estelionato
    Art. 171. Obter, para si ou para outrem, vantagem ilícita, em prejuízo alheio, induzindo ou mantendo alguém em erro, mediante artifício, ardil, ou qualquer outro meio fraudulento:
    Pena: reclusão, de um a cinco anos, e multa, de quinhentos mil réis a dez contos de réis.
    § 2º Nas mesmas penas incorre quem:
    Fraude no pagamento por meio de cheque
    VI – emite cheque, sem suficiente provisão de fundos em poder do sacado, ou lhe frustra o pagamento.

14. MOTIVOS DE DEVOLUÇÃO DE CHEQUE

Apresentado o título para pagamento, o banco poderá devolver o Cheque ao apresentante pelos seguintes motivos relacionados pelo Banco Central:[52] (I) Cheque sem provisão de fundos; (II) Impedimento ao pagamento; (III) Cheque com irregularidade; (IV) Apresentação indevida; (V) Emissão indevida e; (VI) A serem empregados diretamente pela instituição financeira contratada.

Para cada espécie listada, o banco irá lançar na cártula o motivo da devolução do Cheque, conforme aqueles postos pelo Banco Central do Brasil.

Por exemplo, Arthur, credor de Cheque emitido por Bruce, apresenta o título para pagamento perante o banco Pacificador. Como o banco Pacificador verifica que não há fundos suficientes para pagamento do Cheque, o banco certifica no verso do Cheque o motivo 11 – "Cheque sem fundos – 1ª apresentação"[53] e devolve o título para Arthur.

Nessa situação, Arthur pode, em outra data, apresentar novamente o Cheque para pagamento. Caso, na nova data, o banco verifique que também não há fundos na conta de Bruce, ele certificará o fato no verso do Cheque o motivo 12 – "Cheque sem fundos – 2ª apresentação" e devolve o título para Arthur.

15. PROTESTO

Por não se admitir o aceite no Cheque (art. 6º, LCh), somente o protesto por falta de pagamento se aplica nesta espécie de título de crédito.

Em regra, o protesto por falta de pagamento, que assegura o direito de cobrança dos endossantes e seus avalistas, é facultativo, pois pode ser substituído por declaração do banco, escrita e datada sobre o cheque, com indicação do dia de apresentação, ou, ainda, por declaração escrita e datada por câmara de compensação (art. 47, II, e § 1º LCh[54]).

---

52. Disponível em: chrome-extension://efaidnbmnnnibpcajpcglclefindmkaj/https://www.bcb.gov.br/content/estabilidadefinanceira/estabilidade_docs/tabdevol.pdf. Acesso em: 25 jun. 2022.
53. O banco certifica o motivo por meio de um carimbo na cártula.
54. Art. 47. Pode o portador promover a execução do cheque: I – contra o emitente e seu avalista; II – contra os endossantes e seus avalistas, se o cheque apresentado em tempo hábil e a recusa de pagamento é comprovada pelo protesto ou por declaração do sacado, escrita e datada sobre o cheque, com indicação do dia de apresentação, ou, ainda, por declaração escrita e datada por câmara de compensação. § 1º Qualquer das declarações previstas neste artigo dispensa o protesto e produz os efeitos deste. § 2º Os signatários respondem pelos danos causados por declarações inexatas. § 3º O portador que não apresentar o cheque em tempo hábil, ou não comprovar a recusa de pagamento pela forma indicada neste artigo, perde o direito de execução contra o emitente, se este tinha fundos disponíveis durante o prazo de apresentação e os deixou de ter, em razão de fato que não lhe seja imputável. § 4º A execução independe do protesto e das declarações previstas neste artigo, se a apresentação ou o pagamento do

O protesto ou as declarações previstas na Lei do Cheque devem fazer-se no lugar de pagamento ou do domicílio do emitente antes da expiração do prazo de apresentação, para fins de conservação do direito creditício contra os coobrigados do Cheque. Se esta ocorrer no último dia do prazo, o protesto ou as declarações podem fazer-se no primeiro dia útil seguinte (art. 48, LCh[55]).

Para o pedido de falência de empresário fundado em emissão de Cheque sem fundos, o protesto para fins falimentar é indispensável (art. 94, I, LFRE[56]).

16. AÇÃO CAMBIAL E PRESCRIÇÃO

O Cheque, assim como os demais títulos de crédito é, por excelência, título executivo extrajudicial (art. 784, I, CPC[57]). Para que o credor possa propor ação cambial por meio do processo de execução, é necessário observar os prazos prescricionais da Lei do Cheque (art. 49, LCh[58]):

a) Devedores

Prescreve em 6 (seis) meses, contados da expiração do prazo de apresentação (que pode ser de 30 ou 60 dias, como vimos no item 12 acima), a ação de execução contra os devedores do Cheque.

---

cheque são obstados pelo fato de o sacado ter sido submetido a intervenção, liquidação extrajudicial ou falência.

55. Art. 48. O protesto ou as declarações do artigo anterior devem fazer-se no lugar de pagamento ou do domicílio do emitente, antes da expiração do prazo de apresentação. Se esta ocorrer no último dia do prazo, o protesto ou as declarações podem fazer-se no primeiro dia útil seguinte. § 1º A entrega do cheque para protesto deve ser prenotada em livro especial e o protesto tirado no prazo de 3 (três) dias úteis a contar do recebimento do título. § 2º O instrumento do protesto, datado e assinado pelo oficial público competente, contém: a) a transcrição literal do cheque, com todas as declarações nele inseridas, na ordem em que se acham lançadas; b) a certidão da intimação do emitente, de seu mandatário especial ou representante legal, e as demais pessoas obrigadas no cheque; c) a resposta dada pelos intimados ou a declaração da falta de resposta; d) a certidão de não haverem sido encontrados ou de serem desconhecidos o emitente ou os demais obrigados, realizada a intimação, nesse caso, pela imprensa. § 3º O instrumento de protesto, depois de registrado em livro próprio, será entregue ao portador legitimado ou àquele que houver efetuado o pagamento. § 4º Pago o cheque depois do protesto, pode este ser cancelado, a pedido de qualquer interessado, mediante arquivamento de cópia autenticada da quitação que contenha perfeita identificação do título.

56. Art. 94. Será decretada a falência do devedor que: I – sem relevante razão de direito, não paga, no vencimento, obrigação líquida materializada em título ou títulos executivos protestados cuja soma ultrapasse o equivalente a 40 (quarenta) salários-mínimos na data do pedido de falência.

57. Art. 784. São títulos executivos extrajudiciais: I – a letra de câmbio, a nota promissória, a duplicata, a debênture e o cheque.

58. Art. 59. Prescrevem em 6 (seis) meses, contados da expiração do prazo de apresentação, a ação que o art. 47 desta Lei assegura ao portador.

Parágrafo único. A ação de regresso de um obrigado ao pagamento do cheque contra outro prescreve em 6 (seis) meses, contados do dia em que o obrigado pagou o cheque ou do dia em que foi demandado.

b) Ações regressivas

A ação de regresso de um obrigado ao pagamento do Cheque contra outro prescreve em 6 (seis) meses, contados do dia em que o obrigado pagou o cheque ou do dia em que foi demandado (art. 59, p. único, LCh).

A interrupção da prescrição produz efeito somente contra o obrigado em relação ao qual foi promovido o ato interruptivo (art. 60, LCh).

Reiteramos que no caso de "Cheque Pré-datado" ou "Cheque Pós-Datado", deve ser analisada a Tese 945 do Superior Tribunal de Justiça: "Os prazos de apresentação e de prescrição (arts. 33 e 59 da Lei 7.357/85) nos cheques pós-datados possuem como termo inicial de contagem a data consignada no espaço reservado para a emissão da cártula."

17. AÇÃO CAMBIAL DE LOCUPLETAMENTO

Com a perda do direito de propor ação cambial por meio do processo de execução, o credor do Cheque pode propor ação de enriquecimento contra o emitente ou outros obrigados, que se locupletaram injustamente com o não pagamento do cheque. A ação prescreve em 2 (dois) anos, contados do dia em que se consumar a prescrição da ação de execução (art. 61, LCh[59]).

18. OUTRAS FORMAS DE COBRANÇA

A ação de execução e a de locupletamento previstas na Lei do Cheque têm natureza jurídica cambial, ou seja, o fundamento para propositura das respectivas ações é o título executivo extrajudicial e não o negócio jurídico que lhe deu origem (p. ex. compra e venda, prestação de serviços, locação etc.). Portanto, poderá o credor cobrar o devedor pelo negócio jurídico subjacente, se ainda dentro do prazo prescricional.

Cabe ao credor propor ação de cobrança pelo procedimento comum ou ação monitória ou pelo procedimento especial previsto no Código de Processo Civil (art. 62, LCh[60]).

---

59. Art. 61. A ação de enriquecimento contra o emitente ou outros obrigados, que se locupletaram injustamente com o não pagamento do cheque, prescreve em 2 (dois) anos, contados do dia em que se consumar a prescrição prevista no art. 59 e seu parágrafo desta Lei.

60. Art. 62. Salvo prova de novação, a emissão ou a transferência do cheque não exclui a ação fundada na relação causal, feita a prova do não pagamento.

Conforme a Súmula 503 do Superior Tribunal de Justiça: "O prazo para ajuizamento de ação monitória em face do emitente de cheque sem força executiva é quinquenal, a contar do dia seguinte à data de emissão estampada na cártula."

Na execução do cheque sem fundos, o credor terá direito à importância do título, acrescida das seguintes verbas: a) juros legais a partir da apresentação a pagamento; b) despesas com protesto, avisos e outras; e c) correção monetária (art. 52, IV, da LCh[61]).[62]

Assim, esteja ou não prescrita a ação de execução ou a de locupletamento, há, ainda, a possibilidade de o portador ajuizar ação relacionada ao negócio causal que deu origem à emissão ou transferência, se provado que não houve pagamento do cheque nem da obrigação que lhe deu origem.[63]

Por exemplo, no caso de contrato de locação, caso o locador não cobre o Cheque inadimplido, pode optar e mover ação de despejo por falta de pagamento contra o locatário que tenha emitido Cheque sem fundos para a satisfação dos alugueres,[64] afinal, Cheque não é dinheiro. Dessa forma, continua sendo credor da relação negocial subjacente de natureza locatícia.

---

61. Art. 52. portador pode exigir do demandado: I – a importância do cheque não pago; II – os juros legais desde o dia da apresentação; III – as despesas que fez; IV – a compensação pela perde do valor aquisitivo da moeda, até o embolso das importâncias mencionadas nos itens antecedentes.

62. COELHO, Fabio Ulhoa. *Manual de Direito Comercial*: Direito de Empresa. São Paulo: Ed. RT, 2021, v. 32, p. 274.

63. RESTIFFE, Paulo; RESTIFFE NETO, Paulo. *Lei do cheque e novas medidas bancárias de proteção aos usuários*. 5. ed. São Paulo: Malheiros, 2012, p. 411.

64. RESTIFFE, Paulo; RESTIFFE NETO, Paulo. *Lei do cheque e novas medidas bancárias de proteção aos usuários*. 5. ed. São Paulo: Malheiros, 2012, p. 411.

CAPÍTULO V
DUPLICATA

A. INTRODUÇÃO

1. LEGISLAÇÃO APLICÁVEL

A Duplicata é um título de crédito previsto na Lei das Duplicatas (LD), Lei 5.474/ 1968.

A duplicata é um título de crédito de origem tipicamente nacional. Além disso, tem como traço histórico marcante o fato de, na prática, sempre ter circulado por meio de rito abreviado em relação ao item previsto em lei, a fim de atender às necessidades do mercado, em termos de celeridade na cobrança do crédito.

Justamente por isso é nela que se pode vislumbrar o embrião do primeiro título de crédito genuinamente eletrônico, ou seja, criado e transmitido integralmente como documento eletrônico.[1]

2. ORIGEM DA DUPLICATA

Na sua origem, destinava-se a Duplicata a documentar o contrato de compra e venda de mercadorias, seja em grande quantidade ou no atacado, realizado entre comerciantes. A assinatura aposta pelo vendedor na via do comprador, e vice-versa, com a assinatura do comprador aposta na via do vendedor, apresentava a relação débito-crédito correspondente, havendo presunção de liquidez da conta (assinada), sempre que decorrido o prazo de 10 (dez) dias subsequentes à entrega e recebimento dos gêneros sem reclama-

---

1. PARENTONI, Leonardo Netto. A Duplicata virtual e os títulos de crédito eletrônicos. *Rev. Fac. Direito UFMG*, Belo Horizonte, n. 65, p. 409-465, jul.-dez. 2014.

ção por parte do vendedor ou do comprador, segundo o art. 219 do Código Comercial de 1850.[2-3]

A Duplicata surge como uma forma de suprimir as dificuldades culturais do uso da Letra de Câmbio, que jamais vingou no Brasil pelas notórias vicissitudes decorrentes de largos obstáculos: praças distantes, serviço postal precário, rede bancária inexistente, e, sobretudo, por força de um traço cultural muito significativo no comércio nacional. Esse título de crédito, ao mesmo tempo que se firmava como sólido instituto jurídico sobre o qual se erigiram todas as demais figuras cambiariformes, nunca se difundiu em sua aplicação prática. Além disso, não suplantou o uso tradicional dos créditos mercantis, assinados pelos comerciantes, nem o uso da segunda via da fatura, assinada pelo devedor, prática de que, afinal, se originou a duplicata mercantil.

Consolidou-se, de fato, com o tempo, a praxe de, na cópia da fatura, obter a assinatura do comprador no ato da venda mercantil. Isso, convenhamos, era bem mais rápido e simples do que emitir uma letra de câmbio, apresentá-la a aceite, recebê-la de volta e, no vencimento, novamente apresentá-la para receber o valor devido. Ao levar a cópia da fatura ao banco para obter financiamento baseado nela, colhia-se com singeleza o mesmo resultado, ou até melhor.[4]

Por outro lado, a obrigatoriedade tributária de o vendedor ou prestador de serviços emitir uma Nota Fiscal, cuja emissão se equipara à fatura,[5] e considerando que a Duplicata sempre se relaciona a uma fatura, fez com que esse título de crédito se adaptasse ao mercado brasileiro de forma mais orgânica do que a Letra de Câmbio.

Outro ponto que auxilia o uso constante da Duplicata é o aceite presumido do título, bastando que vendedor ou prestador de serviços comprove, documentalmente, a entrega da mercadoria ou da efetiva prestação de serviços.

---

2. Art. 219. Nas vendas em grosso ou por atacado entre comerciantes, o vendedor é obrigado a apresentar ao comprador por duplicado, no ato da entrega das mercadorias, a fatura ou conta dos gêneros vendidos, as quais serão por ambos assinadas, uma para ficar na mão do vendedor e outra na do comprador. Não se declarando na fatura o prazo do pagamento, presume-se que a compra foi à vista (artigo 137). As faturas sobreditas, não sendo reclamadas pelo vendedor ou comprador, dentro de 10 (dez) dias subsequentes à entrega e recebimento (artigo 135), presumem-se contas líquidas.

3. RESTIFFE NETO, Paulo. *Novos Rumos da Duplicata*. 2. ed. São Paulo: Ed. RT, 1975. p. 03.

4. FRONTINI, Paulo Salvador. Títulos de Crédito e Títulos Circulatórios: que futuro a informática lhes reserva? Rol e funções à vista de sua crescente desmaterialização. *Revista dos Tribunais*. v. 730, p. 50-64, ago. 1996.

5. O Convênio de Criação do Sistema Nacional Integrado de Informações Econômico-Fiscais, assinado no Rio de Janeiro, em 15.12.1970, em seu art. 19, § 7º, permite que a Nota Fiscal possa servir como fatura, desde que contenha todos os elementos necessários, e neste caso a sua denominação passa a ser Nota-Fiscal Fatura ou NF-Fatura. (ROSA JR., Luiz Emygdio F. da. *Títulos de Crédito*. 4. ed. Rio de Janeiro: Renovar, 2006. p. 668-669).

Por conta do procedimento do aceite presumido da Duplicata, que melhor será abordado no decorrer deste Capítulo, o mercado pode usufruir do sistema de ficha de compensação via boleto bancário como forma de facilitar a liquidação da Duplicata pelo devedor.[6]

A Duplicata, em função de sua larga utilização no meio empresarial brasileiro, foi o primeiro título de crédito a utilizar meios eletrônicos na sua emissão,[7-8] inclusive com a previsão de emissão da Duplicata Escritural prevista na Lei 13.775/2018.

---

6. Entretanto, o uso no comércio brasileiro sempre divergiu bastante desse procedimento hipotético. Em primeiro lugar, o aceite e a devolução da duplicata nunca foram a atitude mais comum do empresário comprador brasileiro: ele, verificando que as mercadorias tinham sido entregues em conformidade com o contratado, simplesmente encaminhava a duplicata (ou o boleto bancário que a substituía) para o seu setor de 'contas a pagar' e, quando do vencimento, efetuava o pagamento, normalmente por meio de depósito em conta corrente. (CATAPANI, Márcio Ferro. A exequibilidade das duplicatas virtuais e os boletos bancários: Comentário ao acórdão proferido pelo STJ no REsp 1.024.691-PR. *Revista do TRF 3ª Região*. n. 112, p. 04-13, mar.-abr. 2012).

7. Pode-se dizer que, em nosso país, as preocupações com a gestão dos títulos de crédito começaram por volta da década de 70. A tese que o Banco do Brasil levou ao XI Congresso Nacional de Bancos, em 1975, no Rio de Janeiro, intitulada "Cobrança Direta", assinalava: Área crítica dos serviços executados pelos bancos comerciais, a cobrança de títulos ameaça sufocar o Sistema sob toneladas desses papéis, de volume sempre crescente em face do expressivo desenvolvimento econômico nacional, de uma indústria mais dinâmica e produtiva e de um comércio mais agressivo.

   Registrava-se, à época, que no ano de 1971, o Banco do Brasil cobrara 18 milhões de títulos, cifra essa que pularia, em 1974, para 27 milhões de títulos.

   Depois de estudos e discussões a respeito da matéria, concluiu-se pela criação da chamada duplicata escritural, plasmada, de certo modo, à imagem e semelhança da *Lettre de Change-Relevé*. (DE LUCCA. Newton. Do título papel ao título eletrônico. *Revista de Direito Bancário e do Mercado de Capitais*. v. 60. p. 169. abr. 2013, DTR\2013\5804).

8. Nas primeiras edições deste livro, defendi que um novo direito deveria ser estruturado para expressar essa evolução, com uma lógica própria, hábil a traduzir a potencialidade conflitiva desse novo fenômeno jurídico, com bases próprias de funcionamento Baseava-me no fato de o Direito Cambiário ter-se desenvolvido alicerçado na cartularidade, ou seja, na identificação do crédito com o papel que, mais do que comprová-lo, representa-o. A virtualidade do registro eletrônico não se amolda aos princípios clássicos da cambiaridade identificada com a materialidade do título; mais do que isso, não oferece, a certeza que o papel dá ao crédito, não atesta a sua liquidez e sua exigibilidade, nem oferece o conforto antigo da assinatura. As mudanças culturais (mudanças de ideologia e prática social), todavia, são potencialmente desconfortáveis, principalmente nas fases de transição, em que os cânones antigos convivem com novos paradigmas. Ainda vivemos numa sociedade do papel e, nesta, a cartularidade dos títulos de crédito é princípio ainda marcante do Direito Cambiário. Mas não mais se pode dizer que o papel, funcionando como base física necessária, é da essência dos títulos de crédito e, consequentemente, do Direito Cambiário, exceptuadas as hipóteses em que a lei ainda o exige, a exemplo da letra de câmbio (Decreto 57.663/66), nota promissória (Decreto 57.663/66), cheque (Lei 7.357/85) e duplicata (Lei 5.474/68), neste último caso, apesar dos esforços de se estabelecer, sem licença legal, duplicatas escriturais, como se estudará no Capítulo 10 deste livro. No entanto, da mesma forma que não foi preciso criar uma nova disciplina, em substituição ao Direito de Família, em face das profundas alterações experimentadas ao longo dos séculos, também não será necessário um novo rótulo para o Direito Cambiário, como tal compreendida a disciplina jurídica que se ocupa da circulação do crédito, ou seja, das obrigações a receber (ou recebíveis, como prefere o mercado de capitais). Legislativa, doutrinária e jurisprudencialmente, aos poucos, estão sendo estabelecidas as novas bases do Direito Cambiário, adequadas à assimilação e tratamento dos créditos de registro eletrônico. Por ora, essa evolução dá-se

A importância da Duplicata no mercado brasileiro é tão singular que a legislação vem recebendo atualizações constantes, sendo a última pela Lei 14.301/2022, que trouxe maior segurança para o uso de meios eletrônicos no aceite presumido, dentre outras disposições que serão abordadas nesta obra.

Por fim, na opinião deste autor, a Duplicata é, hoje, o título de crédito que mais se adequa às transações no âmbito empresarial, acompanhando a evolução constante do mercado e os usos e costumes dos empresários, permitindo, sem grandes percalços, o uso adequado doa Duplicata e os princípios consagrados dos títulos de crédito.

B. DUPLICATA

1. DUPLICATA

A Duplicata é um título a ordem de pagamento, de emissão causal, extraída de uma fatura emitida pelo vendedor contra o comprador nos casos de compra e venda mercantil ou prestação de serviços (art. 1, §1º, LD[9]).[10]

---

pela ampliação do rol dos chamados títulos de crédito impróprios, a exemplo do certificado de depósito agropecuário e do warrant agropecuário que, uma vez emitidos em papel, devem ser custodiados por uma instituição financeira, passando, então, a ter existência eletrônica, passando a ser negociados no mercado de valores, conforme estipulação da Lei 11.076/04. Não é só. A letra hipotecária é um título de existência meramente escritural, com emissão facultativa de cártula, o que também ocorre com cédula hipotecária e a letra de crédito imobiliário, por força do que se encontra estipulado na Lei 10.931/04. Nesse contexto, não se poderia deixar de destacar o artigo 889, § 3º, do Código Civil, ao permitir que o título seja emitido a partir dos caracteres criados em computador ou meio técnico equivalente e que constem da escrituração do emitente, o que já representa um reconhecimento da nova tecnologia no plano da teoria geral do Direito Cambiário. O movimento negocial de títulos com existência escritural (ou títulos escriturais), sem representação por cártula, é significativo, dando sustentação a operações vultosas no mercado de valores mobiliários. No entanto, tais relações pressupõem a normalidade, oferecendo dificuldades em face da controvérsia e do inadimplemento. Nesses instantes, coloca-se o problema da prova dos fatos jurídicos, tornando indispensável o recurso à materialidade: a impressão de uma base física a partir do registro eletrônico. Em fato, o artigo 212, II, combinado com o artigo 225, ambos do Código Civil, pontuam a juridicidade de documentos mecânicos e eletrônicos, ao referir-se a reproduções fotográficas, cinematográficas, aos registros fonográficos e, em geral, a quaisquer outras reproduções mecânicas ou eletrônicas de fatos ou de coisas, aceitando-os como meios para se fazer prova plena dos fatos, se a parte, contra quem forem exibidos, não lhes impugnar a exatidão. Tais disposições por certo servirão para acolher e resolver parte dos conflitos instaurados com a multiplicação de relações que se dão em paisagens eletrônicas. (MAMEDE, Gladston. *Direito empresarial brasileiro*: títulos de crédito. 4 ed. São Paulo: Atlas, 2008. v. 3, p. 63).

9. Art. 1º Em todo o contrato de compra e venda mercantil entre partes domiciliadas no território brasileiro, com prazo não inferior a 30 (trinta) dias, contado da data da entrega ou despacho das mercadorias, o vendedor extrairá a respectiva fatura para apresentação ao comprador. § 1º A fatura discriminará as mercadorias vendidas ou, quando convier ao vendedor, indicará somente os números e valores das notas parciais expedidas por ocasião das vendas, despachos ou entregas das mercadorias.

10. FINKELSTEIN, Maria Eugênia. *Manual de direito empresarial*. 8. ed. rev., ampl. e reform. São Paulo: Atlas, 2016, p. 252.

A Duplicata mercantil é um título de crédito que contém cláusula à ordem e que se caracteriza por documentar o saque do vendedor pela importância faturada ao comprador, identificado como sacado.

O seu criador, que é o comerciante vendedor (ou prestador de serviços), vincula-se à obrigação por promessa indireta.

Tem como causa uma transação de natureza mercantil; mas, destinando-se à mobilização de capital, cuja provisão repousa no valor das mercadorias objeto de negócio subjacente e indicadas na correspondente fatura, desliga-se, no entanto, da sua causa geratriz pelo endosso ou pelo aceite.[11]

A duplicata é título de crédito formal, impróprio, causal, à ordem, extraído por vendedor ou prestador de serviços, que visa documentar o saque fundado sobre crédito decorrente de compra e venda mercantil ou prestação de serviços, assimilada aos títulos cambiários por lei, e que tem como seu pressuposto a extração da fatura.[12]

Certamente, a Duplicata é o título de crédito mais usual, pois sua emissão está intrinsicamente ligada ao dia a dia empresarial diante das hipóteses de emissão nos casos de compra e venda mercantil ou prestação de serviços.

Por exemplo, quando uma fabricante de pneus fornece inúmeros produtos para determinado supermercado, essa transação de compra e venda mercantil e sua respectiva obrigação de pagar poderá ser representada por uma Duplicata.

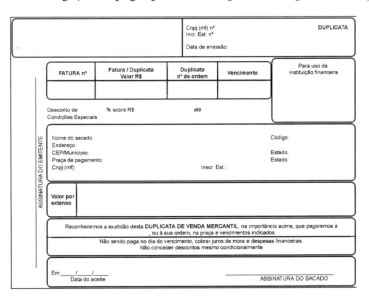

---

11. RESTIFFE NETO, Paulo. *Novos Rumos da Duplicata*. 2. ed. São Paulo: Ed. RT, 1975. p. 10.
12. ROSA JR., Luiz Emygdio F. da. *Títulos de Crédito*. 4. ed. Rio de Janeiro: Renovar, 2006. p. 673.

2. FATURA E NOTA FISCAL

Antes de tratamos da Duplicata, é necessário abordar a fatura.

Pela Lei das Duplicata, a fatura é um documento emitido pelo vendedor ou prestador de serviços em que constará, de forma discriminada, as mercadorias vendidas ou serviços prestados e valores das notas parciais expedidas por ocasião das vendas, dos despachos, das entregas das mercadorias ou dos serviços prestados (art. 1º, § 1º, LD).

Em resumo, a fatura é um documento emitido pelo vendedor ou prestador que deve discriminar as mercadorias ou os serviços e seus respectivos valores.

Ocorre que a legislação tributária, do mesmo modo, obriga o vendedor ou prestador de serviços a emitir Nota Fiscal, cujos dados de emissão se equiparam aos de uma fatura.[13] Logo, é usual a "Nota Fiscal" – "Fatura", um único documento que satisfaz obrigações do Direito Empresarial e Tributário pelo agente econômico.

Portanto, na prática, a Nota Fiscal emitida pelo agente econômico deve ser considerada como a "fatura" prevista na Lei das Duplicatas, Nota Fiscal--Fatura.

Por exemplo, a sociedade *W* Dragon A vende determinadas mercadorias para sociedade Stark pelo valor total de R$ 20.000,00 (vinte mil reais). Para respeitar a legislação tributária, *W* Dragon A deve emitir a respectiva Nota Fiscal, contendo todos os dados da compra e venda mercantil.

---

13. O Convênio de Criação do Sistema Nacional Integrado de Informações Econômico-Fiscais, assinado no Rio de Janeiro, em 15.12.1970, em seu art. 19, §7º, permite que a Nota Fiscal possa servir como fatura, desde que contenha todos os elementos necessários, e neste caso a sua denominação passa a ser Nota-Fiscal Fatura ou NF-Fatura. (ROSA JR., Luiz Emygdio F. da. *Títulos de Crédito*. 4. ed. Rio de Janeiro: Renovar, 2006. p. 668-669).

Recebemos de (razão social do emitente) os produtos e/ou serviços constantes da Nota Fiscal Eletrônica ao lado.		NF-e
DATA DE RECEBIMENTO	IDENTIFICAÇÃO E ASSINATURA DO RECEBEDOR	Nº 000175 SÉRIE: 1

W DRAGON A Comics ltda.

DANFE
DOCUMENTO AUXILIAR DA
NOTA FISCAL ELETRÔNICA

0 - ENTRADA
1 - SAÍDA [1]

Nº 000175
SÉRIE 1
Página 1 de 1

CHAVE DE ACESSO
XXXX XXXX XXXX XXXX XXXX XXXX XXXX XXXX XXXX XXXX XXXX

PROTOCOLO DE AUTORIZAÇÃO DE USO
XXXXXXXXXXXXXX - XX/XX/XXX

NATUREZA DA OPERAÇÃO Venda			
INSCRIÇÃO ESTADUAL 123.123.123.123	INSCR. ESTADUAL DO SUBST. TRIBUT.		CNPJ 12.123.123/0001-90

DESTINATÁRIO / REMETENTE

NOME / RAZÃO SOCIAL Stark Industrias e Comercio Ltda		CNPJ / CPF 22.222.222/0001-22	DATA DA EMISSÃO 06/08/2022
ENDEREÇO	BAIRRO / DISTRITO	CEP 13.123-000	DT SAÍDA/ENTRADA
MUNICÍPIO São Paulo	FONE / FAX 19-8888 8888	UF SP	INSCRIÇÃO ESTADUAL 222.222.222.222	HORA DA SAÍDA

FATURA / DUPLICADA

Número 000175/01	Vencimento 06/09/2022	Valor R$ 10.000,00	Número 000175/02	Vencimento 06/10/2022	Valor R$ 10.000,00

CÁLCULO DO IMPOSTO

B. DE CÁLCULO DO ICMS 20.000,00	VALOR DO ICMS 3.600,00	BASE DE CÁLCULO ICMS ST	VALOR DO ICMS SUBSTITUIÇÃO	VALOR TOTAL DOS PRODUTOS 20.000,00
VALOR DO FRETE	VALOR DO SEGURO	DESCONTO	OUTRAS DESPESAS ACESSÓRIAS	VALOR TOTAL DO IPI	VALOR TOTAL DA NF 20.000,00

TRANSPORTADOR / VOLUMES TRANSPORTADOS

NOME / RAZÃO SOCIAL	FRETE POR CONTA 0 - EMITENTE [0] 1 - DESTINATÁRIO	CÓDIGO ANTT	PLACA DO VEÍCULO	UF	CNPJ / CPF
ENDEREÇO	MUNICÍPIO			UF	INSCRIÇÃO ESTADUAL
QUANTIDADE	ESPÉCIE	MARCA	NÚMERO	PESO BRUTO	PESO LÍQUIDO

DADOS DOS PRODUTOS / SERVIÇOS

CÓD PROD.	DESCRIÇÃO DOS PROD./SERVIÇO	NCM/SH	CST	CFOP	UN	QUANT.	VL. UNITÁRIO	VALOR TOTAL	V. CÁLC. ICMS	VALOR ICMS	VALOR IPI	ALÍQUOTAS ICMS	IPI
MI001SF	Mouses	84716053	000	5120	Pç	500	40,00	20.000,00	20.000,00	3.600,00	-	18	-

DADOS ADICIONAIS

INFORMAÇÕES COMPLEMENTARES	RESERVADO AO FISCO

3. HIPÓTESES DE EMISSÃO

A Duplicata é um título extraído de uma fatura emitida de uma compra e venda mercantil ou prestação de serviços (art. 2º, LD), o que significa dizer que sua emissão está sempre vinculada a uma causa prevista na lei. Por isso se diz que a Duplicata é um título de crédito de hipótese de emissão "causal".

Assim, diferentemente do que ocorre com os demais títulos de crédito, como a Nota Promissória e o Cheque, que podem ser utilizados em qualquer negócio, a Duplicata somente pode ser emitida nas causas previstas em lei – a compra e venda ou prestação de serviços.

A Duplicata é causal apenas na sua emissão. Sua circulação – após o aceite do sacado ou, na sua falta, pela comprovação do negócio mercantil subjacente e do protesto – rege-se pelo princípio da abstração, desprendendo-se de sua causa original, sendo por isso inoponíveis exceções pessoais a terceiros de boa-fé, como ausência de entrega da mercadoria ou de prestação de serviços, ou mesmo quitação ao credor originário.[14]

Por exemplo, a sociedade *W* Dragon vende determinadas mercadorias para sociedade *Stark* pelo valor total de R$ 20.000,00 (vinte mil reais) com a emissão da Nota Fiscal 000175.

As partes ajustaram que o valor total seria pago em 02 (duas) parcelas de R$ 10.000,00 (dez mil reais), com vencimento em 06.09.2022 e 06.10.2022, respectivamente.

Diante da emissão da Nota Fiscal, *W* Dragon pode extrair Duplicatas para cobrar o comprador *Stark*.

C. ESTRUTURA DA DUPLICATA

1. ESTRUTURA DA DUPLICATA

Por se tratar de título à ordem de pagamento, há 03 (três) situações jurídicas: (i) sacador; (ii) sacado; e (iii) tomador.

Antes de abordar, como feito anteriormente, cada situação jurídica, é importante destacar que, na Duplicata, sacador e tomador são uma única pessoa: o vendedor da mercadoria ou o prestador de serviços.

a) Sacador

O sacador, assim como o tomador, é o vendedor da mercadoria ou o prestador de serviços que, após a emissão de fatura, está autorizado em extrair desta uma ou mais Duplicatas para cobrança do sacado.

b) Sacado

No caso da Duplicata, o sacado é o comprador ou tomador de serviços do sacador, que se responsabiliza pelo pagamento, sendo o devedor principal da obrigação.

---

14. STJ – REsp: 1518203 PR 2015/0041648-3, Relator: Ministro Luis Felipe Salomão, Data de Julgamento: 27.04.2021, T4 – Quarta Turma, Data de Publicação: DJe 02.08.2021.

c) Tomador

O tomador é o vendedor da mercadoria ou o prestador de serviços, credor do sacado da Duplicata. Embora Sacador e Tomador representem situações jurídicas distintas, sendo o primeiro o emitente e o segundo o credor, na Duplicata ambas as situações são ocupadas pela mesma pessoa: o vendedor da mercadoria ou o prestador de serviços.

Por exemplo, a sociedade Stark compra determinado produto da sociedade *W Dragon A*. Por se tratar de compra e venda mercantil, *W Dragon A* (sacador/tomador) é obrigado a emitir Nota Fiscal – Fatura e pode extrair desta Duplicata para representar a obrigação de pagar do comprador Stark (sacado).

D. FORMA E REQUISITOS DA DUPLICATA

1. FORMA DA DUPLICATA

A Duplicata é um título de crédito de modelo vinculado, devendo ser lançada em impresso próprio do vendedor, confeccionado de acordo com o padrão previsto na Resolução 102/1968 do Conselho Monetário Nacional (art. 27, LD[15]), que estabelece os padrões e limites do documento, com altura mínima de 148 mm e máxima de 152 mm e largura mínima de 203 mm e máxima de 210 mm. Determina, ainda, em seu item III, que todas as instituições financeiras que, após o transcurso do prazo de um ano, a partir da data da presente Resolução – destinado a possibilitar o consumo dos formulários em estoque – somente devem transacionar ou acolher em cobrança as duplicatas convencionadas na forma e nas dimensões dos modelos padronizados.

Além disso, a Duplicata pode ser lançada de forma escritural, de acordo com a Lei 13.775/2018,[16] a partir do seu lançamento em um sistema eletrônico de escrituração, que será gerido por entidades que exerçam essa atividade e estejam autorizadas pelo Banco Central.[17]-[18]

---

15. Art. 27. O Conselho Monetário Nacional, por proposta do Ministério da Indústria e do Comércio, baixará, dentro de 120 (cento e vinte) dias da data da publicação desta lei, normas para padronização formal dos títulos e documentos nela referidos fixando prazo para sua adoção obrigatória.
16. Art. 2º A duplicata de que trata a Lei 5.474, de 18 de julho de 1968 , pode ser emitida sob a forma escritural, para circulação como efeito comercial, observadas as disposições desta Lei.
17. A emissão de duplicata sob a forma escritural farse-á mediante lançamento em sistema eletrônico de escrituração gerido por quaisquer das entidades que exerçam a atividade de escrituração de duplicatas escriturais.
18. Resolução BCB 339 DE 24/08/2023 – *Dispõe sobre a atividade de escrituração de duplicata escritural, sobre o sistema eletrônico de escrituração gerido por entidade autorizada a exercer essa atividade e sobre o registro, o depósito centralizado e a negociação desses títulos de crédito escriturais.*

A responsabilidade de inserir no sistema a emissão da duplicata será do sacador, mediante assinatura eletrônica.

E atenção! Informações como data de emissão dos títulos, existência de ônus ou gravames, créditos a receber de determinado devedor, patrimônio etc. deverão ser registrados.

O Superior Tribunal de Justiça, no recurso Especial 1518203 PR, discutiu uma Duplicata que não observou a forma prevista na Resolução 102/1968 do Conselho Monetário Nacional, sendo que ficou decidiu que essa formalidade, por si só, não descaracteriza o título de crédito.[19]

---

19. Recurso especial. Duplicata. Direito empresarial. Destaca-se pela simplicidade de fórmulas e internacionalidade de suas regras e institutos. Requisitos essenciais da duplicata. Art. 2º, § 1º, da Lei 5.747/1968. Dimensões da cártula que não cumprem precisamente aquelas estabelecidas pelo modelo da resolução CMN 102/1968. Irregularidade irrelevante. Descrição da mercadoria. Inexistência de alteração da feição característica do título de crédito. Duplicata com aceite. Oposição de exceções pessoais em face do endossatário. Inviabilidade. 1. O direito comercial caracteriza-se pela simplicidade de suas fórmulas, pela internacionalidade de suas regras e institutos, pela rapidez de sua aplicação, pela elasticidade dos seus princípios e também pela onerosidade de suas operações. As obrigações resultantes dos atos de natureza cambiária não podem, em geral, acomodar-se às formas hieráticas e solenes dos contratos civis, e os usos e costumes comerciais influenciam a obrigação que resulta do ato mercantil. 2. Os requisitos essenciais da duplicata – reconhecidos pela Corte local como devidamente supridos – estão claramente previstos no art. 2º, § 1º, da Lei das Duplicatas, que estabelece que a cártula conterá: I – a denominação "duplicata", a data de sua emissão e o número de ordem; II – o número da fatura; III – a data certa do vencimento ou a declaração de ser a duplicata à vista; IV – o nome e domicílio do vendedor e do comprador; V – a importância a pagar, em algarismos e por extenso; VI – a praça de pagamento; VII – a cláusula à ordem; VIII – a declaração do reconhecimento de sua exatidão e da obrigação de pagá-la, a ser assinada pelo comprador, como aceite, cambial; IX – a assinatura do emitente. Com efeito, o entendimento sufragado pelo acórdão recorrido, assentando não ter validade e eficácia de duplicata, por não observar, com precisão, "os limites do documento, com altura mínima de 148 mm e máxima de 152 mm e largura mínima de 203 mm e máxima de 210 mm", conforme modelo estabelecido na Resolução CMN 102/1968, testilha com o mencionado dispositivo legal e com os usos e costumes comerciais, sendo incomum que o sacado e os endossatários se valham de régua, por ocasião, respectivamente, do aceite e da operação de endosso, para aferição do preenchimento preciso das dimensões de largura e altura da cártula. 3. É inviável o entendimento de que, como a cártula apresenta também a descrição da mercadoria objeto da compra e venda, uma fatura da mercadoria objeto da negociação, isso desnatura e descaracteriza por completo o título como duplicata. A descrição da mercadoria, a par de caracterizar uma duplicata da fatura na própria acepção do termo, embora represente redobrada cautela, não pode inviabilizar a cártula, pois o art. 2º, § 2º, da Lei 5.474./1968 dispõe que uma duplicata tem de corresponder a uma única fatura, e o art. 24 expressamente faculta que conste na cártula outras indicações, contanto que não alterem sua feição característica. 4. Havendo aceite, este se vincula à duplicata, afastada a possibilidade de investigação do negócio causal. Conquanto o título seja causal apenas na sua origem/emissão, sua circulação – após o aceite do sacado ou, na sua falta, pela comprovação do negócio mercantil subjacente e do protesto – rege-se pelo princípio da abstração, desprendendo-se de sua causa original, sendo por isso inoponíveis exceções pessoais a terceiros de boa-fé, como ausência de entrega da mercadoria ou de prestação de serviços, ou mesmo quitação ao credor originário. Precedentes. 5. Recurso especial provido. (STJ – REsp: 1518203 PR 2015/0041648-3, Relator: Ministro Luis Felipe Salomão, Data de Julgamento: 27.04.2021, T4 – Quarta Turma, Data de Publicação: DJe 02.08.2021).

CAPÍTULO V • DUPLICATA **153**

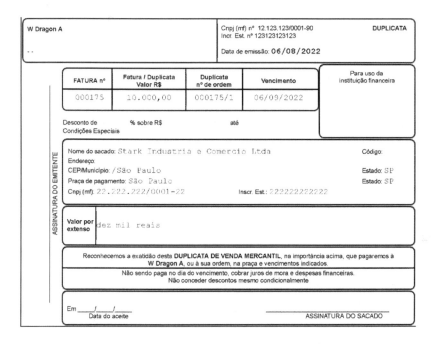

2. REQUISITOS DE VALIDADE

Verificada a hipótese de emissão de Duplicata, a formalização do documento é essencial à sua validade e para a produção dos efeitos previstos por lei. Assim, a eventual inexistência destes requisitos poderá macular o título, impedindo a aplicação do regime jurídico específico do Direito Cambiário.

Os requisitos de validade da Duplicata estão taxativamente previstos no artigo 2º, § 1º, da Lei da Duplicata.[20]

---

20. Art. 2º No ato da emissão da fatura, dela poderá ser extraída uma duplicata para circulação como efeito comercial, não sendo admitida qualquer outra espécie de título de crédito para documentar o saque do vendedor pela importância faturada ao comprador. § 1º A duplicata conterá: I – a denominação "duplicata", a data de sua emissão e o número de ordem; II – o número da fatura; III – a data certa do vencimento ou a declaração de ser a duplicata à vista; IV – o nome e domicílio do vendedor e do comprador; V – a importância a pagar, em algarismos e por extenso; VI – a praça de pagamento; VII – a cláusula à ordem; VIII – a declaração do reconhecimento de sua exatidão e da obrigação de pagá-la, a ser assinada pelo comprador, como aceite, cambial; IX – a assinatura do emitente.

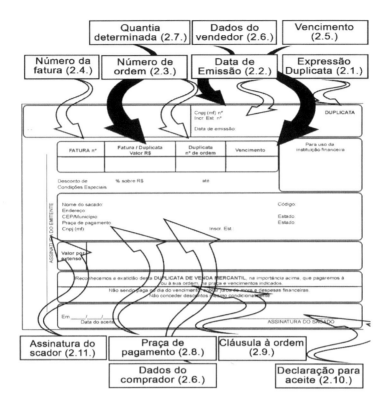

2.1 Expressão "Duplicata" (art. 2º, § 1º, I, LD)

É imprescindível que no título exista a sua denominação, contendo a expressão "Duplicata".

2.2 Data de sua emissão (art. 2º, § 1º, I, LD)

A data da emissão corresponde à data da fatura em que foi extraída a Duplicata.

2.3 Número de ordem (art. 2º, § 1º, I, LD)

O agente econômico que emite Duplicata deve manter escriturado "Livro de Registro de Duplicata" (art. 19, LD[21]), devendo inserir no título a numeração sequencial de emissão.

---

21. Art. 19. A adoção do regime de vendas de que trata o art. 2º desta Lei obriga o vendedor a ter e a escriturar o Livro de Registro de Duplicatas. § 1º No Registro de Duplicatas serão escrituradas, cronologicamente, todas as duplicatas emitidas, com o número de ordem, data e valor das faturas originárias e data de

2.4 Número da fatura (art. 2º, § 1º, II, LD)

A Duplicata é título extraído de uma fatura. Isso significa dizer que há uma vinculação causal entre Duplicata e a fatura que lhe deu origem, devendo constar no título o número dessa fatura.

2.5 Vencimento (art. 2º, § 1º, III, LD)

A Duplicata é um título com vencimento em data certa ou à vista, não cabendo vencimento a certo termo da vista ou certo termo da data.

2.6 Nome e domicílio do vendedor e do comprador (art. 2º, § 1º, IV, LD)

A identificação das partes, sendo a Duplicata título nominativo à ordem.

O comprador é identificado também pelo número de sua Cédula de Identidade, de sua inscrição no Cadastro de Pessoa Física, do Título Eleitoral ou da Carteira Profissional (art. 3º, Lei 6.268/75[22]).

2.7 Quantia determinada (art. 2º, § 1º, V, LD)

A Duplicata deve expressar a importância a pagar, em algarismos e por extenso.

A Duplicata indicará sempre o valor total da fatura, ainda que o comprador tenha direito a qualquer rebate, mencionando o vendedor o valor líquido que o comprador deverá reconhecer como obrigação de pagar (art. 4º, LD).

Contudo, não se incluirão no valor total da Duplicata os abatimentos de preços das mercadorias feitas pelo vendedor até o ato do faturamento, desde que constem da fatura (art. 4º, § 1º, LD).

A venda mercantil para pagamento contra a entrega da mercadoria ou do conhecimento de transporte, sejam ou não da mesma praça vendedor e comprador, ou para pagamento em prazo inferior a 30 (trinta) dias, contado da entrega ou despacho das mercadorias, poderá representar-se, também, por Duplicata, em que se declarará que o pagamento será feito nessas condições (art. 4º, § 2º, LD).

---

sua expedição; nome e domicílio do comprador; anotações das reformas; prorrogações e outras circunstâncias necessárias. § 2º Os Registros de Duplicatas, que não poderão conter emendas, borrões, rasuras ou entrelinhas, deverão ser conservados nos próprios estabelecimentos. § 3º O Registro de Duplicatas poderá ser substituído por qualquer sistema mecanizado, desde que os requisitos deste artigo sejam observados.

22. Art 3º Os títulos cambiais e as duplicatas de fatura conterão, obrigatoriamente, a identificação do devedor pelo número de sua cédula de identidade, de inscrição no cadastro de pessoa física, do título eleitoral ou da carteira profissional. Parágrafo único. Nos instrumentos de protesto, serão descritos os elementos de que trata este artigo.

2.8 Praça de pagamento (art. 2º, § 1º, VI, LD)

É a indicação do lugar onde o pagamento deve ser realizado, também denominado de "praça" ou "praça de pagamento".

2.9 Cláusula à ordem (art. 2º, § 1º, VII, LD)

A cláusula "à ordem" é permitida, sendo que não se admite a emissão de duplicata mercantil com cláusula "não à ordem", a qual somente poderá ser inserida no título por endosso.[23]

2.10 Declaração para aceite (art. 2º, § 1º, VIII, LD)

A declaração do reconhecimento de exatidão da Duplicata e da obrigação de pagá-la, a ser assinada pelo comprador, como aceite, cambial.

2.11 Assinatura do sacador (art. 2º, § 1º, IX, LD)

A assinatura do emitente, podendo ser utilizada a rubrica mecânica nos termos do artigo 1º da Lei 6.304/1975.[24]

2.12 Outros elementos (art. 24, LD[25])

Poderá constar na Duplicata outras indicações, desde que não alterem sua feição característica.

Nesse sentido, o posicionamento do STJ afirma ser "inviável o entendimento de que, como a cártula apresenta também a descrição da mercadoria objeto da compra e venda, uma fatura da mercadoria objeto da negociação, isso desnatura e descaracteriza por completo o título como duplicata. A descrição da mercadoria, a par de caracterizar uma duplicata da fatura na própria acepção do termo, embora represente redobrada cautela, não pode inviabilizar a cártula, pois o art. 2º, § 2º, da Lei 5.474./1968 dispõe que uma duplicata tem de corresponder a uma única

---

23. COELHO, Fabio Ulhoa. *Manual de Direito Comercial*: Direito de Empresa. São Paulo: Ed. RT, 2021, v. 32, p. 279.
24. Art. 1º Os títulos ou certificados de ações, debêntures ou obrigações, bem como suas cautelas representativas, de emissão das sociedades anônimas de capital aberto, e as duplicatas emitidas ou endossadas pelo emitente, podem ser autenticadas mediante chancela mecânica, obedecidas as normas baixadas pelo Conselho Monetário Nacional. Parágrafo único. Aquele que utilizar chancela mecânica, obriga-se e responde integralmente pela legitimidade e valor dos títulos e endossos assim autenticados, inclusive nos casos de uso indevido ou irregular de tal processo, por quem quer que seja.
25. Art. 24. Da duplicata poderão constar outras indicações, desde que não alterem sua feição característica.

fatura, e o art. 24 expressamente faculta que conste na cártula outras indicações, contanto que não alterem sua feição característica".[26]

3. FATURA E EMISSÃO DE MAIS DE UMA DUPLICATA

No caso de parcelamento do valor de compra ou prestação de serviços, o vendedor ou prestador poderá emitir (I) Duplicata única, em que se discriminarão todas as prestações e seus vencimentos, ou (II) série de Duplicatas, uma para cada prestação, distinguindo-se a numeração pelo acréscimo de número ou letra do alfabeto, em sequência (art. 2º, § 3º, LD[27]).

Por exemplo, a sociedade *W Dragon A* vende determinadas mercadorias para sociedade *Stark* pelo valor total de R$ 20.000,00 (vinte mil reais) com a emissão da Nota Fiscal 000175.

As partes ajustaram que o valor total seria pago em 02 (duas) parcelas de R$ 10.000,00 (dez mil reais), com vencimento em 06.09.2022 e 06.10.2022, respectivamente e, por isso, foram extraídas 02 (duas) Duplicatas – 000175/1 e 000175/2 – para representarem cada parcela a ser paga por *Stark*.

- *Duplicata 000175/1*

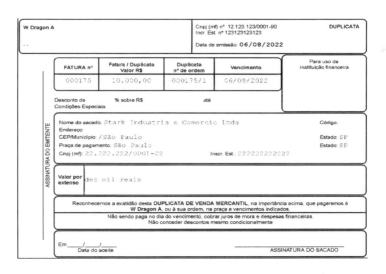

---

26. STJ – REsp: 1518203 PR 2015/0041648-3, Relator: Ministro Luis Felipe Salomão, Data de Julgamento: 27.04.2021, T4 – Quarta Turma, Data de Publicação: DJe 02.08.2021.
27. Art. 2º, § 3º. Nos casos de venda para pagamento em parcelas, poderá ser emitida duplicata única, em que se discriminarão todas as prestações e seus vencimentos, ou série de duplicatas, uma para cada prestação distinguindo-se a numeração a que se refere o item I do § 1º deste artigo, pelo acréscimo de letra do alfabeto, em sequência.

- *Duplicata 000175/2*

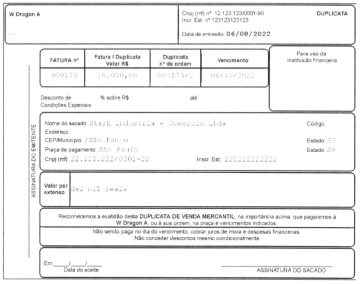

Importante verificar que todos os dados contidos nas Duplicatas foram extraídos da Nota Fiscal – Fatura 000175.

4. UMA DUPLICATA E VÁRIAS FATURAS

A lei não permite que uma só Duplicata corresponda a mais de uma fatura (art. 2º, § 2º, LD[28]).

Apesar de uma Duplicata só poder espelhar uma fatura, esta pode corresponder à soma de diversas Notas Fiscais parciais. De fato, a Nota Fiscal parcial é o documento representativo de uma venda parcial ou de venda realizada dentro do lapso de um mês, que poderá ser agrupada a outras vendas efetivadas nesse período pelo mesmo comprador.

Não há proibição legal para que se somem vendas parceladas procedidas no curso de um mês e do montante se formule uma fatura única ao seu final. Por exemplo: um contrato de empreitada, que exige a realização de diversas entregas de material durante todo dia de obras.[29]

---

28. Art. 2º, § 2º Uma só duplicata não pode corresponder a mais de uma fatura.
29. Recurso especial. Comercial. Negativa de prestação jurisdicional. Não ocorrência. Títulos de crédito. Duplicata. Emissão. Causa debendi. Compra e venda mercantil e prestação de serviços. Extração de fatura. Soma de notas parciais. Possibilidade. Higidez do negócio jurídico subjacente. Preço das mercadorias. Reexame de provas. Inviabilidade. Súmula 7/STJ. 1. Cinge-se a controvérsia a saber a)

E. INSTITUTOS APLICÁVEIS A DUPLICATA

1. REGIME JURÍDICO

A Duplicata é um título de crédito previsto na Lei das Duplicatas ("LD"), Lei 5.474/1968.

Diante das peculiaridades da legislação cambial da Duplicata, devemos analisar os institutos jurídicos específicos da Duplicata e, quando aplicável, as disposições gerais da Lei Uniforme ou do Código Civil.

2. LIVRO DE REGISTRO DE DUPLICATAS

O agente econômico que emitir Duplicata deverá escritura o "Livro de Registro de Duplicatas" (art. 19, LD).

3. ACEITE

O aceite é o ato de livre vontade do sacado, que expressa a sua concordância com a ordem de pagamento endereçado pelo sacador, tornando-se devedor da obrigação de pagar representada pela Duplicata.

---

se a duplicata pode corresponder a mais de uma nota fiscal ou a mais de uma fatura e b) se os títulos de crédito emitidos se encontram viciados, pois os valores cobrados das mercadorias e dos serviços constantes nas faturas e nas notas parciais não guardariam similitude. 2. A fatura consiste em nota representativa de contratos de compra e venda mercantis ou de prestação de serviços, devendo haver, entre outras identificações, a discriminação das mercadorias vendidas e dos preços negociados e a menção à natureza dos serviços prestados. Pode, ainda, conter somente a indicação dos números e valores das notas parciais expedidas por ocasião das vendas, despachos ou entregas das mercadorias (arts. 1º, caput e § 1º, e 20 da Lei 5.474/1968). 3. A duplicata, de extração facultativa, materializa-se no ato da emissão da fatura, constituindo o título de crédito genuíno para documentar o saque do vendedor pela importância faturada ao comprador (art. 2º da Lei 5.474/1968). 4. Apesar de a duplicata só poder espelhar uma fatura, esta pode corresponder à soma de diversas notas parciais. De fato, a nota parcial é o documento representativo de uma venda parcial ou de venda realizada dentro do lapso de um mês, que poderá ser agrupada a outras vendas efetivadas nesse período pelo mesmo comprador. 5. Não há proibição legal para que se somem vendas parceladas procedidas no curso de um mês, e do montante se formule uma fatura única ao seu final, sobretudo diante da natureza do serviço contratado, como o de concretagem, a exigir a realização de diversas entregas de material ao dia. 6. A discussão acerca dos valores de preços corretos das mercadorias e dos serviços cobrados e da validade do negócio jurídico entabulado (causa debendi), subjacente às duplicatas emitidas, encontra óbice na Súmula 7/STJ. 7. Recurso especial não provido. (STJ – REsp: 1356541 MG 2012/0254221-4, Relator: Ministro Ricardo Villas Bôas Cueva, Data de Julgamento: 05.04.2016, T3 – Terceira Turma, Data de Publicação: DJe 13.04.2016).

Emitida a Duplicada, o documento deve ser encaminhado pelo vendedor ou por seus representantes, por intermédio de instituições financeiras, procuradores ou correspondentes que se incumbam de apresentá-la ao comprador na praça ou no lugar de seu estabelecimento. O prazo para remessa da duplicata será de 30 (trinta) dias, contados da data de sua emissão (at. 6º, LD[30]).

O comprador, ora sacado, ao receber a Duplicata, pode: (I) assinar o título e devolvê-lo ao vendedor no prazo de 10 dias do recebimento; (II) devolver o título ao vendedor, sem assinatura; (III) devolver o título ao vendedor acompanhado de declaração, por escrito, das razões que motivam a recusa em aceitá-lo; (IV) não devolver o título e comunicar ao vendedor o seu aceite, desde que eventual instituição financeira cobradora esteja de acordo; e (V) não devolver o título, simplesmente.

Qualquer que seja o comportamento do comprador, isso em nada altera a sua responsabilidade cambial, já definida previamente em lei.[31]

Doutrina e jurisprudência tratam a Duplicata como um título de aceite obrigatório, ou seja, independe da vontade do sacado (comprador), de forma que sua recusa só é admissível nos casos previstos pelos artigos 8º[32] e 21[33] da Lei das Duplicatas.[34]

Ante seu caráter obrigatório, o aceite da duplicata mercantil pode ser discriminado em 03 (três) categorias: (I) aceite ordinário, (II) aceite por comunicação e (III) aceite por presunção.[35]

---

30. Art. 6º A remessa de duplicata poderá ser feita diretamente pelo vendedor ou por seus representantes, por intermédio de instituições financeiras, procuradores ou, correspondentes que se incumbam de apresentá-la ao comprador na praça ou no lugar de seu estabelecimento, podendo os intermediários devolvê-la, depois de assinada, ou conservá-la em seu poder até o momento do resgate, segundo as instruções de quem lhes cometeu o encargo. § 1º O prazo para remessa da duplicata será de 30 (trinta) dias, contado da data de sua emissão. § 2º Se a remessa for feita por intermédio de representantes instituições financeiras, procuradores ou correspondentes estes deverão apresentar o título, ao comprador dentro de 10 (dez) dias, contados da data de seu recebimento na praça de pagamento.
31. COELHO, Fabio Ulhoa. *Manual de Direito Comercial*: Direito de Empresa. São Paulo: Ed. RT, 2021, v. 32, p. 279.
32. Art. 8º O comprador só poderá deixar de aceitar a duplicata por motivo de: I – avaria ou não recebimento das mercadorias, quando não expedidas ou não entregues por sua conta e risco; II – vícios, defeitos e diferenças na qualidade ou na quantidade das mercadorias, devidamente comprovados; III – divergência nos prazos ou nos preços ajustados.
33. Art. 21. O sacado poderá deixar de aceitar a duplicata de prestação de serviços por motivo de: I – não correspondência com os serviços efetivamente contratados; II – vícios ou defeitos na qualidade dos serviços prestados, devidamente comprovados; III – divergência nos prazos ou nos preços ajustados.
34. STJ – AREsp: 1560926 RJ 2019/0234410-0, Relator: Ministro João Otávio De Noronha, Data de Publicação: DJ 25.10.2019.
35. A duplicata mercantil é título de aceite obrigatório, ou seja, a vinculação ao título como devedor principal independe da vontade do sacado (comprador). Ao contrário do que ocorre com a letra de câmbio, em que o sacado não tem nenhuma obrigação de aceitar a ordem que lhe foi endereçada, na

a) Aceite ordinário

O aceite ordinário ocorre quando o comprador (sacado) assina a Duplicata e devolve para o vendedor (sacador/tomador). Pela própria dinâmica do mercado e pela possibilidade do aceite por presunção, raríssimas são as vezes que ocorre o aceite ordinário.

Por exemplo, a sociedade *W* Dragon A vende determinadas mercadorias para sociedade *Stark* pelo valor total de R$ 20.000,00 (vinte mil reais) com a emissão da Nota Fiscal 000175.

---

duplicata mercantil o sacado está, em regra, vinculado à aceitação da ordem, só podendo recusá-la em situações previamente definidas em lei.

Quando se afirma que o aceite da duplicata é obrigatório não se pretende que ele não possa ser recusado, mas, sim, que a sua recusa somente poderá ocorrer em determinados casos legalmente previstos. Situação diametralmente oposta à do sacado da letra de câmbio, que pode sempre recusar-se a assumir a obrigação cambial, mesmo que seja devedor do sacador ou do tomador.

A recusa de aceite da duplicata mercantil só é admissível nos casos previstos pelo art. 8º da LD, ou seja, por motivo de: a) avaria ou não recebimento de mercadorias, quando não expedidas ou não entregues por conta e risco do comprador; b) vícios na qualidade ou quantidade das mercadorias; c) divergência nos prazos ou nos preços ajustados.

Em qualquer uma destas três hipóteses, e somente nelas, poderá o comprador recusar o aceite e, portanto, não assumir obrigação cambial. É claro que as partes poderão discutir em juízo a ocorrência destas causas, confirmando ou desconstituindo o ato de recusa do comprador.

Em função do seu caráter obrigatório, o aceite da duplicata mercantil pode ser discriminado em três categorias:

a) Aceite ordinário – resulta da assinatura do comprador aposta no local apropriado do título de crédito.

b) Aceite por comunicação – resulta da retenção da duplicata mercantil pelo comprador autorizado por eventual instituição financeira cobradora, com a comunicação, por escrito, ao vendedor, de seu aceite.

c) Aceite por presunção – resulta do recebimento das mercadorias pelo comprador, desde que não tenha havido causa legal motivadora de recusa, com ou sem devolução do título ao vendedor.

Como se pode perceber, dos cinco comportamentos que o comprador pode ter diante do recebimento de uma duplicata remetida pelo vendedor, apenas a sua devolução não assinada e acompanhada de declaração de recusa do aceite é que pode, se efetivamente havia causa para a recusa, liberá-lo da obrigação cambial documentada pela duplicata mercantil. A recusa na devolução do título ou a sua devolução não assinado são comportamentos que em nada interferem com a obrigação do sacado de pagar a duplicata.

No tocante aos demais atos constitutivos do crédito cambiário, aplicam-se à duplicata as normas relativas à letra de câmbio, por expressa disposição do art. 25 da LD. Observe-se, somente, que o aval em branco da duplicata é prestado em favor daquele cuja assinatura estiver acima da do avalista, ou, se inexistir uma assinatura assim situada, em favor do comprador; se os avais em branco são superpostos, consideram-se simultâneos (os obrigados são coavalistas do sacador) e não sucessivos (os obrigados não são avalistas de avalistas), conforme dispõe a Súmula 189 do STF; em relação ao endosso, é importante notar que, por ser a duplicata sempre sacada pelo vendedor em seu próprio favor, é ele, necessariamente, o primeiro endossante desse título de crédito, circunstância relevante na interpretação das normas relativas à exigibilidade do crédito cambiário; finalmente, anote-se que o devedor principal da duplicata mercantil é o sacado, o comprador das mercadorias. (COELHO, Fabio Ulhoa. *Manual de Direito Comercial*: Direito de Empresa. São Paulo: Ed. RT, 2021, v. 32, p. 281-282).

As partes ajustaram que o valor total seria pago em 02 (duas) parcelas de R$ 10.000,00 (dez mil reais), com vencimento em 06.09.2022 e 06.10.2022, respectivamente e, por isso, foram extraídas 02 (duas) Duplicatas – 000175/1 e 000175/2, para representarem cada parcela a ser paga por *Stark*.

Stark, ao receber a Duplicata 000175/1, aceita a ordem, assinado e devolvendo o título para *W* Dragon A.

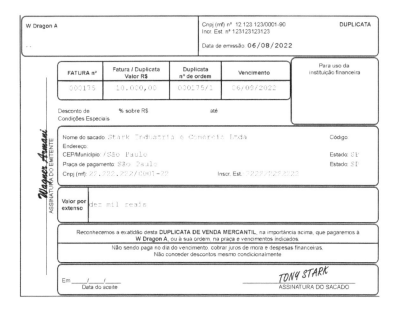

b) Aceite por comunicação

Nesta espécie, o aceite da Duplicada ocorre por comunicação por escrito da instituição financeira cobradora (art. 7º, §§ 1º e 2º, LD[36]). Do mesmo modo que o aceite ordinário, essa hipótese ocorre de forma rara na prática.

c) Aceite por presunção

O aceite é presumido quando não há aceite ordinário ou por comunicação na Duplicata, mas o vendedor tem documento que comprova a entrega da mer-

---

36. Art. 7º A duplicata, quando não for à vista, deverá ser devolvida pelo comprador ao apresentante dentro do prazo de 10 (dez) dias, contado da data de sua apresentação, devidamente assinada ou acompanhada de declaração, por escrito, contendo as razões da falta do aceite. § 1º Havendo expressa concordância da instituição financeira cobradora, o sacado poderá reter a duplicata em seu poder até a data do vencimento, desde que comunique, por escrito, à apresentante o aceite e a retenção. § 2º A comunicação de que trata o parágrafo anterior substituirá, quando necessário, no ato do protesto ou na execução judicial, a duplicata a que se refere.

cadoria ou prestação de serviços. Com o cumprimento da obrigação do vendedor no contrato de compra e venda, resultante da entrega da mercadoria para o comprador, presume-se a obrigação deste em pagar o preço em dinheiro (art. 481, CC[37]) e, portanto, o aceite da Duplicata que representa a obrigação de pagar.

Do mesmo modo, no contrato de prestação de serviços, comprovado o cumprimento da obrigação pelo prestador, lhe é devida a retribuição (art. 597, CC[38]) e, portanto, o aceite da Duplicata que representa a obrigação de pagar.

O canhoto da Nota Fiscal devidamente datado e assinado por aquele que recebe a mercadoria é exemplo de documento que comprova a entrega da mercadoria ou da prestação de serviços.

A lei, de forma correta, não delimitou os meios de prova para configuração do aceite presumido, sendo permitido qualquer documento hábil comprobatório da entrega e do recebimento da mercadoria, inclusive permitindo a sua comprovação por meio eletrônico (art. 15, II, b, LD[39]).[40]

---

37. Art. 481. Pelo contrato de compra e venda, um dos contratantes se obriga a transferir o domínio de certa coisa, e o outro, a pagar-lhe certo preço em dinheiro.

38. Art. 597. A retribuição pagar-se-á depois de prestado o serviço, se, por convenção, ou costume, não houver de ser adiantada, ou paga em prestações.

39. Art. 15, II, b) esteja acompanhada de documento hábil comprobatório da entrega e do recebimento da mercadoria, permitida a sua comprovação por meio eletrônico; (Redação dada pela Lei 14.301, de 2022).

40. Agravo interno no agravo em recurso especial – autos de agravo de instrumento na origem – decisão monocrática da presidência desta corte que não conheceu do reclamo. Insurgência recursal do agravante. 1. A parte agravante refutou, nas razões do agravo em recurso especial, a aplicação das Súmulas 7 e 83/STJ, não incidindo, portanto, o óbice da Súmula 182/STJ. Reconsiderada a decisão singular da Presidência. 2. Na forma da jurisprudência do STJ, "a exceção de pré-executividade é cabível quando atendidos simultaneamente dois requisitos, um de ordem material e outro de ordem formal, ou seja: (a) é indispensável que a matéria invocada seja suscetível de conhecimento de ofício pelo juiz; e (b) é indispensável que a decisão possa ser tomada sem necessidade de dilação probatória" (REsp 1717166/RJ, Rel. Ministro Luis Felipe Salomão, Quarta Turma, julgado em 05.10.2021, DJe 25.11.2021). Incidência da Súmula 83 do STJ. 3. O Superior Tribunal de Justiça pacificou entendimento segundo o qual, "ainda que sem aceite, a duplicata que houver sido protestada, quando acompanhada de comprovação de realização do negócio jurídico subjacente, revela-se instrumento hábil a fundamentar a execução" (AgInt no AgInt no AREsp 1519538/MG, Rel. Ministro Luis Felipe Salomão, Quarta Turma, julgado em 07.12.2020, DJe 15.12.2020). Incidência da Súmula 83 do STJ. 4. O Tribunal de origem, considerando as particularidades do caso concreto, concluiu pela ausência de demonstração da alegada inexigibilidade dos títulos executivos, pela comprovação da entrega das mercadorias, bem como pela necessidade de dilação probatória para demonstração das alegações do insurgente, de modo que a revisão de tais conclusões ensejaria o necessário revolvimento das provas constantes dos autos, providência vedada em sede de recurso especial, ante o óbice estabelecido pela Súmula 7/STJ. 5. Agravo interno provido para reconsiderar a decisão da Presidência de fls. 427-428, e-STJ. Agravo em recurso especial desprovido. (AgInt no AREsp 2.010.015/RJ, relator Ministro Marco Buzzi, Quarta Turma, julgado em 28.03.2022, DJe de 31.03.2022).

c.1) Boleto e Duplicata

Na prática, o vendedor da mercadoria ou prestador de serviços emite a Nota Fiscal e a encaminha com os boletos bancários para pagamento pelo comprador, ora devedor. Este, ao receber a mercadoria ou serviços, assina o canhoto da Nota Fiscal ou outro documento que comprove o cumprimento da obrigação pelo vendedor ou prestador (p. ex. conhecimento de transporte), se vinculando à obrigação de pagar (aceite por presunção). Caso o devedor não pague a obrigação, o credor poderá protestar o título por indicação e iniciar ação de execução para cobrança da dívida.

O importante nesse ponto é saber que boleto não é Duplicata, mas sim uma ficha de compensação vinculada ao negócio e aos dados da Duplicata. Ele é um documento que serve para auxiliar a cobrança do título de crédito, mas não se confunde com ele.

Os boletos de cobrança bancária vinculados à Duplicata virtual ou digital, devidamente acompanhados dos instrumentos de protesto por indicação e dos comprovantes de entrega da mercadoria ou da prestação dos serviços, suprem a ausência física do título cambiário eletrônico e constituem, a princípio, títulos executivos extrajudiciais.

Não se trata, aqui, de atribuir eficácia executiva ao boleto singularmente considerado. Esse documento bancário apenas contém as características da Duplicata virtual emitida unilateralmente pelo sacador e não se confunde com o título de crédito a ser protestado, como veremos abaixo.[41]

---

41. Recurso especial. Comercial. Negativa de prestação jurisdicional. Não ocorrência. Títulos de crédito. Duplicata. Emissão. Causa debendi. Compra e venda mercantil e prestação de serviços. Extração de fatura. Soma de notas parciais. Possibilidade. Higidez do negócio jurídico subjacente. Preço das mercadorias. Reexame de provas. Inviabilidade. Súmula 7/STJ. 1. Cinge-se a controvérsia a saber a) se a duplicata pode corresponder a mais de uma nota fiscal ou a mais de uma fatura e b) se os títulos de crédito emitidos se encontram viciados, pois os valores cobrados das mercadorias e dos serviços constantes nas faturas e nas notas parciais não guardariam similitude. 2. A fatura consiste em nota representativa de contratos de compra e venda mercantis ou de prestação de serviços, devendo haver, entre outras identificações, a discriminação das mercadorias vendidas e dos preços negociados e a menção à natureza dos serviços prestados. Pode, ainda, conter somente a indicação dos números e valores das notas parciais expedidas por ocasião das vendas, despachos ou entregas das mercadorias (arts. 1º, *caput* e § 1º, e 20 da Lei 5.474/1968). 3. A duplicata, de extração facultativa, materializa-se no ato da emissão da fatura, constituindo o título de crédito genuíno para documentar o saque do vendedor pela importância faturada ao comprador (art. 2º da Lei 5.474/1968). 4. Apesar de a duplicata só poder espelhar uma fatura, esta pode corresponder à soma de diversas notas parciais. De fato, a nota parcial é o documento representativo de uma venda parcial ou de venda realizada dentro do lapso de um mês, que poderá ser agrupada a outras vendas efetivadas nesse período pelo mesmo comprador. 5. Não há proibição legal para que se somem vendas parceladas procedidas no curso de um mês, e do montante se formule uma fatura única ao seu final, sobretudo diante da natureza do serviço contratado, como o de concretagem, a exigir a realização de diversas entregas de material ao dia. 6. A discussão acerca dos valores de preços corretos das mercadorias e dos serviços cobrados e da validade do negócio jurídico entabulado (causa debendi), subjacente às duplicatas emitidas, encontra óbice na Súmula 7/STJ. 7. Recurso especial não provido. (STJ – REsp: 1356541 MG 2012/0254221-4, Relator: Ministro Ricardo Villas Bôas Cueva, Data de Julgamento: 05.04.2016, T3 – Terceira Turma, Data de Publicação: DJe 13.04.2016).

4. RECUSA DO ACEITE

O aceite obrigatório por presunção se trata de "presunção relativa" (*juris tantum*), ou seja, que permite prova em contrário. Cabe ao devedor comprovar ter recusado o aceite, no prazo, nas condições e pelos motivos previstos nos artigos 7º[42] e 8º,[43] para a compra e venda mercantil, ou no artigo 21[44] da Lei das Duplicadas, no caso de prestação de serviços (art. 15, II, c, LD[45]).

Posta em juízo a discussão do aceite, há de se verificar nos autos do processo a quem competirá o ônus da prova, nos termos do artigo 373 do Código de Processo Civil.[46]

Por exemplo, se o credor apresentar documento que comprove a entrega da mercadoria, caberá ao devedor o ônus de provar a existência de fato impeditivo, modificativo ou extintivo do direito do credor (art. 373, II, CPC).[47]

---

42. Art. 7º A duplicata, quando não for à vista, deverá ser devolvida pelo comprador ao apresentante dentro do prazo de 10 (dez) dias, contado da data de sua apresentação, devidamente assinada ou acompanhada de declaração, por escrito, contendo as razões da falta do aceite. § 1º Havendo expressa concordância da instituição financeira cobradora, o sacado poderá reter a duplicata em seu poder até a data do vencimento, desde que comunique, por escrito, à apresentante o aceite e a retenção. § 2º A comunicação de que trata o parágrafo anterior substituirá, quando necessário, no ato do protesto ou na execução judicial, a duplicata a que se refere.

43. Art. 8º O comprador só poderá deixar de aceitar a duplicata por motivo de: I – avaria ou não recebimento das mercadorias, quando não expedidas ou não entregues por sua conta e risco; II – vícios, defeitos e diferenças na qualidade ou na quantidade das mercadorias, devidamente comprovados; III – divergência nos prazos ou nos preços ajustados.

44. Art. 21. O sacado poderá deixar de aceitar a duplicata de prestação de serviços por motivo de: I – não correspondência com os serviços efetivamente contratados; II – vícios ou defeitos na qualidade dos serviços prestados, devidamente comprovados; III – divergência nos prazos ou nos preços ajustados.

45. Art 15, II, c) o sacado não tenha, comprovadamente, recusado o aceite, no prazo, nas condições e pelos motivos previstos nos arts. 7º e 8º desta Lei.

46. Art. 373. O ônus da prova incumbe: I – ao autor, quanto ao fato constitutivo de seu direito; II – ao réu, quanto à existência de fato impeditivo, modificativo ou extintivo do direito do autor. § 1º Nos casos previstos em lei ou diante de peculiaridades da causa relacionadas à impossibilidade ou à excessiva dificuldade de cumprir o encargo nos termos do caput ou à maior facilidade de obtenção da prova do fato contrário, poderá o juiz atribuir o ônus da prova de modo diverso, desde que o faça por decisão fundamentada, caso em que deverá dar à parte a oportunidade de se desincumbir do ônus que lhe foi atribuído. § 2º A decisão prevista no § 1º deste artigo não pode gerar situação em que a desincumbência do encargo pela parte seja impossível ou excessivamente difícil. § 3º A distribuição diversa do ônus da prova também pode ocorrer por convenção das partes, salvo quando: I – recair sobre direito indisponível da parte; II – tornar excessivamente difícil a uma parte o exercício do direito. § 4º A convenção de que trata o § 3º pode ser celebrada antes ou durante o processo.

47. Agravo interno no agravo em recurso especial. Embargos à execução. Entrega de mercadorias. Veracidade da assinatura. Ônus do embargante. Entendimento desta corte superior. Recurso não provido. 1. Este Superior Tribunal de Justiça entende que "É ônus da embargante a prova de fato constitutivo de seu direito, qual seja, o de que a mercadoria não lhe foi entregue adequadamente e que a assinatura constante do canhoto da duplicata pertence à pessoa estranha aos seus quadros, haja vista a presunção legal de legitimidade que emana do título executivo (arts. 333, I combinado com 334, IV, do CPC)" (RESP 844.191/DF, Rel. Ministro Luis Felipe Salomão, Quarta Turma, julgado em 02.06.2011, DJe 14.06.2011).

5. ENDOSSO

Não há na Lei de Duplicata regras específicas sobre endosso, aplicando-se as regras gerais postas na Lei Uniforme de Genebra,[48] conforme o artigo 25 da Lei das Duplicatas.[49]

Portanto, caro leitor, remeto-lhe ao Capítulo II, no qual tratamos do instituto do endosso na Letra de Câmbio, que é aplicado do mesmo modo na Duplicata.

6. AVAL

O aval é previsto na Lei das Duplicatas somente no artigo 12,[50] porém com pouca profundidade em comparação com a Lei Uniforme, pois traz apenas 04 (quatro) referências: (I) a possibilidade de garantia da Duplicata por aval (garantia cambiária); (II) a equiparação do avalista àquele cujo nome indicar (aval em preto); (III) na falta da indicação, àquele abaixo de cuja firma lançar a sua e, fora desses casos, ao comprador (aval em branco); e (IV) o aval dado posteriormente ao vencimento do título produzirá os mesmos efeitos que o prestado anteriormente àquela ocorrência (aval tardio).[51]

Contudo, como bem observado por Leonardo Aquino[52] em conversa que tivemos sobre o tema, a Lei das Duplicatas não traz expressamente a aplicação subsidiária da Lei Uniforme para o instituto do aval, mas apenas trata de emissão, circulação e pagamento (art. 25, LD).

---

48. (...) 5. A Lei Uniforme de Genebra, aplicável subsidiariamente às duplicatas, prevê, no entanto, que nem todos os requisitos legais são essenciais, pois, nos termos de seu art. 2º, existem aqueles cujos defeitos podem ser supridos, desde que exista uma solução objetiva e segura para a correção da irregularidade. (STJ – REsp: 1790004 PR 2018/0273847-3, Relator: Ministra Nancy Andrighi, Data de Julgamento: 13.10.2020, T3 – Terceira Turma, Data de Publicação: DJe 19.10.2020).

49. Art. 25. Aplicam-se à duplicata e à triplicata, no que couber, os dispositivos da legislação sobre emissão, circulação e pagamento das Letras de Câmbio.

50. Art. 12. O pagamento da duplicata poderá ser assegurado por aval, sendo o avalista equiparado àquele cujo nome indicar; na falta da indicação, àquele abaixo de cuja firma lançar a sua; fora desses casos, ao comprador. Parágrafo único. O aval dado posteriormente ao vencimento do título produzirá os mesmos efeitos que o prestado anteriormente àquela ocorrência.

51. A identificação do avalizado, isto é, da pessoa por quem se dá o aval é livre, cabendo ao avalista fazê-lo. Na falta de indicação (aval em branco), considera-se avalizado aquele cujo nome esteja acima do aval, ou, se não houver nenhum nome acima, considera-se como avalizado o comprador (Lei 5.474/68 – art. 12). Neste particular, encontra-se a única diferença do regime do aval da duplicata em relação à letra de câmbio, uma vez que nesta o aval em branco tem como avalizado o sacador. Tal distinção é óbvia e necessária, uma vez que o sacador das duplicatas assume, a princípio, a condição de credor, logo, não poderia ser avalizado. No mais, aplicam-se o mesmo regime e as mesmas regras presentes na LUG e demais leis aplicáveis à letra de câmbio. (TOMAZETTE. Marlon. *Curso De Direito Empresarial*. 13. ed. 2022, v. 2).

52. AQUINO, Leonardo Gomes de. *O aval parcial na duplicata*. Disponível em: https://estadodedireito. com.br/200-semana-o-aval-parcial-na-duplicata. Acesso em: 1º jul. 2022.

Logo, há possibilidade de interpretação da aplicação subsidiária do Código Civil e não da Lei Uniforme de Genebra para o aval na Duplicata.

Se defendida a posição da aplicação subsidiária do Código Civil, teríamos a proibição de aval parcial (art. 897, p. único, CC[53]);[54] se aplicada a Lei Uniforme, há a validade do aval parcial (art. 30, LUG[55]).[56]

Contudo, em que pese as interpretações postas acima, entendo ser válido o aval parcial na Duplicata com fundamento no referido artigo 25 da Lei das Duplicatas, pois embora não traga expressamente o termo "aval", faz referência ao "pagamento" que, na Lei das Duplicatas, está contido no Capítulo III (Do Pagamento das Duplicatas – arts. 9º a 12), onde também consta o aval.

Outrossim, em que pese não existirem precedentes do STJ específico sobre esse ponto do aval parcial na Duplicata, o entendimento é de que as regras do Código Civil se aplicam apenas aos títulos de crédito atípicos ou inominados, sendo aplicadas subsidiariamente as regra da Lei Uniforme de Genebra aos títulos típicos, como a Duplicata.[57]

---

53. Art. 897. Parágrafo único. É vedado o aval parcial.
54. MAMEDE, Gladston. *Títulos de crédito*. 10. ed. São Paulo: Grupo Gen, 2017, p. 233.
55. Art. 30. O pagamento de uma letra pode ser no todo ou em parte garantido por aval. Esta garantia é dada por um terceiro ou mesmo por um signatário da letra.
56. LUCCA, Newton de. *Comentários ao novo Código civil*. In: TEIXEIRA, Sálvio de Figueiredo (Coord.). Rio de Janeiro: Forense, 2003, v. XII (arts. 854 a 926), Dos atos unilaterais, dos títulos de crédito. p. 232.
57. Direito cambiário e processual civil. Recurso especial. Revelia. Efeitos relativos. Aval. Necessidade de outorga uxória ou marital. Disposição restrita aos títulos de crédito inominados ou atípicos. Art. 1.647, iii, do CC/2002. Interpretação que demanda observância à ressalva expressa do art. 903 do CC e ao disposto na LUG acerca do aval. Revisão do entendimento do colegiado. Cogitação de aplicação da regra nova para aval dado antes da vigência do novo cc. Manifesta inviabilidade. 1. Os efeitos da revelia – presunção de veracidade dos fatos alegados pelo autor – são relativos e não conduzem, necessariamente, ao julgamento de procedência dos pedidos, devendo o juiz atentar-se para os elementos probatórios presentes nos autos, para formação de sua convicção. 2. Diversamente do contrato acessório de fiança, o aval é ato cambiário unilateral, que propicia a salutar circulação do crédito, ao instituir, dentro da celeridade necessária às operações a envolver títulos de crédito, obrigação autônoma ao avalista, em benefício da negociabilidade da cártula. Por isso, o aval "considera-se como resultante da simples assinatura" do avalista no anverso do título (art. 31 da LUG), devendo corresponder a ato incondicional, não podendo sua eficácia ficar subordinada a evento futuro e incerto, porque dificultaria a circulação do título de crédito, que é a sua função precípua. 3. É imprescindível proceder-se à interpretação sistemática para a correta compreensão do art. 1.647, III, do CC/2002, de modo a harmonizar os dispositivos do Diploma civilista. Nesse passo, coerente com o espírito do Código Civil, em se tratando da disciplina dos títulos de crédito, o art. 903 estabelece que "salvo disposição diversa em lei especial, regem-se os títulos de crédito pelo disposto neste Código". 4. *No tocante aos títulos de crédito nominados, o Código Civil deve ter uma aplicação apenas subsidiária, respeitando-se as disposições especiais, pois o objetivo básico da regulamentação dos títulos de crédito, no novel Diploma civilista, foi permitir a criação dos denominados títulos atípicos ou inominados, com a preocupação constante de diferençar os títulos atípicos dos títulos de crédito tradicionais, dando aos primeiros menos vantagens.* 5. A necessidade de outorga conjugal para o aval em títulos inominados – de livre criação – tem razão de ser no fato de que alguns deles não asseguram nem mesmo direitos creditícios, a par de que a possibilidade de circulação é, evidentemente, deveras mitigada. A negociabilidade dos títulos de crédito é decorrência do regime jurídico-cambial, que estabelece regras que dão à pessoa para quem

7. VENCIMENTO

A Duplicata é título com vencimento em data certa ou à vista, não cabendo vencimento a certo termo da vista ou certo termo da data (art. 2º, § 1º, III, LD).

Diferentemente da Letra de Câmbio, a duplicata admite reforma ou prorrogação do prazo de vencimento, mediante declaração em separado ou nela escrita, assinada pelo vendedor ou endossatário ou por representante com poderes especiais (art. 11, LD).

No caso de reforma ou prorrogação do prazo de vencimento, para manter a coobrigação dos demais intervenientes por endosso ou aval, é necessária a anuência expressa destes.

No mais, aplicam-se subsidiariamente as regras de vencimento da Lei Uniforme de Genebra (art. 25, LD), como, por exemplo, as hipóteses de vencimento antecipado.

8. PAGAMENTO

O pagamento da Duplicata segue as regras da Lei Uniforme de Genebra (art. 25, LD), com as seguintes especificidades tratadas na Lei das Duplicatas:

a) Pagamento antecipado (art. 9º, LD[58])

Na Duplicata, é lícito ao comprador resgatar a duplicata antes de aceitá-la ou antes da data do vencimento.

---

o crédito é transferido maiores garantias do que as do regime civil. 6. As normas das leis especiais que regem os títulos de crédito nominados, v.g., letra de câmbio, nota promissória, cheque, duplicata, cédulas e notas de crédito, continuam vigentes e se aplicam quando dispuserem diversamente do Código Civil de 2002, por força do art. 903 do Diploma civilista. Com efeito, com o advento do Diploma civilista, passou a existir uma dualidade de regramento legal: os títulos de crédito típicos ou nominados continuam a ser disciplinados pelas leis especiais de regência, enquanto os títulos atípicos ou inominados subordinam-se às normas do novo Código, desde que se enquadrem na definição de título de crédito constante no art. 887 do Código Civil. 7. Recurso especial não provido. (STJ – REsp: 1633399 SP 2014/0316484-3, Relator: Ministro Luis Felipe Salomão, Data de Julgamento: 10.11.2016, T4 – Quarta Turma, Data de Publicação: DJe 1º dez. 2016, RT v. 976 p. 588).

58. Art. 9º É lícito ao comprador resgatar a duplicata antes de aceitá-la ou antes da data do vencimento. § 1º A prova do pagamento é o recibo, passado pelo legítimo portador ou por seu representante com poderes especiais, no verso do próprio título ou em documento, em separado, com referência expressa à duplicata. § 2º Constituirá, igualmente, prova de pagamento, total ou parcial, da duplicata, a liquidação de cheque, a favor do estabelecimento endossatário, no qual conste, no verso, que seu valor se destina a amortização ou liquidação da duplicata nele caracterizada.

b) Recibo em separado (art. 9º, § 1º, LD)

A prova do pagamento é o recibo, passado pelo legítimo portador ou por seu representante com poderes especiais, no verso do próprio título ou em documento, em separado, com referência expressa à duplicata.

Constituirá, igualmente, prova de pagamento, total ou parcial, da Duplicata, a liquidação de cheque, a favor do estabelecimento endossatário, no qual conste, no verso, que seu valor se destina à amortização ou liquidação da Duplicata nele caracterizada (art. 9º, § 2º, LD).

c) Deduções (art. 10, LD)

No pagamento da Duplicata, poderão ser deduzidos quaisquer créditos a favor do devedor resultantes de devolução de mercadorias, diferenças de preço, enganos, verificados, pagamentos por conta e outros motivos assemelhados, desde que devidamente autorizados.

9. PROTESTO

A Duplicata pode ser protestada por (i) falta de aceite; (ii) de devolução ou (iii) pagamento (art. 13, LD[59]).

a) Protesto por falta de aceite ou de devolução

Como o aceite da Duplicata é presumido pela comprovação de entrega da mercadoria ou da prestação dos serviços ("aceite obrigatório"), na prática, não faz sentido a realização de protesto por falta de aceita.

Do mesmo modo, o protesto por falta de devolução ocorre tanto por conta do aceite obrigatório e da desnecessidade de materializar a Duplicata, quanto pela possibilidade de o vendedor emitir Triplicata (uma cópia da Duplicata), que terá os mesmos efeitos e requisitos e obedecerá às mesmas formalidades daquela (art. 23, LD[60]).

---

59. Art. 13. A duplicata é protestável por falta de aceite de devolução ou pagamento. § 1º Por falta de aceite, de devolução ou de pagamento, o protesto será tirado, conforme o caso, mediante apresentação da duplicata, da triplicata, ou, ainda, por simples indicações do portador, na falta de devolução do título. § 2º O fato de não ter sido exercida a faculdade de protestar o título, por falta de aceite ou de devolução, não elide a possibilidade de protesto por falta de pagamento. § 3º O protesto será tirado na praça de pagamento constante do título. § 4º O portador que não tirar o protesto da duplicata, em forma regular e dentro do prazo da 30 (trinta) dias, contado da data de seu vencimento, perderá o direito de regresso contra os endossantes e respectivos avalistas.

60. Art. 23. A perda ou extravio da duplicata obrigará o vendedor a extrair triplicata, que terá os mesmos efeitos e requisitos e obedecerá às mesmas formalidades daquela.

O fato de não ter sido exercida a faculdade de protestar o título, por falta de aceite ou de devolução, não elide a possibilidade de protesto por falta de pagamento.

b) Protesto por falta de pagamento

Diante das peculiaridades da Duplicata, o protesto por falta de pagamento é aquele que prevalece na prática mercantil.

O portador deve realizá-lo na praça de pagamento (art. 13, § 3º, LD) e dentro do prazo da 30 (trinta) dias, contados da data de seu vencimento, sob pena de perder o direito de regresso contra os endossantes e respectivos avalistas (art. 13, § 4º, LD).

O protesto é realizado mediante apresentação da Duplicata ou, ainda, por simples indicações do portador, caso tenha o comprovante de entrega da mercadoria ou de prestações dos serviços (art. 13, §§ 1º, 3º e art. 20. § 3º, LD[61]).

O protesto por falta de pagamento mediante apresentação de Duplicata ocorre quando há o aceite ordinário ou por comunicação, sendo que, na falta da apresentação física da Duplicata, o protesto se dá por indicação.

b.1) Protesto por indicação

A apresentação física da Duplicata no cartório para protesto é dispensada no caso do "protesto por indicação", no qual o credor formaliza ao Tabelião os dados da fatura em que o título foi extraído, sem necessidade de apresentar a Duplicata.

O Tabelião de Protesto terá a incumbência e o dever de examinar as Duplicatas protestadas por indicação, qualificando-as em sua formalidade, consoante dispositivo do artigo 9º da Lei de Protesto,[62] devendo se ater ao que normatiza o § 3º, do artigo 21, da Lei de Protesto.[63] Ou seja, na indicação, devem constar todos

---

61. Art. 20, § 3º Aplicam-se à fatura e à duplicata ou triplicata de prestação de serviços, com as adaptações cabíveis, as disposições referentes à fatura e à duplicata ou triplicata de venda mercantil, constituindo documento hábil, para transcrição do instrumento de protesto, qualquer documento que comprove a efetiva prestação, dos serviços e o vínculo contratual que a autorizou.

62. Art. 9º Todos os títulos e documentos de dívida protocolizados serão examinados em seus caracteres formais e terão curso se não apresentarem vícios, não cabendo ao Tabelião de Protesto investigar a ocorrência de prescrição ou caducidade. Parágrafo único. Qualquer irregularidade formal observada pelo Tabelião obstará o registro do protesto.

63. Art. 21, § 3º Quando o sacado retiver a letra de câmbio ou a duplicata enviada para aceite e não proceder à devolução dentro do prazo legal, o protesto poderá ser baseado na segunda via da letra de câmbio ou nas indicações da duplicata, que se limitarão a conter os mesmos requisitos lançados pelo sacador ao

os requisitos lançados pelo sacador no momento da emissão do título, conforme estipulado na Lei das Duplicatas.

Após essa qualificação, o protesto se confirma em sua integridade e regularidade, pois não cabe ao Tabelião verificar se o título foi enviado ao sacado e se foi ou não devolvido no prazo legal. Compete-lhe, apenas, instrumentalizar as indicações.[64]

Ou seja, cabe ao Tabelião apenas o exame dos requisitos lançados pelo sacador ao tempo da emissão da Duplicata, vedada a exigência de qualquer formalidade não prevista na lei que regula a emissão e circulação das duplicatas.[65]

---

tempo da emissão da duplicata, vedada a exigência de qualquer formalidade não prevista na Lei que regula a emissão e circulação das duplicatas.
Art. 10

64. Disponível em: https://www.irib.org.br/obras/protesto-de-duplicata-por-indicacao. Acesso em: 30 jun. 2022.
65. Disponível em: Modelos para protesto por indicação de duplicata fornecidos pela Central de Protesto do Estado de São Paulo https://protestosp.com.br/Info/Glossario. Acesso em: 11 jul. 2022.

DMI — DUPLICATA DE VENDA MERCANTIL POR INDICAÇÃO

Exemplo de DMI sem Apresentação de Documentos Originais,
com Declaração no Contexto.

CARTA EM PAPEL TIMBRADO DA EMPRESA

Ao
TABELIONATO DE PROTESTO DE TÍTULOS DE SÃO PAULO - SP

Ref.: Protesto de duplicata mercantil POR INDICAÇÃO

Na qualidade de: (x) SACADOR ( ) ENDOSSATÁRIO, solicitamos o protesto do título abaixo descrito, por indicação, nos termos da Lei n° 5.474 de 18.07.68, com redação dada pela Lei n° 6.458 de 1° 11.77 e artigo 21 e parágrafos da Lei n° 9.492 de 10.09.97.

Sacado: CNPJ/CPF:

Endereço: Bairro:

Cidade: Cep: Praça de Pagamento:

Data de Emissão: Vencimento: N° da Duplicata:

Valor Original: Valor a protestar: Endosso: ( )não tem ( )mandato ( )translativo

Sacador: CNPJ:

Endereço: Telefone:

Declaramos sob as penas da lei, que os documentos originais (ou cópias autenticadas) comprobatórios da causa do saque, da entrega e do recebimento da mercadoria correspondente, são mantidos em nosso poder e comprometemo-nos a exibi-los sempre que exigidos, no lugar onde for determinado, especialmente se sobrevir sustação judicial do protesto.

Sem mais firmamo-nos,

São Paulo, ____ de _____ de 20

(Ass. da empresa sob carimbo)

---

10. AÇÃO CAMBIAL

A cobrança judicial de Duplicata dentro do prazo prescricional prevista na lei será efetuada em conformidade com o processo aplicável aos títulos executivos extrajudiciais (art. 784, I, CPC[66]), cuja petição inicial deverá ser instruída em conformidade com a espécie de aceite (art. 15, LD[67]):

---

66. Art. 784. São títulos executivos extrajudiciais: I – a letra de câmbio, a nota promissória, a duplicata, a debênture e o cheque.
67. Art 15. A cobrança judicial de duplicata ou triplicata será efetuada de conformidade com o processo aplicável aos títulos executivos extrajudiciais, de que cogita o Livro II do Código de Processo Civil ,quando se tratar: I – de duplicata ou triplicata aceita, protestada ou não; II – de duplicata ou triplicata não aceita, contanto que, cumulativamente: a) haja sido protestada; b) esteja acompanhada de documento hábil comprobatório da entrega e do recebimento da mercadoria, permitida a sua comprovação por meio eletrônico; c) o sacado não tenha, comprovadamente, recusado o aceite, no prazo, nas condições e pelos motivos previstos nos arts. 7° e 8° desta Lei. § 1° Contra o sacador, os endossantes e

CAPÍTULO V • DUPLICATA **173**

a) Aceite ordinário

No caso de aceite ordinário, a petição inicial deve ser instruída com a Duplicata aceita, protestada ou não (art. 15, I, LD).

b) Aceite por comunicação

Neste caso, a exordial deverá seguir acompanhada da comunicação do aceite (art. 7º, § 2º, LD[68]).

c) Aceite por presunção

Para a Duplicata sem o aceite no documento, a petição inicial da ação de execução deve estar acompanhada do: (I) instrumento do protesto por falta de pagamento; e (II) documento hábil comprobatório da entrega e recebimento da mercadoria ou prestação de serviços, permitida a sua comprovação por meio eletrônico[69] (art. 15, II, LD).[70]

---

respectivos avalistas caberá o processo de execução referido neste artigo, quaisquer que sejam a forma e as condições do protesto. § 2º Processar-se-á também da mesma maneira a execução de duplicata ou triplicata não aceita e não devolvida, desde que haja sido protestada mediante indicações do credor ou do apresentante do título, nos termos do art. 14, preenchidas as condições do inciso II deste artigo. § 3º A comprovação por meio eletrônico de que trata a alínea b do inciso II do *caput* deste artigo poderá ser disciplinada em ato do Poder Executivo federal.

68. Art. 7º, § 2º A comunicação de que trata o parágrafo anterior substituirá, quando necessário, no ato do protesto ou na execução judicial, a duplicata a que se refere.

69. Tese 3 STJ – Título de Crédito – *As duplicatas virtuais possuem força executiva, desde que acompanhadas dos instrumentos de protesto por indicação e dos comprovantes de entrega da mercadoria e da prestação do serviço.* (Precedentes do STJ: AgRg no REsp 1559824/MG, Rel. Ministro Ricardo Villas Bôas Cueva, Terceira Turma, julgado em 03.12.2015, DJe 11.12.2015; AgRg no AREsp 646570/MT, Rel. Ministra Maria Isabel Gallotti, Quarta Turma, julgado em 20.10.2015, DJe 27.10.2015; REsp 1354776/MG, Rel. Ministro Paulo De Tarso Sanseverino, Terceira Turma, julgado em 26.08.2014, DJe 08.09.2014; EREsp 1024691/PR, Rel. Ministro Raul Araújo, Segunda Seção, julgado em 22.08.2012, DJe 29/10/2012; REsp 1024691/PR, Rel. Ministra Nancy Andrighi, Terceira Turma, julgado em 22.03.2011, DJe 12.04.2011; REsp 1037819/MT, Rel. Ministro Massami Uyeda, Terceira Turma, julgado em 23.02.2010, DJe 10.03.2010. (Vide Informativo De Jurisprudência 502).

70. Pela conjugação desses dispositivos legais [refere-se ao art. 15, II e § 2º da Lei 5.474/1968, na redação dada pela Lei 6.458/1977], conclui-se que o documento original da duplicata pode, juridicamente, estar ausente da execução ou do pedido de falência. Emitida a nota fiscal-fatura e não pago o débito no vencimento aprazado, o credor, ou o banco encarregado da cobrança, comparece ao cartório de protestos – ou mesmo envia simples comunicação eletrônica, como permite a Nova Lei de Protestos – fornecendo os dados da nota fiscal-fatura e do comprador, alegando que o título foi remetido para aceite ou pagamento, não tendo sido aceito, pago nem devolvido. E, assim, requer-se o protesto da duplicata, por indicações do portador (...). Protestada a duplicata supostamente remetida ao sacado – mas em verdade inexistente –, mediante indicações do apresentante, tem-se por suprida sua ausência, ficando o título executivo constituído pela certidão do protesto junto ao comprovante de entrega da mercadoria ou da prestação do serviço, comumente o canhoto da nota fiscal-fatura. E, assim sendo, torna-se possível o ajuizamento de execução judicial (art. 15, II e § 2º da Lei 5.474/1968) ou mesmo

Processar-se-á também da mesma maneira a execução de Duplicata não aceita e não devolvida, desde que haja sido protestada mediante indicações do credor ou do apresentante do título.[71]

Espécie de aceite	Documentos para instruir a petição inicial
Ordinário	Apenas a Duplicata– art. 15, I, LD
Por comunicação	Apenas a carta de comunicação; - art. 7, 2º, LD
Por Presunção	Comprovante de recebimento da mercadoria e protesto; - art. 15, II, LD

11. PRESCRIÇÃO

Para que o credor possa propor ação cambial por meio do processo de execução, é necessário observar os prazos prescricionais da Lei das Duplicatas (art. 18, LD[72]).

a) Devedores

A pretensão à execução da Duplicata prescreve em 03 (três) anos, contados da data do vencimento do título, contra o sacado e os respectivos avalistas, em 3(três) anos, contados da data do vencimento do título (art. 18, I, LD).

---

pedido de falência (...), sem a presença do título de crédito, mas com o título executivo constituído na forma da lei (BARBI FILHO, Celso Agrícola. *A Duplicata Mercantil em Juízo*. Rio de Janeiro: Forense. 2005. p. 37-40).

71. Agravo interno no agravo em recurso especial. Execução de título extrajudicial. Duplicata virtual. Protesto por indicação. Possibilidade. Boleto bancário acompanhado do comprovante de recebimento das mercadorias. Violação ao art. 535 do CPC/73. Alegação genérica. Súmula 284/STF. Desnecessidade de exibição judicial do título de crédito original. Súmula 83/STJ. Agravo interno não provido. 1. É deficiente a fundamentação do recurso especial em que a alegação de ofensa ao art. 535 do CPC/73 se faz de forma genérica, sem a demonstração exata das matérias sobre as quais o acórdão se fez omisso. Aplicação, por analogia, da Súmula 284/STF. 2. Nos termos da jurisprudência desta eg. Corte, "As duplicatas virtuais – emitidas e recebidas por meio magnético ou de gravação eletrônica – podem ser protestadas por mera indicação, de modo que a exibição do título não é imprescindível para o ajuizamento da execução judicial. Lei 9.492/97." (REsp 1.024.691/PR, Rel. Ministra Nancy Andrighi, Terceira Turma, DJe de 12.04.2011). 3. A apresentação do boleto bancário, acompanhado do instrumento de protesto e das notas fiscais e respectivos comprovantes de entrega de mercadoria, supre a ausência física do título cambiário, autorizando o ajuizamento da ação executiva. Precedentes. 4. Agravo interno a que se nega provimento. (STJ – AgInt no AREsp: 1322266 PR 2018/0166816-9, Relator: Ministro Raul Araújo, Data de Julgamento: 23.04.2019, T4 – Quarta Turma, Data de Publicação: DJe 22.05.2019).

72. Art. 18. A pretensão à execução da duplicata prescreve: I – contra o sacado e respectivos avalistas, em 3(três) anos, contados da data do vencimento do título; II – contra endossante e seus avalistas, em 1 (um) ano, contado da data do protesto; III – de qualquer dos coobrigados contra os demais, em 1 (um) ano, contado da data em que haja sido efetuado o pagamento do título. § 1º A cobrança judicial poderá ser proposta contra um ou contra todos os coobrigados, sem observância da ordem em que figurem no título. § 2º Os coobrigados da duplicata respondem solidariamente pelo aceite e pelo pagamento.

b) Endossantes

A prescrição é de 01 (um) ano, contado da data do protesto, contra endossante e seus avalistas (art. 18, II, LD).

c) Regresso

A ação de qualquer dos coobrigados contra os demais prescreve em 01 (um) ano, contado da data em que haja sido efetuado o pagamento do título.

A cobrança judicial poderá ser proposta contra um ou contra todos os coobrigados, sem observância da ordem em que figurem no título. Os coobrigados da Duplicata respondem solidariamente pelo aceite e pelo pagamento.

12. DUPLICATA DE PRESTAÇÃO DE SERVIÇOS

Não se trata de um novo título de crédito, mas de uma espécie de Duplicata que possui, como hipótese de emissão, contrato de prestação de serviços.

a) Hipóteses de emissão

A Duplicata é título de crédito causal, cuja emissão somente pode ocorrer em caso de compra e venda mercantil ou prestação de serviços.

b) Quem pode sacar

A Duplicata de prestação de serviços pode ser emitida por empresas, individuais ou coletivas, fundações ou sociedades civis que se dediquem à prestação de serviços, e por Transportador Autônomo de Cargas (TAC) (art. 20, LD[73]).

c) Fatura

A fatura de Duplicata de prestação de serviços deverá discriminar a natureza dos serviços prestados (art. 20, § 1º, LD) e o preço deles (art. 20, § 2º, LD).

---

73. Art. 20. Poderão emitir, na forma prevista nesta Lei, fatura e duplicata: I – as empresas, individuais ou coletivas, fundações ou sociedades civis que se dediquem à prestação de serviços; e II – o Transportador Autônomo de Cargas (TAC), de que trata o inciso I do *caput* do art. 2º da Lei 11.442, de 5 de janeiro de 2007. § 1º A fatura deverá discriminar a natureza dos serviços prestados. § 2º A soma a pagar em dinheiro corresponderá ao preço dos serviços prestados. § 3º Aplicam-se à fatura e à duplicata ou triplicata de prestação de serviços, com as adaptações cabíveis, as disposições referentes à fatura e à duplicata ou triplicata de venda mercantil, constituindo documento hábil, para transcrição do instrumento de protesto, qualquer documento que comprove a efetiva prestação, dos serviços e o vínculo contratual que a autorizou.

d) Protesto

Uma peculiaridade da Duplicata de prestação de serviços é a necessidade de o credor, para transcrição do instrumento de protesto, ter em posse qualquer documento que comprove a efetiva prestação dos serviços e o vínculo contratual que a autorizou (art. 20, § 3º, LD), o que não é exigido no caso de Duplicata de compra e venda mercantil.

e) Demais regras.

Aplicam-se à fatura e à Duplicata de prestação de serviços, com as adaptações cabíveis, as disposições referentes à fatura e à Duplicata de venda mercantil (art. 20, § 3º, LD).

13. DUPLICATA VIRTUAL

A Duplicata virtual não é uma espécie ou tipo distinto de Duplicata, trata-se do mesmo título de crédito, mas que se apresenta como ficção por ausência do "papel", totalmente desnecessário nos tempos atuais com o uso da tecnologia.

De trecho extraído do Recurso Especial 1.790.004 – PR (2018/0273847-3), é possível observar a crítica fervorosa a alguns doutrinadores e magistrados que sustentam a necessidade de apresentação da Duplicata física, sem aceite, para que o credor possa exercer seus direitos cambiário: "Isso decorre que não há justificativa para o verdadeiro fetiche que alguns desenvolveram pela representação física da cártula."

O aceite por presunção e o protesto por indicação, nos termos do artigo 15, II, da Lei das Duplicatas, concede ao credor o direito de propor ação de execução em face dos devedor e coobrigados do título, sendo totalmente desnecessária a materialização da Duplicata que, no caso, existe por presunção legal.

Como visto, na prática, o vendedor emite a Nota Fiscal e solicita ao comprador um documento, físico ou eletrônico, que comprove a entrega da mercadoria ou dos serviços, servindo este documento como aceite por presunção e, consequentemente, confirma a obrigação de pagamento das Duplicatas, sejam elas físicas ou virtuais, extraídas da fatura.

Para facilitar a operação, o vendedor emite boletos para que o comprador, ora devedor, possa efetuar o pagamento por este documento bancário que, como visto, não é título de crédito, mas uma ficha de compensação que vincula uma dívida com os dados bancários do credor e permite utilizar os dados para o protesto por indicação.

Não se trata, aqui, de atribuir eficácia executiva ao boleto singularmente considerado. Esse documento bancário apenas contém as características da Duplicata virtual emitida unilateralmente pelo sacador e não se confunde com o título de crédito a ser protestado. Se, contudo, o boleto bancário que serviu de indicativo para o protesto (i) retratar fielmente os elementos da Duplicata virtual, (ii) estiver acompanhado do comprovante de entrega das mercadorias ou da prestação dos serviços e (iii) não tiver seu aceite justificadamente recusado pelo sacado, passa a constituir título executivo extrajudicial, nos termos do art. 784, I, do Código de Processo Civil.[74]

No caso da Duplicata virtual, o título executivo extrajudicial corresponde ao instrumento de protesto feito por indicações do portador, mediante registro magnético, como permitido pelo parágrafo único do artigo 8º da Lei de Protesto, acompanhado do comprovante de entrega e recebimento da mercadoria pelo sacado.[75]

Portanto, se a lei exige do sacador o protesto da Duplicata para o ajuizamento da ação cambial e lhe confere autorização para efetuar esse protesto por mera indicação (sem a apresentação física da Duplicata), a exibição do título não é imprescindível para o ajuizamento da execução judicial, bastando a juntada do instrumento de protesto e o comprovante de entrega das mercadorias ou da prestação dos serviços.

14. DUPLICATA ESCRITURAL

A Duplicata sob a forma escritural está prevista na Lei 13.775/2018 (Lei das Duplicatas Escriturais – LDE), possibilitando que a Duplicata de que trata a Lei 5.474/1968 seja emitida sob a forma escritural, para circulação como efeito comercial (art. 2º, LDE).

A Duplicata escritural é emitida mediante lançamento em sistema eletrônico de escrituração gerido por quaisquer das entidades que exerçam a atividade de escrituração de Duplicatas escriturais,[76] conforme regulamentação do Banco

---

74. STJ – REsp: 1790004 PR 2018/0273847-3, Relator: Ministra Nancy Andrighi, Data de Julgamento: 13.10.2020, T3 – Terceira Turma, Data de Publicação: DJe 19.10.2020.

75. ROSA JR., Luiz Emygdio Franco da. *Títulos de Crédito*. 6. ed. Rio de Janeiro: Renovar, 2009, p. 759.

76. *Hoje, há quatro empresas que já fazem registro de duplicata, ou seja, candidatas a operar também como escrituradoras, a Nuclea (antiga CIP), a Cerc, a B3 e a Central de Registro de Direitos Creditórios (CRDC).* (*Valor Econômico*. Disponível em: https://valor.globo.com/financas/noticia/2023/08/24/cmn-altera- -resolucao-de-desconto-de-recebiveis-mercantis-e-aprova-norma-sobre-duplicata-eletronica.ghtml. Acesso em: 23 set. 2023.

Central na Resolução 339 de 24 de agosto de 2023[77] (art. 3º, LDE[78]), que entrou em vigor em 1º de setembro de 2023 (art. 43[79]).

Não se trata de um novo título de crédito,[80] mas uma forma diferente (escritural, eletrônica) de se emitir, documentar e usar a Duplicata.[81]

Se o agente econômico deseja se utilizar de Duplicata escritural, deve contratar uma entidade que exerça a atividade de escrituração de Duplicatas escriturais ("escriturador") (art. 6º, Resolução BCB 339/2023, Bacen[82]).

---

77. Disponível em: https://www.bcb.gov.br/estabilidadefinanceira/exibenormativo?tipo=Resolu%-C3%A7% C3 %A3o%20BCB&numero=339. Acesso em: 23 set. 2023.

78. Art. 3º A emissão de duplicata sob a forma escritural farse-á mediante lançamento em sistema eletrônico de escrituração gerido por quaisquer das entidades que exerçam a atividade de escrituração de duplicatas escriturais. § 1º As entidades de que trata o caput deste artigo deverão ser autorizadas por órgão ou entidade da administração federal direta ou indireta a exercer a atividade de escrituração de duplicatas. § 2º No caso da escrituração de que trata o caput deste artigo, feita por Central Nacional de Registro de Títulos e Documentos, após autorizada a exercer a atividade prevista no caput deste artigo, nos termos do § 1º deste artigo, a referida escrituração caberá ao oficial de registro do domicílio do emissor da duplicata. § 3º Se o oficial de registro não estiver integrado ao sistema central, a competência de que trata o § 2º deste artigo será transferida para a Capital da respectiva entidade federativa. § 4º O valor total dos emolumentos cobrados pela central nacional de que trata o § 2º deste artigo para a prática dos atos descritos nesta Lei será fixado pelos Estados e pelo Distrito Federal, observado o valor máximo de R$ 1,00 (um real) por duplicata.

79. Art. 43. Esta Resolução entra em vigor em 1º de setembro de 2023.

80. Conclui-se, então, que não existe razão para a celeuma toda que certa parte da doutrina vem criando em torno da duplicata escritural. A situação jurídica continua sendo igual à que existe em relação à duplicata tradicional, igualmente não revestida do atributo da cartularidade enquanto não aceita (DE LUCCA, Newton. Do Título Papel ao Título Eletrônico. *Revista de Direito Bancário e do Mercado de Capitais*. v. 60, p. 169-188, abr. 2013).

81. TOMAZETTE. Marlon. *Curso De Direito Empresarial*. 13. ed. São Paulo: Saraiva Jus, 2022, v. 2 – Título de Crédito, p. 331.

82. Art. 6º O contrato de escrituração de duplicatas escriturais celebrado entre o escriturador e o sacador deve conter cláusulas estabelecendo que o sacador: I – autoriza o escriturador a acessar documentos fiscais, como a Nota Fiscal eletrônica ou outro documento fiscal eletrônico, associados à duplicata escritural que se pretende emitir; II – concorda com os procedimentos de liquidação da duplicata escritural de que trata a Seção II deste Capítulo; III – concorda que a negociação de recebíveis mercantis constituídos, uma vez eliminadas as restrições de que trata o art. 40, seja realizada exclusivamente por meio da emissão de duplicatas escriturais, à exceção dos recebíveis de arranjo de pagamento de que trata o inciso I do art. 2º da Resolução 4.734, de 27 de junho de 2019; IV – concorda que a negociação de recebíveis mercantis a constituir seja realizada com previsão expressa de emissão de duplicatas escriturais por ocasião da realização das operações comerciais subjacentes; V – forneça ao escriturador, à entidade registradora ou ao depositário central as informações sobre os atos e contratos de negociação de duplicatas escriturais, independentemente do ambiente no qual sejam celebrados; e VI – mantenha atualizadas informações associadas às duplicatas escriturais emitidas, incluindo aquelas relativas a: a) documentos fiscais; b) parâmetros das transações mercantis; e c) formas e instrumentos de pagamentos. § 1º O contrato pode estipular, a critério do sacador, que o escriturador deve realizar a emissão automática de duplicatas escriturais referentes às Notas Fiscais eletrônicas ou a outros documentos fiscais eletrônicos correspondentes emitidos pelo sacador. § 2º O envio das informações de que tratam o inciso V e a alínea "c" do inciso VI do *caput* pode ser realizado diretamente pelo sacador, indiretamente, por meio da sua contraparte na negociação de duplicatas escriturais, ou por meio de ambiente de negociação dessas duplicatas.

Pelo princípio da cartularidade, a emissão Duplicata sob a forma escritural permite que todos os atos cambiários (endosso, aval, pagamento etc.) sejam realizados do mesmo modo (art. 4º, LDE[83]). Por exemplo, a circulação da Duplicata escritural ocorre pelo sistema eletrônico de escrituração em que foi emitida a Duplicata.

Constituirá prova de pagamento, total ou parcial, da Duplicata emitida sob a forma escritural a liquidação do pagamento em favor do legítimo credor, utilizando-se qualquer meio de pagamento existente no âmbito do Sistema de Pagamentos Brasileiro. No entanto, a prova de pagamento deverá ser informada no sistema eletrônico de escrituração, com referência expressa à duplicata amortizada ou liquidada (art. 5º, LDE[84]).

Inadimplida a Duplicata emitida sob a forma escritural, o credor poderá executar o título de crédito acompanhado do extrato (art. 6º, LDE[85]), devendo-se

---

83. Art. 4º Deverá ocorrer no sistema eletrônico de que trata o art. 3º desta Lei, relativamente à duplicata emitida sob a forma escritural, a escrituração, no mínimo, dos seguintes aspectos: I – apresentação, aceite, devolução e formalização da prova do pagamento; II – controle e transferência da titularidade; III – prática de atos cambiais sob a forma escritural, tais como endosso e aval; IV – inclusão de indicações, informações ou de declarações referentes à operação com base na qual a duplicata foi emitida ou ao próprio título; e V – inclusão de informações a respeito de ônus e gravames constituídos sobre as duplicatas. § 1º O gestor do sistema eletrônico de escrituração deverá realizar as comunicações dos atos de que trata o *caput* deste artigo ao devedor e aos demais interessados. § 2º O órgão ou entidade da administração federal de que trata o § 1º do art. 3º desta Lei poderá definir a forma e os procedimentos que deverão ser observados para a realização das comunicações previstas no § 1º deste artigo. § 3º O sistema eletrônico de escrituração de que trata o caput deste artigo disporá de mecanismos que permitam ao sacador e ao sacado comprovarem, por quaisquer meios de prova admitidos em direito, a entrega e o recebimento das mercadorias ou a prestação do serviço, devendo a apresentação das provas ser efetuada em meio eletrônico. § 4º Os endossantes e avalistas indicados pelo apresentante ou credor como garantidores do cumprimento da obrigação constarão como tal dos extratos de que trata o art. 6º desta Lei.

84. Art. 5º Constituirá prova de pagamento, total ou parcial, da duplicata emitida sob a forma escritural a liquidação do pagamento em favor do legítimo credor, utilizando-se qualquer meio de pagamento existente no âmbito do Sistema de Pagamentos Brasileiro. Parágrafo único. A prova de pagamento de que trata o caput deste artigo deverá ser informada no sistema eletrônico de escrituração previsto no art. 3º desta Lei, com referência expressa à duplicata amortizada ou liquidada.

85. Art. 6º Os gestores dos sistemas eletrônicos de escrituração de que trata o art. 3º desta Lei ou os depositários centrais, na hipótese de a duplicata emitida sob a forma escritural ter sido depositada de acordo com a Lei 12.810, de 15 de maio de 2013, expedirão, a pedido de qualquer solicitante, extrato do registro eletrônico da duplicata. § 1º Deverão constar do extrato expedido, no mínimo: I – a data da emissão e as informações referentes ao sistema eletrônico de escrituração no âmbito do qual a duplicata foi emitida; II – os elementos necessários à identificação da duplicata, nos termos do art. 2º da Lei 5.474, de 18 de julho de 1968; III – a cláusula de inegociabilidade; e IV – as informações acerca dos ônus e gravames. § 2º O extrato de que trata o caput deste artigo pode ser emitido em forma eletrônica, observados requisitos de segurança que garantam a autenticidade do documento. § 3º O sistema eletrônico de escrituração de que trata o art. 3º desta Lei deverá manter em seus arquivos cópia eletrônica dos extratos emitidos. § 4º Será gratuita a qualquer solicitante a informação, prestada por meio da rede mundial de computadores, de inadimplementos registrados em relação a determinado devedor.

observar, para sua cobrança judicial, o disposto no artigo 15 da Lei 5.474/1968 (art. 7º, LDE[86]).

Por fim, cabe destacar o apresentado pela B3 sobre a Duplicata escritural em seu site:[87]

Monitoramento de NF-e
Acompanhamento de eventos sobre a nota fiscal, que venham a impactar a operação do agente financiador

Registro
Registro da duplicata utilizando a interoperabilidade, garantindo a unicidade

Consulta e Validação de NF-e
Qualificação dos dados presentes na nota fiscal, aumentando a simetria de informação entre cedente e agente financiador

Atualização, Consulta e Baixa de Duplicata
Possibilidade de atualização de dados como, valor e data de vencimento além de indicação de liquidação.

Integração com Ônus e Gravames
Funcionalidade disponível apenas no registro via arquivo

Conciliação
Geração diária de arquivos com os dados de duplicatas em estoque.

---

86. Art. 7º A duplicata emitida sob a forma escritural e o extrato de que trata o art. 6º desta Lei são títulos executivos extrajudiciais, devendo-se observar, para sua cobrança judicial, o disposto no art. 15 da Lei 5.474, de 18 de julho de 1968.

87. Disponível em: https://www.b3.com.br/pt_br/produtos-e-servicos/registro/registro-de-duplicatas/visao-geral/. Acesso em: 23 set. 2023.

Capítulo VI
AÇÕES CAMBIAIS

A. INTRODUÇÃO

1. TEORIA GERAL DO PROCESSO

Tenho certas considerações com relação à forma de pensar o Direito Processual Civil, mas isso demandaria um livro próprio. Em poucas palavras, penso que o Direito Processual, em regra, caminha para efetivar o Direito Material. O processo é um meio, enquanto o Direito Material é seu fim, no sentido que o desenvolvimento dos atos processuais tem por finalidade a efetivação do Direito Material em lide quando as partes não chegarem a um consenso.

O que justifica o Direito Processual é a lide, ou seja, o conflito de interesses das partes frente a um Direito Material. Por exemplo, se duas pessoas se envolvem em um acidente automobilístico, com danos em ambos os veículos, e ninguém assume a culpa pelo sinistro, o Poder Judiciário, se acionado, deve analisar as provas e decidir quem é o responsável pela indenização (ação de conhecimento). E, caso o condenado não pague, o Poder Judiciário será chamado, novamente, para solucionar a lide, exercendo seu poder coercitivo para forçar o cumprimento da obrigação (ação de execução).

Cada etapa do processo, seja de conhecimento ou execução, deve ser pensada estrategicamente pelos advogados e demais operadores do Direito, com a finalidade de satisfazer o direito de seu cliente, seja ele autor ou réu.

Creio ser essencial tratar neste livro sobre títulos de crédito, das principais ações para que o credor busque exercer seu direito de cobrar os devedores, diretos ou indiretos.

Portanto, sem esgotar o tema, trarei neste capítulo breves considerações sobre a ação de execução, monitória e de conhecimento com lastro em títulos de crédito.

2. TRINDADE DO PROCESSO

O Direito Processual está fundado em 03 (três) institutos indissociáveis: (i) Jurisdição; (ii) Direito de Ação; e (iii) Processo.

a) Jurisdição

A Jurisdição é o poder de dizer o direito no caso concreto (*juris dictio*), tendo como fundo a lide, que é o litígio submetido à decisão judicial do Estado-Juiz ou arbitro em razão de haver um conflito de interesse qualificado por uma pretensão resistida (art. 3º, CPC[1]).

Basicamente, é a principal função exercida pelo Poder Judiciário (art. 7º, CPC[2]): receber uma demanda e decidir sobre o Direito Material, resolvendo o conflito.

A jurisdição é inerte e depende de provocação (art. 2º, CPC[3]).

b) Direito de Ação

O Direito de Ação é o direito, autônomo, abstrato e subjetivo, de provocar a jurisdição, havendo um vínculo com a situação jurídica concreta sobre a qual o Poder Judiciário irá decidir.

A ação, em suma, é um direito subjetivo público, distinto do direito subjetivo privado invocado. Não pressupõe, necessariamente, uma ligação com este

---

1. Art. 3º Não se excluirá da apreciação jurisdicional ameaça ou lesão a direito. § 1º É permitida a arbitragem, na forma da lei. § 2º O Estado promoverá, sempre que possível, a solução consensual dos conflitos. § 3º A conciliação, a mediação e outros métodos de solução consensual de conflitos deverão ser estimulados por juízes, advogados, defensores públicos e membros do Ministério Público, inclusive no curso do processo judicial.
2. Art. 16. A jurisdição civil é exercida pelos juízes e pelos tribunais em todo o território nacional, conforme as disposições deste Código.
3. Art. 2º O processo começa por iniciativa da parte e se desenvolve por impulso oficial, salvo as exceções previstas em lei.

último, sendo, nesse sentido, abstrata. É genérica porque não varia e permanece constante. O sujeito passivo é o Estado, a quem se busca a prestação jurisdicional num caso concreto. É o direito de pedir ao Estado a prestação de sua atividade jurisdicional em um caso concreto, ou, simplesmente, o direito de invocar o exercício da função jurisdicional.[4]

Para exercer o Direito de Ação, é necessário que estejam presentes as condições da ação: (i) interesse de agir e (ii) legitimidade (art. 17, CPC[5]).

b.1) Interessa de agir

O interesse de agir significa que o autor deve formular uma pretensão adequada para acionar a prestação jurisdicional do Estado.

Essa condição da ação assenta-se na premissa de que, tendo embora o Estado o interesse no exercício da jurisdição (função indispensável para manter a paz e a ordem na sociedade), não lhe convém acionar o aparato judiciário sem que dessa atividade se possa extrair algum resultado útil. É preciso, pois, sob esse prisma, que, em cada caso concreto, a prestação jurisdicional solicitada seja necessária e adequada.

Repousa a necessidade da tutela jurisdicional na impossibilidade de obter a satisfação do alegado direito sem a intercessão do Estado – ou porque a parte contrária se nega a satisfazê-lo, sendo vedado ao autor o uso da autotutela, ou porque a própria lei exige que determinados direitos só possam ser exercidos mediante prévia declaração judicial (são as chamadas ações constitutivas necessárias, no processo civil e a ação penal condenatória, no processo penal).[6]

É por isso que se afirma, com razão, que há falta de interesse processual quando não mais for possível a obtenção daquele resultado almejado – fala-se em – perda do objeto da causa. É o que acontece, por exemplo, quando o cumprimento da obrigação se deu antes da citação do réu (pagamento de uma Duplicata) – se o adimplemento se deu após a citação, o caso não é de perda do objeto (falta de interesse), mas de reconhecimento da procedência do pedido.[7]

---

4. SANTOS, Moacyr Amaral. *Primeiras Linhas de Direito Processual Civil*. 26. ed. São Paulo: Saraiva, 2009, v. 1, p. 167.
5. Art. 17. Para postular em juízo é necessário ter interesse e legitimidade.
6. CINTRA, Antônio Carlos de Araújo; GRINOVER, Ada Pellegrini e DINAMARCO, Cândido Rangel. *Teoria Geral do Processo*. 20. ed. São Paulo: Malheiros, 2004. p. 258.
7. DIDIER JR., Fredie. *Curso de Direito Processual Civil*. 15. ed. rev., ampl. e atual. Salvador: JusPodivm, 2013. v. 1, p. 247.

b.2) Legitimidade

A legitimidade da parte para a causa (*legimatio ad causam*) se refere às titularidades ativa e passiva da ação das partes que se sujeitam à prestação jurisdicional (art. 18, CPC[8]). Deve existir uma correspondência lógica entre a causa posta em discussão e a qualidade para estar em juízo litigando sobre ela, tanto do autor quanto do réu.

No caso das ações cambiais, o autor da demanda é o credor do título de crédito, enquanto o réu é o(s) devedor(es) e seu(s) avalista(s) e, se preenchidos determinadas condições, coobrigado(s) e seu(s) avalista(s).

c) Processo

Processo é o meio ou o instrumento eleito pelo Estado para a composição da lide. Trata-se de instituto abstrato, materializado pelos autos do processo, formado por um conjunto de atos processuais, conforme determinado procedimento.

Portanto, a ação provoca a jurisdição, que se exerce através de um complexo de atos, que é o processo.[9]

O que há é um processo (único) e uma ação (única) e diferentes procedimentos que podem variar (e realmente variam) para se ajustar, de *lege lata*, a determinados conflitos de direito material, visando um enfretamento jurisdicional mais adequado e tempestivo. Isso se aplica tanto do ponto de vista da cognição quanto do ponto de vista da arrumação dos atos que serão praticados desde a ruptura inicial da inércia da jurisdição (petição inicial) até o proferimento da sentença que reconhece o direito à tutela jurisdicional. Mais precisamente, isso se estende até a satisfação do direito reconhecido a uma das partes, isto é, a efetiva prestação da tutela jurisdicional.[10]

Processo, portanto, é um complexo de atos coordenados (procedimento), tendentes ao exercício da função jurisdicional, utilizando-se do direito de ação.

---

8. Art. 18. Ninguém poderá pleitear direito alheio em nome próprio, salvo quando autorizado pelo ordenamento jurídico.
   Parágrafo único. Havendo substituição processual, o substituído poderá intervir como assistente litisconsorcial.
9. SANTOS, Moacyr Amaral. *Primeiras Linhas De Direito Processual Civil*. 28. São Paulo: Saraiva Jur., 2011. v. 1.
10. BUENO, Cassio Scarpinella. *Curso sistematizado de direito processual civil*: procedimentos especiais do Código de Processo Civil; Juizados Especiais. São Paulo: Saraiva, 2011, v. 2, t. II, p. 23.

B. AÇÕES CAMBIAIS

1. AÇÃO CAMBIAL

Quanto tratada a ação cambial no Capítulo II, tópico A, buscou-se demonstrar a utilização do Poder Judiciário para solucionar eventual lide em torno de um título de crédito, na oportunidade, a Letra de Câmbio. Os Capítulos III, IV e V trataram de forma pontual das ações cambiais de Nota Promissória, Cheque e Duplicata, sendo que neste trataremos da prática, unindo o Direito Material e Processual.

Na linha do pensamento trazido no tópico A deste Capítulo, no qual busco transmitir as ideias fundamentais do processo – Jurisdição, Ação e Processo –, a ação cambial passa a ter papel relevante para o Direito Empresarial, pois lhe é específica.

A ação cambial não é um novo procedimento, mas a aplicação ou não dos princípios do Direito Cambiário (cartularidade, literalidade e autonomia) no caso concreto. Trata-se de respeito ao Direito Material e não ao Direito Processual.

Em uma ação cambial, o julgador deve-se pautar nas especificidades dos títulos de crédito e, consequentemente, respeitar toda a evolução histórica e prática de seus institutos consagrados.

Assim, é na ação cambial que as características próprias dos títulos ganham ênfase, pois é nela que a defesa por parte do devedor se mostrará restrita às exceções comuns a todos os títulos (cartularidade/formalidades), e, ainda, às exceções oponíveis contra aquele que se apresenta como credor, além da inoponibilidade de exceções pessoais a terceiros de boa-fé.[11]

O devedor do título crédito não pode opor contra o endossatário as exceções pessoais que possuía em face do credor originário, limitando-se tal defesa aos aspectos formais e materiais do título, salvo na hipótese de má-fé, conforme tese firmada pelo Superior Tribunal de Justiça.[12]

---

11. STJ – AREsp: 1941031 SP 2021/0222341-0, Relator: Ministro Paulo de Tarso Sanseverino, Data de Publicação: DJ 09.12.2021.
12. Precedentes: REsp 1231856/PR, Rel. Ministro Luis Felipe Salomão, Quarta Turma, julgado em 04.02.2016, DJe 08.03.2016; AgRg no AREsp 724963/DF, Rel. Ministro Marco Aurélio Bellizze, Terceira Turma, julgado em 24.11.2015, DJe 09.12.2015; REsp 1382609/SC, Rel. Ministro Paulo De Tarso Sanseverino, Terceira Turma, julgado em 15.09.2015, DJe 23.09.2015; REsp 889713/RS, Rel. Ministro Raul Araújo, Quarta Turma, julgado em 07.10.2014, DJe 17.11.2014; AgRg no AREsp 55950/DF, Rel. Ministro Ricardo Villas Bôas Cueva, Terceira Turma, julgado em 20.08.2013, DJe 28.08.2013.

Para se ter uma ação cambial em um caso concreto, é necessário que o título não esteja prescrito ou, se estiver, ainda houver possibilidade de aplicação das regras do Direito Cambiário, como no caso da ação de locupletamento prevista na Lei do Cheque (art. 61, LCh[13]).

A ação cambial tem como fundamento o próprio título de crédito, sem a necessidade de o credor mencionar o negócio jurídico subjacente à emissão da cártula, independentemente do procedimento adotado pelo credor para satisfação do seu direito.

Ademais, o Superior Tribunal de Justiça firmou entendimento de que, mesmo prescrita a pretensão executiva, se a ação for fundada em título de crédito contra seu devedor principal, é dispensável a menção ao negócio jurídico subjacente à emissão da cártula (Súmula 531, STJ[14]).

> É cambial a ação fundada em título de crédito não prescrito ou, se prescrito, a legislação específica autorize o uso das regras especiais do Direito Cambiário, não importando o procedimento adotado para cobrança do título de crédito.

2. PRAZOS PRESCRICIONAIS

Os prazos prescricionais são de suma importância para ação cambial, na qual se aplicam os institutos consagrados dos títulos de crédito.

Quando tratamos de cada título, abordamos os prazos prescricionais, conforme a tabela prática abaixo:

---

13. Art. 61 A ação de enriquecimento contra o emitente ou outros obrigados, que se locupletaram injustamente com o não pagamento do cheque, prescreve em 2 (dois) anos, contados do dia em que se consumar a prescrição prevista no art. 59 e seu parágrafo desta Lei.

14. Súmula 531 – Em ação monitória fundada em cheque prescrito ajuizada contra o emitente, é dispensável a menção ao negócio jurídico subjacente à emissão da cártula. (Segunda Seção, julgado em 13.05.2015, DJe 18.05.2015).

PARA AÇÃO CAMBIAL

	PRAZOS PRESCRICIONAIS PARA AÇÃO CAMBIAL				
Título de Crédito	Ação de execução	Ação contra os coobrigados	Ação regressiva	Ação cambial de locupletamento	Ação de cobrança ou monitória (não cambial)
Letra de Câmbio	03 anos do vencimento (art. 70 LUG).	01 ano do protesto (art. 70 LUG).	06 meses a contar do dia em que o endossante pagou a nota ou em que ele próprio foi acionado (art. 70, LUG).	03 anos da prescrição de propor ação de execução (art. 48, Decreto 2.044/1908).	05 anos do vencimento (art. 206, § 5º, I, CC).
Nota Promissória	03 anos do vencimento (art. 70 LUG).	01 ano do protesto (art. 70 LUG).	06 meses a contar do dia em que o endossante pagou a nota ou em que ele próprio foi acionado (art. 70, LUG).	03 anos da prescrição de propor ação de execução (art. 48, Decreto 2.044/1908 c.c. 206, §3º, IV, CC).	05 anos do vencimento (Súmula 504, STJ e art. 206, § 5º, I, CC).
Cheque	30 ou 60 dias [prazo de apresentação] + 06 meses (art. 49, LCh).	06 meses + 30 ou 60 dias [prazo de apresentação] (art. 49, LCh).	06 meses, contados do dia em que o obrigado pagou o cheque ou do dia em que foi demandado (art. 59, p. único, LCh).	2 (dois) anos, contados do dia em que se consumar a prescrição da ação de execução (art. 61, LCh).	05 anos da emissão (Súmula 503, STJ e art. 206, §5º, I, CC).
Duplicata	03 anos do vencimento (art. 18, I, LD).	01 ano do protesto (art. 18, II, LD).	01 ano do pagamento pelo coobrigado (art. 18, III, LD).		05 anos do vencimento (art. 206, § 5º, I, CC).

3. PROCEDIMENTO DA AÇÃO CAMBIAL

O processo pode ser dividido conforme sua finalidade. Ao método usado pelo Poder Judiciário para definir a situação jurídica litigiosa dá-se o nome de *processo de conhecimento*; e ao utilizado para satisfação forçada da obrigação inadimplida pelo devedor, atribui-se a denominação de *processo de execução*.

A instauração do processo, tanto de conhecimento como de execução, é provocada pela parte interessada por meio do exercício do direito de ação – direito à prestação jurisdicional – que se especializa em ação cognitiva, quando se busca a sentença, e ação executiva, quando são os atos de satisfação material o que se pretende da jurisdição.[15]

---

15. THEODORO JÚNIOR, Humberto. *Processo de Execução e Cumprimento da Sentença*. São Paulo: Editora LEUD – Livraria e Editora Universitária de Direito, 2017. p. 35.

Desse modo, se uma parte não detém título executivo e pretende o reconhecimento de determinada obrigação, deverá buscar seu direito por meio do processo de conhecimento e, se procedente o pedido, caso o devedor não cumpra a sentença, é que a parte poderá buscar a satisfação do direito pela via executiva. Ou seja, ser detentor de título executivo, judicial ou extrajudicial, é que dá o direito à parte de buscar o Poder Judiciário para a satisfação do direito.

Todavia, o detentor de título executivo extrajudicial não está obrigado a adotar o processo de execução, podendo optar em exercer seu direito por meio de processo de conhecimento ou ação monitória.[16]

Parece irracional o credor de título de crédito não se valer do processo de execução, preferindo a via do processo de conhecimento ou de ação monitória, porém pode acontecer de o credor não estar seguro de seu direito e buscar a chancela do Poder Judiciário, já que o título executivo, além de documento sempre revestido da forma escrita, necessariamente deve retratar obrigação certa, líquida e exigível (art. 783, CPC[17]).

Outrossim, o cumprimento de sentença possui maior coercitividade do que a ação de execução, já que no caso de inadimplemento da ordem judicial de pagamento da sentença em 15 (quinze) dias, o devedor arcará com multa de 10% (dez por cento) e honorários no mesmo percentual (art. 523, CPC[18]).

---

16. Tese 1 – Títulos de crédito – STJ – Os títulos de crédito com força executiva podem ser cobrados por meio de processo de conhecimento, execução ou ação monitória. Precedentes: AgRg no AREsp 456841/SP, Rel. Ministro João Otávio De Noronha, Terceira Turma, julgado em 1º.12.2015, DJe 14.12.2015; AgRg no REsp 1508197/SP, Rel. Ministro Marco Aurélio Bellizze, Terceira Turma, julgado em 15.10.2015, DJe 26.10.2015; AgRg no REsp 1189134/MT, Rel. Ministro Luis Felipe Salomão, Quarta Turma, julgado em 20.08.2015, DJe 28.08.2015; AgRg nos EDcl no AREsp 118562/RS, Rel. Ministra Maria Isabel Gallotti, Quarta Turma, julgado em 02.06.2015, DJe 09.06.2015; REsp 1405500/MA, Rel. Ministra Nancy Andrighi, Terceira Turma, julgado em 10.06.2014, DJe 17.06.2014; AgRg no AREsp 403996/SP, Rel. Ministro Ricardo Villas Bôas Cueva, Terceira Turma, julgado em 17.12.2013, DJe 13.02.2014; REsp 1367362/DF, Rel. Ministro Sidnei Beneti, Terceira Turma, julgado em 16.04.2013, DJe 08.05.2013; AgRg no REsp 1209717/SC, Rel. Ministro Paulo de Tarso Sanseverino, Terceira Turma, julgado em 11.09.2012, DJe 17.09.2012. (Vide Informativo de Jurisprudência 495).

17. THEODORO JÚNIOR, Humberto. *Processo de Execução e Cumprimento da Sentença*. São Paulo: Editora LEUD – Livraria e Editora Universitária de Direito, 2017. p. 209.

18. Art. 523. No caso de condenação em quantia certa, ou já fixada em liquidação, e no caso de decisão sobre parcela incontroversa, o cumprimento definitivo da sentença far-se-á a requerimento do exequente, sendo o executado intimado para pagar o débito, no prazo de 15 (quinze) dias, acrescido de custas, se houver. § 1º Não ocorrendo pagamento voluntário no prazo do caput, o débito será acrescido de multa de dez por cento e, também, de honorários de advogado de dez por cento. § 2º Efetuado o pagamento parcial no prazo previsto no caput, a multa e os honorários previstos no § 1º incidirão sobre o restante. § 3º Não efetuado tempestivamente o pagamento voluntário, será expedido, desde logo, mandado de penhora e avaliação, seguindo-se os atos de expropriação.

CAPÍTULO VI • AÇÕES CAMBIAIS **189**

4. ESPÉCIES DE PROCESSO

A ação cambial não decorre do procedimento que se adota, mas sim do exercício do direito representado pelo título de crédito dentro do prazo prescricional ou do prazo estipulado para ação de locupletamento.

O credor, detentor de título de crédito, pode exercer seu direito por meio de: (i) Ação de execução; (ii) Ação de conhecimento; ou (iii) Ação monitória.

Independentemente do procedimento a ser adotado pelo credor, alguns pontos são comuns para ações cambiais: (i) competência; (ii) legitimidade; (iii) causa de pedir; (iv) pedido; e (v) valor da causa.

5. COMPETÊNCIA

A competência para a ação cambial de título de crédito é, em regra, da praça de pagamento, local onde a obrigação deve ser satisfeita (arts. 781, CPC[19] e 53, III, d, CPC[20]).

Na ação de execução, o Código de Processo Civil traz outras possibilidades que podem ser utilizadas pelo credor: (I) a execução poderá ser proposta no foro de domicílio do executado, de eleição constante do título ou, ainda, de situação dos bens a ela sujeitos; (II) tendo mais de um domicílio, o executado poderá ser demandado no foro de qualquer deles; (III) sendo incerto ou desconhecido o domicílio do executado, a execução poderá ser proposta no lugar onde for encontrado ou no foro de domicílio do exequente; (IV) havendo mais de um devedor com diferentes domicílios, a execução será proposta no foro de qualquer deles, à escolha do exequente; e (V) a execução poderá ser proposta no foro do lugar em que se praticou o ato ou em que ocorreu o fato que deu origem ao título, mesmo que nele não mais resida o executado (art. 781, CPC[21]).

---

19. Art. 781. A execução fundada em título extrajudicial será processada perante o juízo competente, observando-se o seguinte: I – a execução poderá ser proposta no foro de domicílio do executado, de eleição constante do título ou, ainda, de situação dos bens a ela sujeitos; II – tendo mais de um domicílio, o executado poderá ser demandado no foro de qualquer deles; III – sendo incerto ou desconhecido o domicílio do executado, a execução poderá ser proposta no lugar onde for encontrado ou no foro de domicílio do exequente; IV – havendo mais de um devedor, com diferentes domicílios, a execução será proposta no foro de qualquer deles, à escolha do exequente; V – a execução poderá ser proposta no foro do lugar em que se praticou o ato ou em que ocorreu o fato que deu origem ao título, mesmo que nele não mais resida o executado.
20. Art. 53. É competente o foro: III – do lugar: d) onde a obrigação deve ser satisfeita, para a ação em que se lhe exigir o cumprimento.
21. Art. 781. A execução fundada em título extrajudicial será processada perante o juízo competente, observando-se o seguinte: I – a execução poderá ser proposta no foro de domicílio do executado, de eleição constante do título ou, ainda, de situação dos bens a ela sujeitos; II – tendo mais de um domicílio,

Todavia, de forma estratégica, a melhor opção de foro na ação em que se busca a satisfação de uma obrigação, principalmente de pagar determinada quantia, é onde se encontra o executado e seus bens, pois facilita a expropriação em caso de não pagamento. Portanto, nem sempre o foro eleito é o que mais convém no momento da propositura da ação, cabendo à parte autora verificar qual local trará mais efetividade ao seu direito.

6. LEGITIMIDADE

A legitimidade, como vimos, é uma das condições da ação e, no caso da execução, devemos analisar o polo ativo e passivo da lide.

a) Polo ativo

O autor de uma ação cambial é o credor constante no título de crédito, que é a quem a lei confere essa situação jurídica (art. 778, CPC[22]).

Todavia, podem promover a execução forçada ou nela prosseguir, em sucessão ao exequente originário: (I) o Ministério Público, nos casos previstos em lei; (II) o espólio, os herdeiros ou os sucessores do credor, sempre que, por morte deste, lhes for transmitido o direito resultante do título executivo; (III) o cessionário, quando o direito resultante do título executivo lhe for transferido por ato entre vivos; e (IV) o sub-rogado, nos casos de sub-rogação legal ou convencional (art. 778, § 1º, CPC).

b) Polo passivo

A ação cambial pode ser promovida contra devedor principal, reconhecido como tal no título de crédito (art. 779, CPC[23]), bem como os coobrigados (sacador, endossantes e avalistas).

---

o executado poderá ser demandado no foro de qualquer deles; III – sendo incerto ou desconhecido o domicílio do executado, a execução poderá ser proposta no lugar onde for encontrado ou no foro de domicílio do exequente; IV – havendo mais de um devedor, com diferentes domicílios, a execução será proposta no foro de qualquer deles, à escolha do exequente; V – a execução poderá ser proposta no foro do lugar em que se praticou o ato ou em que ocorreu o fato que deu origem ao título, mesmo que nele não mais resida o executado.

22. Art. 778. Pode promover a execução forçada o credor a quem a lei confere título executivo. § 1º Podem promover a execução forçada ou nela prosseguir, em sucessão ao exequente originário: I – o Ministério Público, nos casos previstos em lei; II – o espólio, os herdeiros ou os sucessores do credor, sempre que, por morte deste, lhes for transmitido o direito resultante do título executivo; III – o cessionário, quando o direito resultante do título executivo lhe for transferido por ato entre vivos; IV – o sub-rogado, nos casos de sub-rogação legal ou convencional. § 2º A sucessão prevista no § 1º independe de consentimento do executado.

23. Art. 779. A execução pode ser promovida contra: I – o devedor, reconhecido como tal no título executivo; II – o espólio, os herdeiros ou os sucessores do devedor; III – o novo devedor que assumiu, com o

Cabe reiterar que, em regra, a cobrança dos coobrigados (sacador, endossantes e seus avalistas) depende do protesto do título por falta de pagamento dentro do prazo legal previsto em cada lei especial.

PRAZOS PARA PROTESTO	
Título de Crédito	Ação de execução
Letra de Câmbio	02 (dois) dias úteis seguintes àquele em que a letra é pagável (art. 44, LUG).
Nota Promissória	02 (dois) dias úteis seguintes àquele em que a letra é pagável (art. 44, LUG).
Cheque	Antes de expirar o prazo de apresentação (art. 48, LCh). Pode ser substituído por declaração do banco.
Duplicata	30 (trinta) dias, contado da data de seu vencimento (art. 13, § 4º, LD).

7. CAUSA DE PEDIR

A ação cambial é fundada no próprio de título de crédito que, pelo princípio da cartularidade, deve instruir a petição inicial com o título de crédito correspondente – Letra de Câmbio, Nota Promissória, Cheque ou Duplicata, conforme o caso.

Já no caso de cobrança pela causa subjacente (ação não cambial), é necessário apresentar os fatos e fundamentos que sustentam o pedido de cobrança, servindo o título de crédito como meio de prova do inadimplemento da obrigação que foi a causa de sua emissão.

8. PEDIDO

O pedido deve ser formulado conforme o procedimento adotado pelo credor para cobrar a dívida constante no título de crédito.

Em se tratando de execução fundada em título de crédito, o pedido será para citar o executado para pagar a dívida no prazo de 3 (três) dias, contados da citação, sob pena de expropriação de bens (art. 829, CPC[24]).

---

consentimento do credor, a obrigação resultante do título executivo; IV – o fiador do débito constante em título extrajudicial; V – o responsável titular do bem vinculado por garantia real ao pagamento do débito; VI – o responsável tributário, assim definido em lei.

24. Art. 829. O executado será citado para pagar a dívida no prazo de 3 (três) dias, contado da citação. § 1º Do mandado de citação constarão, também, a ordem de penhora e a avaliação a serem cumpridas pelo oficial de justiça tão logo verificado o não pagamento no prazo assinalado, de tudo lavrando-se auto, com intimação do executado. § 2º A penhora recairá sobre os bens indicados pelo exequente, salvo se outros forem indicados pelo executado e aceitos pelo juiz, mediante demonstração de que a constrição proposta lhe será menos onerosa e não trará prejuízo ao exequente.

No caso da ação monitória, o pedido é para expedição do mandado de pagamento, concedendo ao réu prazo de 15 (quinze) dias para o cumprimento (art. 701, CPC[25]).

E, por fim, no procedimento comum, o pedido é o de cobrança do valor devido pelo réu.

9. VALOR DA CAUSA

A toda causa será atribuído valor certo, ainda que não tenha conteúdo econômico imediatamente aferível (art. 291, CPC[26]).

Na ação de cobrança de título de crédito, o valor da causa é a soma monetariamente corrigida do principal, dos juros de mora vencidos e de outras penalidades, se houver, até a data de propositura da ação (art. 292, I, CPC[27]).

C. AÇÃO DE EXECUÇÃO

1. AÇÃO DE EXECUÇÃO

Em todos os capítulos, foi reiterado que os títulos de crédito são, por excelência, títulos executivos extrajudiciais (art. 784, I, CPC[28]). Trata-se de uma das principais características dos títulos de crédito, a que permite ao credor utilizar-se do processo de execução para cobrança das obrigações constantes no título de crédito, sem a necessidade da análise do mérito em processo de conhecimento ou ação monitória.

---

25. Art. 701. Sendo evidente o direito do autor, o juiz deferirá a expedição de mandado de pagamento, de entrega de coisa ou para execução de obrigação de fazer ou de não fazer, concedendo ao réu prazo de 15 (quinze) dias para o cumprimento e o pagamento de honorários advocatícios de cinco por cento do valor atribuído à causa. § 1º O réu será isento do pagamento de custas processuais se cumprir o mandado no prazo. § 2º Constituir-se-á de pleno direito o título executivo judicial, independentemente de qualquer formalidade, se não realizado o pagamento e não apresentados os embargos previstos no art. 702, observando-se, no que couber, o Título II do Livro I da Parte Especial. § 3º É cabível ação rescisória da decisão prevista no caput quando ocorrer a hipótese do § 2º. § 4º Sendo a ré Fazenda Pública, não apresentados os embargos previstos no art. 702, aplicar-se-á o disposto no art. 496, observando-se, a seguir, no que couber, o Título II do Livro I da Parte Especial. 5º Aplica-se à ação monitória, no que couber, o art. 916.
26. Art. 291. A toda causa será atribuído valor certo, ainda que não tenha conteúdo econômico imediatamente aferível.
27. Art. 292. O valor da causa constará da petição inicial ou da reconvenção e será: I – na ação de cobrança de dívida, a soma monetariamente corrigida do principal, dos juros de mora vencidos e de outras penalidades, se houver, até a data de propositura da ação;
28. Art. 784. São títulos executivos extrajudiciais: I – a letra de câmbio, a nota promissória, a duplicata, a debênture e o cheque.

A ação executória sempre se baseará no título executivo. Célebre metáfora ao título designou de "bilhete de ingresso", ostentado pelo credor para acudir o procedimento *in executivis*.[29]

Para fazer uso do processo de execução, é essencial a presença de título executivo, que decorre necessariamente da lei. Somente é considerado título executivo o documento que o legislador deu essa característica. O processo tem início para aquele fim a partir da apresentação do título ao Estado-juiz que, bem entendido, orienta as atividades executivas a serem desempenhadas no exercício da função jurisdicional. Não é por outra razão, aliás, que sua apresentação é exigência feita desde a petição inicial (art. 798, I, a, CPC[30]),[31] coroando o princípio cambiário da cartularidade.

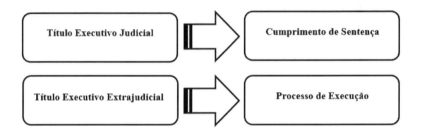

O título executivo pode ser judicial ou extrajudicial.

Quando o credor detém *título executivo judicial*, deverá perseguir a satisfação de seu direito mediante o procedimento de *cumprimento de sentença*; porém, se detém *título executivo extrajudicial*, o procedimento será o do *processo de execução*. Como cada espécie de procedimento – cumprimento de sentença e processo de execução – possui peculiaridades próprias, vamos estudá-los de forma separada para melhor compreensão da elaboração da peça processual correspondente, mas sem perder de vista que em ambos há a aplicação de regras comuns (art. 711, CPC[32]).

Outrossim, é importante reiterar que tanto o cumprimento de sentença quanto o processo de execução buscam a satisfação de uma determinada obrigação consubstanciada em título executivo, judicial ou extrajudicial, respectivamente, e que em ambas as formas há a possibilidade de que essa obrigação seja

---

29. ASSIS, Araken de. *Manual de execução*. 11. ed. São Paulo: Ed. RT, 2007. p. 99.
30. Art. 798. Ao propor a execução, incumbe ao exequente: I – instruir a petição inicial com: a) o título executivo extrajudicial.
31. BUENO, Cassio Scarpinella. *Manual de Direito Processual Civil*. 3. ed. São Paulo: Saraiva, 2017. Volume único, p. 552.
32. Art. 711. Aplicam-se ao regulador de avarias os arts. 156 a 158 , no que couber.

da espécie: (I) de pagar quantia; (II) de entrega de coisa; (III) de fazer ou; (IV) de não fazer; (V) de alimentos; e (VI) contra a Fazenda Pública.

2. TÍTULOS EXECUTIVOS

O Brasil adota o princípio da tipicidade dos títulos executivos, cujo rol está expresso na lei, por critério meramente legislativo, sendo que os principais títulos estão previstos no Código de Processo Civil. Entretanto, há títulos executivos que estão previstos em leis extravagantes, como, por exemplo, cédulas de crédito rural (Decreto-Lei 167/1967), industrial (Decreto-Lei 413/1969) e comercial (Lei 6.840/1980 C.C., Decreto-Lei 413/1969); os créditos dos órgãos de controle de exercício de profissão (Lei 6.206/1975), o boletim de subscrição de ação de sociedade anônima (art. 107, I, Lei 6.404/1976) etc. (art. 784, XII, CPC).

3. REQUISITOS DE TODA EXECUÇÃO

O processo de execução por não possuir conteúdo cognitivo, só ocorre na presença de um título, isto é, um documento que, de antemão, certifique ou estabeleça legalmente a tutela que o direito concede ao interesse do credor. O título executivo, além de documento sempre revestido da forma escrita, necessariamente deve retratar obrigação certa, líquida e exigível (art. 783, CPC).[33]

A *certeza* do título executivo para manejar ação executiva é verificada em abstrato, ou seja, que o título corresponda a uma obrigação, indicando-lhe a existência.

A *liquidez* diz respeito à quantidade, o valor, que é objeto da obrigação a ser cumprida pelo devedor.[34] O título executivo extrajudicial haverá de ser líquido, e a quantidade de bens deverá ser apurável pela simples verificação de seu conteúdo. É liquida a obrigação contida no título quando, de sua leitura ou pela simples realização de cálculos aritméticos, possa apurar-se a quantidade de bens devidos. A obrigação liquida contém em si todos os elementos necessários para a apuração da quantia devida. É ilíquida a obrigação se o *quantum* depender da comprovação de fatos externos.[35]

Por fim, para ação de execução, é necessária a exigibilidade do débito consubstanciado pelo inadimplemento do devedor, quando o seu pagamento não depende de termo ou condição, nem está sujeito a outras limitações.

---

33. THEODORO JÚNIOR, Humberto. *Processo de Execução e Cumprimento da Sentença*. São Paulo: Editora LEUD – Livraria e Editora Universitária de Direito, 2017. p. 209.
34. ASSIS, Araken de. *Manual de execução*. 11. ed. São Paulo: Ed. RT, 2007. p. 150.
35. GONÇALVES, Marcus Vinicius Rios. *Novo Curso de Direito Processual Civil*. 6. ed. São Paulo: Saraiva, p. 65-66.

4. PEÇA PROCESSUAL

Diferentemente do cumprimento de sentença, a execução de título executivo extrajudicial é iniciada por meio de uma *petição inicial*, pois se trata de uma ação.

A execução será iniciada, destarte, por meio de uma petição inicial, que além de preencher os requisitos gerais do artigo 319[36] do Código de Processo Civil, deverá também conter os requisitos específicos do artigo 798, II, do código adjetivo.[37]

Uma vez que o procedimento da execução não segue o comum, mas, sim, rito próprio, entendemos que os incisos VI e VII do artigo 319 do Código de Processo Civil, os quais preveem o requerimento de provas que o autor pretende demonstrar a verdade dos fatos alegados (VI) e a opção do autor sobre a realização ou não de audiência de conciliação ou de mediação (VII), não são essenciais para a petição inicial de uma ação de execução, dada a incompatibilidade com o procedimento previsto na lei processual.

Assim, são requisitos da petição inicial de ação de execução (art. 319 c.c. 798, II, CPC): (I) o juízo a que é dirigida; (II) os nomes, os prenomes, o estado civil, a existência de união estável, a profissão, o número de inscrição no Cadastro de Pessoas Físicas ou no Cadastro Nacional da Pessoa Jurídica, o endereço eletrônico, o domicílio e a residência do autor e do réu (art. 798, II, b, CPC); (III) a espécie de

---

36. Art. 319. A petição inicial indicará: I – o juízo a que é dirigida; II – os nomes, os prenomes, o estado civil, a existência de união estável, a profissão, o número de inscrição no Cadastro de Pessoas Físicas ou no Cadastro Nacional da Pessoa Jurídica, o endereço eletrônico, o domicílio e a residência do autor e do réu; III – o fato e os fundamentos jurídicos do pedido; IV – o pedido com as suas especificações; V – o valor da causa; VI – as provas com que o autor pretende demonstrar a verdade dos fatos alegados; VII – a opção do autor pela realização ou não de audiência de conciliação ou de mediação. § 1º Caso não disponha das informações previstas no inciso II, poderá o autor, na petição inicial, requerer ao juiz diligências necessárias a sua obtenção. § 2º A petição inicial não será indeferida se, a despeito da falta de informações a que se refere o inciso II, for possível a citação do réu. § 3º A petição inicial não será indeferida pelo não atendimento ao disposto no inciso II deste artigo se a obtenção de tais informações tornar impossível ou excessivamente oneroso o acesso à justiça.

37. Art. 798. Ao propor a execução, incumbe ao exequente: I – instruir a petição inicial com: a) o título executivo extrajudicial; b) o demonstrativo do débito atualizado até a data de propositura da ação, quando se tratar de execução por quantia certa; c) a prova de que se verificou a condição ou ocorreu o termo, se for o caso; d) a prova, se for o caso, de que adimpliu a contraprestação que lhe corresponde ou que lhe assegura o cumprimento, se o executado não for obrigado a satisfazer a sua prestação senão mediante a contraprestação do exequente; II – indicar: a) a espécie de execução de sua preferência, quando por mais de um modo puder ser realizada; b) os nomes completos do exequente e do executado e seus números de inscrição no Cadastro de Pessoas Físicas ou no Cadastro Nacional da Pessoa Jurídica; c) os bens suscetíveis de penhora, sempre que possível. Parágrafo único. O demonstrativo do débito deverá conter: I – o índice de correção monetária adotado; II – a taxa de juros aplicada; III – os termos inicial e final de incidência do índice de correção monetária e da taxa de juros utilizados; IV – a periodicidade da capitalização dos juros, se for o caso; V – a especificação de desconto obrigatório realizado.

execução de sua preferência, quando por mais de um modo puder ser realizada (art. 798, II, a, CPC); (IV) o fato e os fundamentos jurídicos do pedido (causa de pedir); (V) o pedido com as suas especificações; e (VI) o valor da causa (art. 319, CPC) e, sempre que possível, a indicação dos bens suscetíveis de penhora (art. 798, II, c, CPC).

5. MODELO DE PEÇA

EXCELENTÍSSIMO SENHOR DOUTOR JUIZ DE DIREITO DA __ª VARA DA CÍVEL DA COMARCA DE ....

[Nome do exequente], [qualificação do exequente], por seu advogado que esta subscreve e que deverá ser intimado no [endereço], vem, respeitosamente, perante Vossa Excelência, propor **AÇÃO DE EXECUÇÃO DE TÍTULO EXE-CUTIVO EXTRAJUDICIAL,** em face de [Nome do executado], [qualificação do executado], nos seguintes termos.

I – CAUSA DE PEDIR

A presente ação de execução de título executivo extrajudicial possui como objeto o [título de crédito] de posse do credor, ora exequente, conforme os documentos anexos a esta exordial.

Ressalta-se que os títulos executivos extrajudiciais em questão foram inclusive protestados, sendo que a executada se quedou inerte quanto ao pagamento.

Válido também ressaltar que, várias foram às tentativas do exequente em resolver a questão amigavelmente e da melhor forma possível, entretanto, restaram infrutíferas.

Dessa forma, não restou alternativa ao exequente senão mover a presente ação para pleitear o pagamento de seu crédito que atualizado e acrescido dos juros de mora no importe de 1% (um por cento) ao mês, perfaz o total de R$ XX.XXX,XX (xxxxxxxxxxxxx), conforme tabela abaixo:

[incluir o demonstrativo de débito, se for o caso]

Esta ação de execução preenche todos os requisitos legais, na medida em que o título de crédito está inadimplido pelo executado (vide anexo) que é objeto desta execução é título executivo extrajudicial perfeitamente hábil a embasar a presente ação, nos termos do artigo 784, I, do Código de Processo Civil.

Com efeito, no caso presente, a liquidez, certeza e a exigibilidade do crédito restam evidentes, uma vez que (i) não há controvérsia quanto à sua existência, por constar de documentos assinados pelo(a) executado(a), e, portanto, a obrigação de efetuar o pagamento (*certeza*), (ii) a importância devida foi previamente determinada e consta expressamente do título executivo (*liquidez*) e (iii) o(a) executado(a) encontra-se em mora quanto ao pagamento do(s) título(s) (*exigibilidade*).

Além de devida a quantia representada no título exposto, são devidas pelo executado outras verbas, eis que o artigo 389 do Código Civil assegura ao exequente o direito a perdas e danos, juros, atualizações monetárias por índices oficiais regularmente estabelecidos e honorários de advogado.

> Por ser o pagamento do título o único meio de impedir a proposição de ação de execução, a possibilidade da ação surge quando o devedor deixa de satisfazer o crédito ao qual está sujeito, descumprindo sua obrigação no tempo e forma devidos.
>
> Dessa forma, tendo em vista a existência de título de crédito cujo valor e vencimento foram previamente estipulados entre as partes, resta comprovada a obrigação do devedor em satisfazer o pagamento da dívida.
>
> Assim, verifica-se o valor total atualizado, de R$ XX.XXX,XX (xxxxxxxxxxxxx) devendo o pagamento ser efetuado dentro do prazo legalmente previsto, sob pena de penhora.
>
> II – DO PEDIDO
>
> Pelo exposto, o (a) exequente, requer seja o(a) executado(a) citado(a) para que efetue o pagamento do(s) título(s), no importe de R$ R$ XX.XXX,XX (xxxxxxxxxxxxx), acrescido de juros e correção monetária de forma espontânea, no prazo de 3 (três) dias, sob pena de expropriação (ordem de penhora e a avaliação), conforme o artigo 829, do Código de Processo Civil.
>
> Outrossim, requer a condenação do executado(a) em custas e honorários advocatícios (art. 827, CPC).
>
> O(A) exequente instrui esta exordial o(s) título(s) executivo(s) extrajudicial(is) [descrever o(s) título(s)] e o demonstrativo do débito atualizado até a data da propositura da ação, nos termos do artigo art. 798, I, do Código de Processo Civil.
>
> Dá-se à causa o valor de R$ [...] (...).
>
> Termos em que,
> Pede deferimento.
> Local e data.
>
> [assinatura do advogado]
> OAB/UF nº ...

D. AÇÃO MONITÓRIA

1. AÇÃO MONITÓRIA[38]

A ação monitória é um procedimento especial previsto nos 700 a 706 do Código de Processo Civil e tem por objetivo acelerar o surgimento de autorização judicial para executar, deslumbrando claramente, ao menos a princípio, o que institui o atual preceito processual e constitucional que buscam assegurar a

---

38. FERRAZ, Denis Paulo Rocha; ARMANI, Wagner José Penereiro. Ação Monitória. *Os procedimentos especiais no Novo Código de Processo Civil*. Florianópolis: Editora Empório do Direito, 2017, p. 209-232.

todos a razoável duração do processo e os meios que garantam a celeridade de sua tramitação (art. 4º, CPC e art. 5º, LXXVIII, CF).

Com o advento da ação monitória, viabilizou-se uma ligação estreita da parte sem título executivo à execução, ultrapassando todos os morosos caminhos processuais da fase de conhecimento.

Antes da existência do procedimento monitório, aquele a quem competia pretender, com base em prova escrita sem eficácia de título executivo, pagamento de soma em dinheiro e entrega de coisa fungível ou de determinado bem móvel, tinha que se valer do procedimento ordinário ou sumário, buscando sentença condenatória ou cominatória (dependendo da pretensão) que lhe permitisse posterior execução judicial.

A ação monitória, além de estreitar a distância entre o direito e a execução forçada, trouxe um sensível benefício àqueles que possuíam seus direitos de forma evidente por contar com prova escrita, mas já estavam descrentes de satisfação jurisdicional plena por ausência de título executivo.

A finalidade da ação monitória, portanto, é constituir título executivo judicial, tendo por base prova escrita inequívoca da relação obrigacional existente entre as partes.

A motivação, a rápida resolução das questões postas em juízo, alcançando-se a satisfação da obrigação pela via do procedimento monitório, encontra-se no caráter abreviador.

Sua característica maior está na função que cumpre de propiciar ao autor, o mais rápido possível, o título executivo e, com isso, o imediato acesso à execução forçada.[39]

2. REQUISITOS DA AÇÃO MONITÓRIA

Ação monitória é aplicável àqueles que possuem prova escrita sem eficácia de título executivo e buscam o cumprimento de certa obrigação representada no referido documento (art. 700 CPC[40]). Assim, os requisitos da ação monitória

---

39. THEODORO JÚNIOR, Humberto. *Curso de Direito Processual Civil.* 34. ed. Forense, 2005, v. I, II e III, p. 336.
40. Art. 700. A ação monitória pode ser proposta por aquele que afirmar, com base em prova escrita sem eficácia de título executivo, ter direito de exigir do devedor capaz: I – o pagamento de quantia em dinheiro; II – a entrega de coisa fungível ou infungível ou de bem móvel ou imóvel; III – o adimplemento de obrigação de fazer ou de não fazer. § 1º A prova escrita pode consistir em prova oral documentada, produzida antecipadamente nos termos do art. 381. § 2º Na petição inicial, incumbe ao autor explicitar, conforme o caso: I – a importância devida, instruindo-a com memória de cálculo; II – o valor atual da coisa reclamada; III – o conteúdo patrimonial em discussão ou o proveito econômico perseguido.

a serem estudados são: (i) Legitimidade; (ii) Prova escrita sem eficácia de título executivo, e (iii) Obrigação.

a) Legitimidade

A legitimidade ativa da ação monitória compete a todos os sujeitos de direito que pretender, com base em prova escrita sem eficácia de título executivo, pagamento de soma em dinheiro e entrega de coisa fungível ou de determinado bem móvel.[41]

No caso dos títulos de crédito, cabe ao credor que possuir título de crédito prescrito, ou seja, que perdeu a eficácia executiva.

No polo passivo da ação monitória, figurará aquele que for considerado obrigado ou devedor na relação obrigacional objeto da demanda monitória, ou seja, o devedor do título de crédito.

b) Prova escrita sem eficácia de título executivo

A necessidade de prova escrita sem eficácia de título executivo é a maior característica diferenciadora entre o processo monitório e o processo de execução, tendo em vista que se o demandante possuir título executivo, poderá buscar em juízo seu direito mediante a respectiva da ação de execução, tornando a ação monitória uma opção ao procedimento comum.

A prova escrita que aduz o artigo 700 do Código de Processo Civil deve ser entendida como a mais ampla possível. O juiz terá ampla liberdade para analisar se os documentos juntados pelo autor constituem prova suficiente para dar ensejo ao procedimento especial da ação monitória.

A prova escrita, em Direito Processual Civil, tanto é a pré-constituída (instrumento elaborado no ato da realização do negócio jurídico para registro da declaração) como casual (escrito surgido sem a intenção direta de documentar o negócio jurídico, mas que é suficiente para demonstrar sua existência).[42]

---

§ 3º O valor da causa deverá corresponder à importância prevista no § 2º, incisos I a III. § 4º Além das hipóteses do art. 330, a petição inicial será indeferida quando não atendido o disposto no § 2º deste artigo. § 5º Havendo dúvida quanto à idoneidade de prova documental apresentada pelo autor, o juiz intimá-lo-á para, querendo, emendar a petição inicial, adaptando-a ao procedimento comum; § 6º É admissível ação monitória em face da Fazenda Pública. § 7º Na ação monitória, admite-se citação por qualquer dos meios permitidos para o procedimento comum.

41. THEODORO JÚNIOR, Humberto. *Curso de Direito Processual Civil*. 34. ed. Forense, 2005, v. I, II e III, p. 340.

42. THEODORO JÚNIOR, Humberto. *Curso de Direito Processual Civil*. 34. ed. Forense, 2005, v. I, II e III, p. 341.

No caso de títulos de crédito prescrito,[43] a própria cártula é suficiente para preencher este requisito.

c) Obrigação de pagar

Quanto à relação obrigacional consubstanciada na prova escrita sem eficácia de título executivo, esta deverá ser, conforme o artigo 700 do Código de Processo Civil, uma obrigação de: (I) pagamento de quantia em dinheiro; (II) de entrega de coisa fungível ou infungível ou de bem móvel ou imóvel; ou (III) de adimplemento de obrigação de fazer ou de não fazer.

O rol de possibilidades da ação monitória foi ampliado para praticamente todas as espécies de obrigações previstas na lei material, permitindo maior disposição aos credores que possuem prova escrita sem eficácia de título executivo de obrigação de fazer ou de não fazer, por exemplo, que deveria perseguir seu direito mediante o procedimento comum.

A obrigação de pagamento de *soma em dinheiro* é a mesma da *quantia certa*, necessária para dar início à execução por quantia certa regulada pelos artigos 824 e seguintes do Código de Processo Civil. Tendo em vista que o mandado de pagamento expedido na ação monitória deve conter o valor devido, a quantia incerta não poderá ser pleiteada por esta via processual.

Logo, é cabível a propositura de ação monitória para cobrança dos títulos de crédito.

3. NATUREZA *SUI GENERIS* DA AÇÃO MONITÓRIA

A ação monitória tem prevalente função executiva, porém não se confunde com a ação de execução nem com a de conhecimento, sendo uma modalidade autônoma de processo, cujo procedimento não se compatibiliza com os demais.

A natureza do processo monitório não se confunde com o processo de conhecimento, uma vez que não produz o resultado característico deste, que é o julgamento do mérito.

Outrossim, o processo monitório também não se confunde com o processo de execução, tendo em vista que este é uma fase da ação monitória. Tendo o autor prova escrita sem eficácia de título executivo, este ingressará com o processo

---

43. Súmula 299 STJ – É admissível a ação monitória fundada em cheque prescrito.

monitório e somente após a fase monitória é que se constituirá em pleno direito o título executivo judicial.[44]

Por se tratar de um procedimento especial próprio, com fases distintas dos procedimentos comum e executivo, a ação monitória tem natureza *sui generes*, não se confundindo com os demais.

4. PRAZO PARA PROPOSITURA

Como a ação monitória tem fundamento em documento escrito sem eficácia de título executivo e que, no caso de títulos de crédito, isso ocorre após a prescrição, o Superior Tribunal de Justiça[45] assentou entendimento de que o prazo para propor ação monitória é de 05 (cinco) anos, contados do vencimento do título, conforme as Súmulas 503 e 504.

- Súmula 503 STJ – O prazo para ajuizamento de ação monitória em face do emitente de cheque sem força executiva é quinquenal, a contar do dia seguinte à data de emissão estampada na cártula.

- Súmula 504 STJ – O prazo para ajuizamento da ação monitória em face do emitente de nota promissória sem força executiva é quinquenal a contar do dia seguinte ao vencimento do título.

---

44. (...) O processo monitório, em si mesmo, não inclui momentos nem fase destinada à instrução preparatória do julgamento do mérito, porque o julgamento do mérito não há nesse processo. Sabido que processo de conhecimento é processo de sentença, dessa precisa conceituação decorre elementarmente que não é processo de conhecimento aquele em que não há sentença de mérito a proferir, ou seja, aquele em que o *meritum causa* e não se julga. (DINAMARCO, Cândido Rangel. *Instituições de Direito Processual Civil III*. 2. ed., rev. e atual. São Paulo: Malheiros Editores, 2002, p. 742).

45. O prazo para ajuizamento de ação monitória em face do devedor principal do título de crédito prescrito é quinquenal nos termos do art. 206, § 5º, I, do Código Civil, independentemente da relação jurídica fundamental. Precedentes: AgRg nos EDcl no REsp 1370373/DF, Rel. Ministro Marco Buzzi, Quarta Turma, julgado em 04.02.2016, DJe 17.02.2016; AgRg nos EDcl no REsp 1312124/MG, Rel. Ministro Paulo De Tarso Sanseverino, Terceira Turma, julgado em 1º.12.2015, DJe 11.12.2015; AgRg no AREsp 676533/SP, Rel. Ministro Marco Aurélio Bellizze, Terceira Turma, julgado em 1º.12.2015, DJe 11.12.2015; AgRg no AREsp 677778/SC, Rel. Ministro Antonio Carlos Ferreira, Quarta Turma, julgado em 17.11.2015, DJe 26.11.2015; AgRg nos EDcl no AREsp 476739/RO, Rel. Ministro João Otávio De Noronha, Terceira Turma, julgado em 05.03.2015, DJe 18.03.2015; REsp 1262056/SP, Rel. Ministro Luis Felipe Salomão, Segunda Seção, julgado em 11.12.2013, DJe 03.02.2014 (julgado sob o rito do artigo 543-C do CPC/73 – Tema 641); REsp 1101412/SP, Rel. Ministro Luis Felipe Salomão, Segunda Seção, julgado em 11.12.2013, DJe 03.02.2014 (julgado sob o rito do artigo 543-C do CPC/73 – Tema 628); REsp 1339874/RS, Rel. Ministro Sidnei Beneti, Terceira Turma, julgado em 09.10.2012, DJe 16.10.2012. (Vide Jurisprudência em Teses 18).

5. PROCEDIMENTO

A ação monitória adotada pelo legislador pátrio traduz-se em duas fases distintas: (I) a primeira, dita *"monitória"*, compreende à propositura da demanda monitória e termina com a expedição do mandado monitório e a citação do demandado; e (II) a segunda fase, dita *"executiva"*, advém se o réu não embargar o mandado monitório ou se os embargos interpostos forem julgados total ou parcialmente procedentes, dando ensejo ao prosseguimento do mandado.

a) Fase monitória

A fase monitória inicia-se com a propositura da ação monitória pelo detentor de prova escrita sem eficácia de título executivo, pagamento de soma em dinheiro e entrega de coisa fungível ou de determinado bem móvel.

A petição inicial deverá atender a todos os requisitos gerais dos artigos 319 e 320, ambos do Código de Processo Civil, bem como os específicos do parágrafo 2º do artigo 700, do mesmo diploma legal.

Em regra, diferentemente do processo de execução, deverá conter a exposição dos fatos constitutivos da obrigação consubstanciada na prova.

Todavia, o Superior Tribunal de Justiça entende que em ação monitória fundada em cheque prescrito ajuizada contra o emitente, é dispensável a menção ao negócio jurídico subjacente à emissão da cártula (Súmula 531, STJ), sendo a mesma lógica aplicável aos demais títulos de crédito.

Estando a petição inicial devidamente instruída, o juiz deferirá de plano a expedição do mandado de pagamento, de entrega de coisa ou para execução de obrigação de fazer ou de não fazer, concedendo ao réu prazo de 15 (quinze) dias para o cumprimento (art. 701, CPC[46]). Esse é o momento da chamada cognição sumária, no qual o juiz, verificando a prefacial, decidirá se expedirá o mandado monitório sem ouvir a outra parte ou se determinará a emenda da inicial para conversão do procedimento especial em comum (art. 700, § 5º, CPC).

---

46. Art. 701. Sendo evidente o direito do autor, o juiz deferirá a expedição de mandado de pagamento, de entrega de coisa ou para execução de obrigação de fazer ou de não fazer, concedendo ao réu prazo de 15 (quinze) dias para o cumprimento e o pagamento de honorários advocatícios de cinco por cento do valor atribuído à causa. § 1º O réu será isento do pagamento de custas processuais se cumprir o mandado no prazo. § 2º Constituir-se-á de pleno direito o título executivo judicial, independentemente de qualquer formalidade, se não realizado o pagamento e não apresentados os embargos previstos no art. 702, observando-se, no que couber, o Título II do Livro I da Parte Especial. § 3º É cabível ação rescisória da decisão prevista no *caput* quando ocorrer a hipótese do § 2º. § 4º Sendo a ré Fazenda Pública, não apresentados os embargos previstos no art. 702 , aplicar-se-á o disposto no art. 496 , observando-se, a seguir, no que couber, o Título II do Livro I da Parte Especial. 5º Aplica-se à ação monitória, no que couber, o art. 916.

Recebido o mandado de pagamento, de entrega de coisa ou para execução de obrigação de fazer ou de não fazer da ação monitória, serão admitidas quatro reações pelo réu: (I) efetuar o pagamento no prazo do mandado; (II) requerer o parcelamento legal no prazo do mandado; (III) permanecer inerte; ou (IV) oferecer embargos.

a.1) Pagamento

Caso o demandado cumpra o mandado de pagamento, de entrega de coisa ou para execução de obrigação de fazer ou de não fazer no prazo indicado, ficará isento de custas (art. 700, § 1º, CPC) e pagará 5% (cinco por cento) de honorários advocatícios sobre o valor da causa (art. 700, caput, CPC).

a.2) Parcelamento

Ao devedor da ação monitória, é permitido o parcelamento legal do artigo 916[47] do Código de Processo Civil (art. 701, § 5º, CPC). Nesse caso, todos os benefícios do artigo 701, *caput* e § 1º, serão aplicados.

a.3) Inércia do réu

Com a inércia do réu, sem a apresentação dos embargos, constituir-se-á, de pleno direito, o título executivo judicial. Desse modo, mandado de pagamento, de entrega de coisa ou para execução de obrigação de fazer ou de não fazer se converterá em mandado executivo judicial (art. 701, § 2º CPC). Não há sentença para operar dita transformação, que, segundo a lei, opera de pleno direito; logo, não faz coisa julgada material.

a.4) Embargos

Para se opor à ação monitória, é cabível apresentação de embargos no prazo do mandado, sem necessidade de prévia segurança do juízo, e que correrão nos

---

47. Art. 916. No prazo para embargos, reconhecendo o crédito do exequente e comprovando o depósito de trinta por cento do valor em execução, acrescido de custas e de honorários de advogado, o executado poderá requerer que lhe seja permitido pagar o restante em até 6 (seis) parcelas mensais, acrescidas de correção monetária e de juros de um por cento ao mês. § 1º O exequente será intimado para manifestar-se sobre o preenchimento dos pressupostos do *caput*, e o juiz decidirá o requerimento em 5 (cinco) dias. § 2º Enquanto não apreciado o requerimento, o executado terá de depositar as parcelas vincendas, facultado ao exequente seu levantamento. § 3º Deferida a proposta, o exequente levantará a quantia depositada, e serão suspensos os atos executivos. § 4º Indeferida a proposta, seguir-se-ão os atos executivos, mantido o depósito, que será convertido em penhora. § 5º O não pagamento de qualquer das prestações acarretará cumulativamente: I – o vencimento das prestações subsequentes e o prosseguimento do processo, com o imediato reinício dos atos executivos; II – a imposição ao executado de multa de dez por cento sobre o valor das prestações não pagas. § 6º A opção pelo parcelamento de que trata este artigo importa renúncia ao direito de opor embargos. § 7º O disposto neste artigo não se aplica ao cumprimento da sentença.

próprios autos pelo procedimento comum (art. 702, CPC[48]). No entanto, com a sua apresentação ocorrerá a suspensão da eficácia do mandando monitório até a sentença de mérito (art. 702, § 4°, CPC), que poderá ser desafiada pelo recurso de apelação, sem efeito suspensivo (art. 702, § 9°, CPC).

Nos embargos ao mandado monitório, poderá ser arguida toda matéria de defesa (art. 702, § 1°, CPC), seja no que tange à idoneidade da prova escrita em si, ao fim almejado, seja no que tange ao *quantum debeatur*, no caso de cobrança de dívida.

b) Fase executiva

A fase executiva do procedimento monitório tem início se decorrido o prazo para embargos e estes não forem apresentados, ou sendo apresentados, forem rejeitados ou acolhidos parcialmente. Também pode ocorrer de, requerido o parcelamento legal, o devedor não cumprir a obrigação.

Nessas hipóteses, a demanda seguirá na forma do cumprimento de sentença nos termos do artigo 513 e seguintes do Código de Processo Civil, especificamente nos termos do artigo 523 a 527, que tratam de obrigação de pagar quantia certa.

Além disso, por interpretação do artigo 702, § 4°, do Código de Processo Civil, terá início o cumprimento provisório de sentença, nos termos do artigo 520 a 522 do diploma adjetivo, em caso de pendência de recurso de apelação sem efeito suspensivo, dando celeridade à busca do direito do credor.[49]

---

48. Art. 702. Independentemente de prévia segurança do juízo, o réu poderá opor, nos próprios autos, no prazo previsto no art. 701, embargos à ação monitória. § 1° Os embargos podem se fundar em matéria passível de alegação como defesa no procedimento comum. § 2° Quando o réu alegar que o autor pleiteia quantia superior à devida, cumprir-lhe-á declarar de imediato o valor que entende correto, apresentando demonstrativo discriminado e atualizado da dívida. § 3° Não apontado o valor correto ou não apresentado o demonstrativo, os embargos serão liminarmente rejeitados, se esse for o seu único fundamento, e, se houver outro fundamento, os embargos serão processados, mas o juiz deixará de examinar a alegação de excesso. § 4° A oposição dos embargos suspende a eficácia da decisão referida no caput do art. 701 até o julgamento em primeiro grau. § 5° O autor será intimado para responder aos embargos no prazo de 15 (quinze) dias. § 6° Na ação monitória admite-se a reconvenção, sendo vedado o oferecimento de reconvenção à reconvenção. § 7° A critério do juiz, os embargos serão autuados em apartado, se parciais, constituindo-se de pleno direito o título executivo judicial em relação à parcela incontroversa. § 8° Rejeitados os embargos, constituir-se-á de pleno direito o título executivo judicial, prosseguindo-se o processo em observância ao disposto no Título II do Livro I da Parte Especial, no que for cabível. § 9° Cabe apelação contra a sentença que acolhe ou rejeita os embargos. § 10. O juiz condenará o autor de ação monitória proposta indevidamente e de má-fé ao pagamento, em favor do réu, de multa de até dez por cento sobre o valor da causa. § 11. O juiz condenará o réu que de má-fé opuser embargos à ação monitória ao pagamento de multa de até dez por cento sobre o valor atribuído à causa, em favor do autor.

49. Na hipótese de improcedência dos embargos ao mandado, o devedor, após a formação o título executivo, somente poderá impugnar o cumprimento de sentença nas hipóteses previstas no art. 525, § 1°, do CPC.

CAPÍTULO VI • AÇÕES CAMBIAIS

6. MODELO DE PEÇA

EXCELENTÍSSIMO SENHOR DOUTOR JUIZ DE DIREITO DA __ª VARA DA CÍVEL DA COMARCA DE ....

[Nome do autor], [qualificação do autor], por seu advogado que esta subscreve e que deverá ser intimado no [endereço], vem, respeitosamente, perante Vossa Excelência, propor **AÇÃO MONITÓRIA,** em face de [Nome do réu], [qualificação do réu], nos seguintes termos.

I – CAUSA DE PEDIR

[Apresentar de forma breve a relação jurídica entre as partes e do título de crédito].

Várias foram às tentativas da Requerente em buscar o Requerido para resolução desta pendência de forma amigável, entretanto, até o momento as tentativas foram infrutíferas.

Dessa forma, não restou alternativa à Requerente senão mover a presente ação monitória para pleitear o pagamento de seu crédito que atualizado e acrescido dos juros de mora no importe de 1% (um por cento) ao mês, perfaz o total de R$ XX.XXX,XX (xxxxxxxxxxxxxxxxxxxxxxxxxxxxxxx), conforme tabela abaixo:

[Incluir planilha de cálculo].

De acordo com os fatos esposados, resta à Requerente a ação monitória, uma vez possuir prova escrita, conforme preceitua os artigos 700 e 701 do Código de Processo Civil.

O documento que fundamenta esta demanda não possui eficácia executiva, mas constitui prova escrita da dívida, possibilitando o ingresso com a ação monitória, como permite o artigo 700 do Código de Processo Civil já transcrito acima.

Deste modo, diante o inadimplemento do Requerido, cabe esta ação monitória para a Requerente buscar o recebimento da dívida acima apontada.

II – DO PEDIDO

Diante todo exposto, a Requerente solicita seja realizada a citação do Requerido via postal, no endereço supra mencionado, expedindo-se o competente mandado monitório, para que no prazo de 15 (quinze) dias, efetuar o pagamento do valor de R$ XX.XXX,XX (xxxxxxxxxxxxxxxxxxxxxxxxxxxxxxx), o qual deverá ser acrescido de juros e correção monetária, até a data de seu efetivo pagamento, ficando assim, isento de custas e honorários advocatícios, ou, querendo, oferecer embargos, que se não forem opostos ou rejeitados, constituir-se-ão em títulos executivos judiciais, prosseguindo-se a execução na forma prevista no Livro II, Título II, Capítulo IV do Código de Processo Civil, acrescendo-se as despesas processuais, emolumentos, custas e honorários advocatícios, sob pena, de lhes serem penhorados tantos bens quanto bastem para satisfação do débito, acrescido de encargos legais;

Isso porque há formação de título executivo judicial. Por isso, não se cogita de permitir a reabertura de novo prazo de defesa – na fase de execução – já que a rejeição dos embargos à monitória ou a não oposição dessa impugnação implica efeitos semelhantes aos do reconhecimento do pedido, tornando certa a obrigação buscada pelo autor da demanda (MARINONI, Luiz Guilherme. *Novo Curso de Processo Civil.* São Paulo: Ed. RT, 2015, v. 3 – Tutela dos direitos mediante procedimentos diferenciados; p. 245).

> Requer, finalmente, provar o alegado por todos os meios de prova em direito admitidos.
>
> Dá-se à causa o valor de R$ [...] (...).
>
> Termos em que,
> Pede deferimento.
> Local e data.
>
> [assinatura do advogado]
> OAB/UF nº ...

E. AÇÃO DE COBRANÇA E LOCUPLETAMENTO

1. AÇÕES DE COBRANÇA E LOCUPLETAMENTO

Cabe esclarecer que este tópico busca trazer questões de procedimento, relacionadas não só à ação de cobrança em si, mas a qualquer demanda em que o credor de título de crédito busque a satisfação de seu direito via procedimento comum, como, por exemplo, a ação de locupletamento.

A diferença entre a ação de cobrança e de locupletamento está no Direito Material, já que, no Direito Processual, ambas tramitam por meio do procedimento comum.

As ações de execução e de locupletamento previstas nas Leis Uniforme de Genebra e do Cheque têm natureza jurídica cambial, ou seja, o fundamento para propositura das respectivas ações é o título executivo extrajudicial e não o negócio jurídico que lhe deu origem (p. ex. compra e venda, prestação de serviços, locação etc.). Portanto, poderá o credor demandar o devedor pelo negócio jurídico subjacente, se ainda dentro do prazo prescricional.

De outro lado, cabe ao credor propor ação de cobrança pelo procedimento comum ou ação monitória ou pelo procedimento especial previsto no Código de Processo Civil, nas hipóteses de não cabimento das ações cambiais propriamente ditas.

Assim, esteja ou não prescrita a ação de execução ou a de locupletamento, há, ainda, a possibilidade de o portador ajuizar ação relacionada ao negócio causal que deu origem à emissão ou transferência, se provado o não pagamento do título nem da obrigação que lhe deu origem.[50]

---

50. RESTIFFE, Paulo; RESTIFFE NETO, Paulo. *Lei do cheque e novas medidas bancárias de proteção aos usuários*. 5. ed. São Paulo: Malheiros, 2012, p. 411.

CAPÍTULO VI • AÇÕES CAMBIAIS

Por conclusão, independentemente do procedimento adotado – executivo, monitório ou comum –, será considerada uma ação cambial, com aplicação das especificidades dos títulos de crédito, se proposta dentro dos prazos prescricionais previstos nas respectivas legislações especiais.

2. PETIÇÃO INICIAL[51]

A intervenção Estatal nos litígios só se legitima através da provocação do interessado. Essa regra está esculpida no artigo 2º, do Código de Processo Civil, que explicita o monopólio da jurisdição avocado pelo Estado e que somente pode ser afastado quando ele assim autorizar por meio de sua legislação, como nos casos de arbitragem, por exemplo. Dessa maneira, sendo instado a se manifestar, o Estado, pelo Poder Judiciário, terá que obrigatoriamente apreciar lesão ou ameaça a direito, nos exatos termos do artigo 5º, inciso XXXV, da Constituição Federal.

O instrumento para causar essa provocação é a chamada petição inicial (também chamada de peça exordial ou peça vestibular): a formalidade que deve ser observada pelo requerente para deduzir sua pretensão em juízo. Logo, sendo um meio burocrático para o exercício do direito de ação, alguns requisitos deverão ser observados, os quais se concentram, sobretudo, nos artigos 319 e 330 do Código de Processo Civil.

De acordo com o artigo 319 do Código de Processo Civil, devem constar na petição inicial os seguintes requisitos: a) endereçamento ao juízo competente; b) nome e qualificação das partes; c) o fato e os fundamentos jurídicos do pedido; d) o pedido com as suas especificações; e) o valor da causa; f) as provas com que o autor pretende demonstrar a verdade dos fatos alegados; e g) a opção do autor pela realização ou não de audiência de conciliação ou de mediação, sob pena de indeferimento.

Conforme os artigos 322 e 324 do Código de Processo Civil, o pedido deverá ser certo e determinado. Certo é o pedido que possui exata delimitação, apontando exatamente qual é o bem jurídico pretendido. Determinado, por sua vez, é o pedido que possui exata extensão, descrevendo devidamente o gênero e a quantidade.

No caso das ações fundadas em cobrança de títulos de crédito, o pedido consistirá na condenação do réu ao pagamento do valor principal e dos encargos, conforme previsto na legislação cambial. Esse montante também determinará o valor que será dado à causa.

---

51. FERNANDES. Andreia Ribeiro. MARTINS. José Eduardo Figueiredo de Andrade. Capítulo 1 – Petição Inicial. *Prática Jurídica* – Direito Processual Civil e Direito Processual Penal. Curitiba: Juruá, 2021. p. 17-28.

3. MODELO DE PEÇA

EXCELENTÍSSIMO SENHOR DOUTOR JUIZ DE DIREITO DA ____ª VARA CÍVEL DA COMARCA DE ...

[Nome], [qualificação], por seu advogado, que esta subscreve e que deverá ser intimado no [endereço], vem, respeitosamente, perante Vossa Excelência, propor **AÇÃO DE COBRANÇA** em face de [Nome do réu], [qualificação], pelos motivos de fato e de direito que a seguir expõe.

I – DOS FATOS

[Narração das circunstâncias de fato que ensejaram a propositura da petição inicial]

II – DO DIREITO

[Demonstração da causa de pedir remota e próxima com a devida fundamentação jurídica e legal]

IV – DOS PEDIDOS

Diante do exposto, requerer

a.) a expedição do competente mandado de citação do Requerido por via postal para, querendo, contestar no prazo legal, sob pena de revelia. O Requerente informa que não tem interesse em audiência de conciliação e mediação.

b.) no mérito, requer seja julgado totalmente procedente o pedido, condenando o Requerido ao pagamento ao Requerente do montante de R$ XX.XXX,XX (xxxxxxxxxxxxxxxxxxxxxxxxxxxxxxxxxxxxxxxx), devidamente corrigido monetariamente e acrescidos de juros, até a data do efetivo pagamento.

c.) a condenação do Requerido no pagamento de honorários advocatícios, custas e despesas processuais.

d.) provar o alegado por todos os meios de prova em direito admitidos.

Dá-se à causa o valor de R$ [...] (...).

Termos em que,
Pede deferimento.
Local e data.

[assinatura do advogado]
OAB/UF nº ...

REFERÊNCIAS

ALMEIDA. Amador Paes de. 1930. *Teoria e prática dos títulos de crédito*. 28. ed. São Paulo: Saraiva. 2009.

AQUINO, Leonardo Gomes de. *O aval parcial na duplicata*. Disponível em: https://estadode-direito.com.br/200-semana-o-aval-parcial-na-duplicata. Acesso em: 1º jul. 2022.

AQUINO. Leonardo Gomes de. *Descortinando o Direito Empresarial*: O Crédito no Direito Empresarial. Disponível em: https://www.academia.edu/20803858/O_Cr%C3%A9dito _no_Direito_Empresarial. Acesso em: 03 set. 2023.

ASCARELLI. Tulio. *Teoria Geral dos Títulos de Crédito*. São Paulo: Saraiva, 1943.

ASSIS, Araken de. *Manual de execução*. 11. ed. São Paulo: Ed. RT, 2007.

BARBI FILHO, Celso Agrícola. *A Duplicata Mercantil em Juízo*. Rio de Janeiro: Forense. 2005.

BORGES. João Eunápio. *Títulos de Crédito*. 2. ed. Rio de Janeiro: Forense, 1983

BRUSCATO, Wilges. *Manual de direito empresarial brasileiro*. 1. ed. São Paulo: Saraiva Jur, 2011.

BUENO, Cassio Scarpinella. *Curso sistematizado de direito processual civil*: procedimentos especiais do Código de Processo Civil; Juizados Especiais. São Paulo: Saraiva, 2011. v. 2, t. II.

BUENO, Cassio Scarpinella. *Manual de Direito Processual Civil*. 3. ed. São Paulo: Saraiva. 2017. Volume único.

BULGARELLI, Waldirio. *Títulos de crédito*. 9. ed. São Paulo: Atlas, 1992.

CATAPANI, Márcio Ferro. A exequibilidade das duplicatas virtuais e os boletos bancários: Comentário ao acórdão proferido pelo STJ no REsp 1.024.691-PR. *Revista do TRF 3ª Região*. n. 112, p. 04-13, mar.-abr. 2012.

CINTRA, Antônio Carlos de Araújo; GRINOVER, Ada Pellegrini e DINAMARCO, Cândido Rangel. *Teoria Geral do Processo*. 20. ed. São Paulo: Malheiros, 2004.

COELHO, Fábio Ulhoa. A alocação de riscos e a segurança jurídica na proteção do investimento privado. *Revista de Direito Brasileira*. São Paulo, v. 16, n. 7, p. 291-304, jan.-abr. 2017.

COELHO, Fábio Ulhôa. *Curso de direito comercial*. 16. ed. São Paulo: Saraiva, 2012. v. 1: direito de empresa.

COELHO, Fábio Ulhoa. *Curso de Direito Comercial*. São Paulo: Saraiva, 2007. v. I.

COELHO, Fabio Ulhoa. *Manual de Direito Comercial*: direito de empresa. São Paulo: Thomson Reuters Brasil, 2021. v. 32.

COLEHO, Fabio Ulhoa. *Títulos de crédito*: uma nova abordagem. São Paulo: Thomson Reuters Brasil, 2021.

COSTA, Wille Duarte. *Títulos de Crédito*. 2. ed. Belo Horizonte: Del Rey, 2005.

DE LUCCA. Newton. Do título papel ao título eletrônico. *Revista de Direito Bancário e do Mercado de Capitais*. v. 60. p. 169. abr. 2013, DTR\2013\5804.

DE SOUZA, Adalberto Pimentel Diniz. *Risco Contratual, Onerosidade Excessiva & Contratos Aleatórios*. Curitiba: Juruá , 2015.

DIDIER JR., Fredie. *Curso de Direito Processual Civil*. 15. ed. rev., ampl. e atual. Salvador: JusPodivm, 2013. v. 1.

DINAMARCO, Cândido Rangel. *Instituições de Direito Processual Civil III*. 2. ed., rev. e atual. São Paulo: Malheiros Editores, 2002.

FAZZIO JÚNIOR, Waldo. *Manual de direito comercial*. 15. ed. São Paulo: Atlas, 2013.

FERNANDES. Andreia Ribeiro. MARTINS. José Eduardo Figueiredo de Andrade. Capítulo 1 – Petição Inicial. *Prática Jurídica* – Direito Processual Civil e Direito Processual Penal. Curitiba: Juruá, 2021.

FERRAZ, Denis Paulo Rocha; ARMANI, Wagner José Penereiro. Ação Monitória. *Os procedimentos especiais no Novo Código de Processo Civil*. Florianópolis: Editora Empório do Direito, 2017.

FIGUEIREDO, Ivanildo. Princípios do direito cambiário. In: COELHO, Fábio Ulhoa. *Tratado de direito comercial*. São Paulo: Saraiva, 2015. v. 8: títulos de crédito, direito bancário, agronegócio e processo empresarial.

FINKELSTEIN, Maria Eugênia. *Manual de direito empresarial*. 8. ed. rev., ampl. e reform. São Paulo: Atlas, 2016.

FRONTINI, Paulo Salvador. Títulos de Crédito e Títulos Circulatórios: que futuro a informática lhes reserva? Rol e funções à vista de sua crescente desmaterialização. *Revista dos Tribunais*. v. 730, p. 50-64, ago. 1996.

GIALLUCA. Alexandre. *Das formas de pós-datação do cheque e seus efeitos jurídicos*. Disponível em: https://alegialluca.jusbrasil.com.br/artigos/121817005/das-formas-de-pos-datacao--do-cheque-e-seus-efeitos-juridicos. Acesso em: 29 jun. 2022.

GONÇALVES, Marcus Vinicius Rios. *Novo Curso de Direito Processual Civil*. 6. ed. São Paulo: Saraiva, 2018.

HARARI, Yuval Noah. Sapiens: *Uma breve história da humanidade*. L&PM Pocket, 2018.

HIRATA, Hiroshi. *O Preço da Desonra*. Kubidai Hikiukenin. São Paulo: Editora Pipoca & Nanquim, 2020.

LAUDON, Kenneth. *Sistemas de informação gerenciais*. 9. ed. São Paulo: Pearson Prentice Hall, 2010.

LUCCA, Newton de. *Comentários ao novo Código civil*. In: TEIXEIRA, Sálvio de Figueiredo (Coord.). Rio de Janeiro: Forense, 2003, v. XII (arts. 854 a 926), Dos atos unilaterais, dos títulos de crédito.

MAMEDE, Gladston. *Direito empresarial brasileiro*: títulos de crédito. 10. ed. rev. e atual. São Paulo: Atlas, 2018.

MAMEDE, Gladston. *Direito empresarial brasileiro*: títulos de crédito. 4. ed. São Paulo: Atlas, 2008, v. 3.

MAMEDE, Gladston. *Títulos de crédito*. 10. ed. São Paulo: Grupo Gen, 2017.

MARINONI, Luiz Guilherme. *Novo Curso de Processo Civil*. São Paulo: Ed. RT, 2015, v. 3 – Tutela dos direitos mediante procedimentos diferenciados.

MARTINS, Fran. *Curso de direito comercial*. Atual. Carlos Henrique Abrão. 40. ed. rev., atual e ampl. Rio de Janeiro: Forense, 2017.

MARTINS, Fran. *Títulos de crédito*. 5. ed. Rio de Janeiro: Forense, 1995. v. 2.

MARTINS, Fran. *Títulos de crédito*: letra de câmbio e nota promissória. Rio de Janeiro: Forense, 2013.

MARTINS, Fran. *Títulos de Crédito*. 2. ed. Rio de Janeiro: Forense, 1977.

NEGRÃO, Ricardo. *Direito empresarial*: estudo unificado. 5. ed. rev. São Paulo: Saraiva, 2014.

NEGRÃO, Ricardo. *Manual de direito comercial e de empresa*: títulos de crédito e contratos empresariais. 5. ed. São Paulo: Saraiva, 2015. v. 2.

PARENTONI. Leonardo Netto. A Duplicata virtual e os títulos de crédito eletrônicos. *Rev. Fac. Direito UFMG*, Belo Horizonte, n. 65, p. 409-465, jul.-dez. 2014.

RAMOS, André Luiz Santa Cruz. *Direito empresarial esquematizado*. 5. ed. rev. Atual. e ampl. Rio de Janeiro: Forense, Metodo. 2015.

REQUIÃO, Rubens. *Curso de direito comercial*. 23. ed. São Paulo: Saraiva, 2003, v. 2.

REQUIÃO, Rubens. *Curso de direito comercial*. 27 ed. São Paulo: Saraiva, 2010. v. 2.

RESTIFFE NETO, Paulo. *Novos Rumos da Duplicata*. 2. ed. São Paulo: Ed. RT, 1975.

RESTIFFE NETO, Paulo; RESTIFFE, Paulo Sergio. *Lei do cheque e novas medidas bancárias de proteção aos usuários*. 5. ed. São Paulo: Malheiros, 2012.

RESTIFFE, Paulo; RESTIFFE NETO, Paulo. *Lei do cheque e novas medidas bancárias de proteção aos usuários*. 5. ed. São Paulo: Malheiros, 2012.

RIZZARDO, Arnaldo. *Títulos de crédito*. Rio de Janeiro: Gen, 2016.

ROSA JR., Luiz Emygdio F. Da. *Títulos de Crédito*. 4. ed. rev. e atual. de acordo com o novo Código Civil. Rio de Janeiro: Renovar, 2006.

ROSA JR., Luiz Emygdio Franco da. *Títulos de crédito* [Colaboração: Vivien Cabral Sarmento Leite]. 8. ed. Rio de Janeiro: Renovar, 2014.

ROSA JR., Luiz Emygdio Franco da. *Títulos de Crédito*. 6. ed. Rio de Janeiro: Renovar, 2009.

ROSA JR., Luiz Emygdio Franco da. *Títulos de Crédito*. Rio de Janeiro: Renovar, 2000.

SANTOS, Moacyr Amaral. *Primeiras Linhas de Direito Processual Civil*. 26. ed. São Paulo: Saraiva, 2009. v. 1.

SANTOS, Moacyr Amaral. *Primeiras Linhas De Direito Processual Civil*. 28. São Paulo: Saraiva Jur., 2011. v. 1.

TARTUCE, Flávio. *Direito Civil*. 10. ed. Rio de Janeiro: Forense; São Paulo: Método, 2015. v. 3: Teoria Geral dos contratos e contratos em espécie.

THEODORO JÚNIOR, Humberto. *Curso de Direito Processual Civil*. 34. ed. Rio de Janeiro: Forense, 2005. v. I, II e III.

THEODORO JÚNIOR, Humberto. *Processo de Execução e Cumprimento da Sentença*. São Paulo: Editora LEUD – Livraria e Editora Universitária de Direito. 2017.

TOMAZETTE, Marlon. *Curso de direito empresarial*: Títulos de crédito. 8. ed. rev. e atual. São Paulo: Atlas, 2017. v. 2.

TOMAZETTE. Marlon. *Curso De Direito Empresarial*. 12. ed. São Paulo: Saraiva Jur., 2021. v. 2.

TOMAZETTE. Marlon. *Curso De Direito Empresarial*. 13. ed. São Paulo: Saraiva Jur., 2022. v. 2 – Título de Crédito.

WACHOWSKI, Lilly e Lana. *Matrix*. Warner. 1999.

WHITAKER, José Maria. *Letra de câmbio*. São Paulo: Saraiva, 1928.

ANOTAÇÕES